我们的学习故事丛书

周 菁 ◎ 丛书主编

XIANGXIN MEIGEREN DE LILIANG

相信每个人的力量：

构建基于儿童、重视关系的幼儿园课程与文化

刘晓颖 程洁 陈琳 汪苑 刘婷 池雨蒙 ◎ 著

GOUJIAN JIYU ERTONG ZHONGSHI GUANXI DE
YOU'ERYUAN KECHENG YU WENHUA

北京师范大学出版集团
BEIJING NORMAL UNIVERSITY PUBLISHING GROUP
北京师范大学出版社

图书在版编目(CIP)数据

相信每个人的力量：构建基于儿童、重视关系的幼儿园课程与
文化/刘晓颖 等 著. —北京：北京师范大学出版社，2022.8
(2023.8 重印)
ISBN 978-7-303-27847-3

Ⅰ.①相… Ⅱ.①刘… Ⅲ.①学前教育－教学研究 Ⅳ.
①G612

中国版本图书馆 CIP 数据核字(2022)第 058439 号

图书意见反馈：gaozhifk@bnupg.com 010-58805079
营销中心电话：010-58802181 58805532
编辑部电话：010-58808898

出版发行：北京师范大学出版社 www.bnupg.com
北京市西城区新街口外大街 12-3 号
邮政编码：100088
印 刷：北京溢漾印刷有限公司
经 销：全国新华书店
开 本：710 mm×1000 mm 1/16
印 张：15
字 数：280 千字
版 次：2022 年 8 月第 1 版
印 次：2023 年 8 月第 2 次印刷
定 价：58.00 元

策划编辑：罗佩珍 责任编辑：肖 寒
美术编辑：陈 涛 焦 丽 装帧设计：陈 涛 焦 丽
责任校对：陈 民 责任印制：马 洁
封面儿童：褚奕泽 吴毓洋

丛书序

随着我国教育改革的不断深入，"儿童是有着独立价值的存在者，他们与成人一样平等地享有人的地位、价值和尊严。童年不只是成年生活的准备，它有着独特价值和意义"①这一儿童观正在慢慢形成，并由此引发教育观层面的转变。幼儿教育越来越重视儿童的个体差异、整体健康发展、学习和发展的独特性以及独特价值，期望每一个儿童都能度过快乐、幸福、有意义的童年。以儿童为本，是《3－6岁儿童学习与发展指南》（以下简称《指南》）的核心价值取向。《指南》强调了解每一个独一无二的儿童，了解儿童学习和发展的基本规律，以及对儿童建立合理期待对教育者、家长的重要性。具体来说，教师和儿童身边的成人要在与儿童在一起的每一天中，尊重儿童作为"人"的尊严与权利；尊重幼儿期的独特性和价值；尊重儿童身心特点与保教规律；促进每一个儿童生动、活泼、主动、全面地发展。② 但是，如何从"儿童本位"的儿童观出发，重新认识儿童？如何基于我们对儿童的重新认识，重新建构学习和发展观、课程观、评价观等价值观？如何将我们对儿童的重新认识，以及重新建构的各种价值观融入我们和儿童在一起的一言一行中，重新想象教学实践、课程实践、评价实践，以及与儿童在一起的每一天呢？这些是《指南》引发的思考，也是《指南》对一线幼教工作者的引领和要求。

2013年夏天，世界学前教育组织（OMEP）年会在上海召开。来自新西兰怀卡托大学的玛格丽特·卡尔教授在大会上进行了主旨演讲，介绍了新西兰早期教育课程"Te Whāriki"以及形成性儿童学习评价——学习故事。同年7月和8月，新西兰幼教专家——中国—新西兰教育基金的艾莉森·斯蒂芬森、迪特·希尔、安·佩尔曼、林·福特和新西兰教育领导力项目创始人温迪·李在中国学前教育研究会和北京市教育学会学前教育研究会的邀请下，在贵阳和北京两地向中国幼儿教师介绍了新西兰早期教育理念和实践。其实，中国幼教界在

① 蒋雅俊：《改革开放40年学前教育政策中的儿童观变迁》，载《学前教育研究》，2019(3)。

② 李季湄、夏如波：《〈幼儿园教师专业标准〉的基本理念》，载《学前教育研究》，2012(8)。

2013 年之前就与新西兰幼教同行有着良好的交流合作。例如，由贝蒂·阿姆斯特朗和多瑞·兰德发起成立的中国—新西兰教育基金的老师们早在 2002—2006 年就与中央教育科学研究所合作，在贵州开阳县和甘肃临夏市开展了"促进中国贫困地区早期教育发展"项目，旨在通过学习新西兰的早期教育模式，在中国西部贫困地区发展以社区为依托的早期教育服务体系。[1] 华东师范大学周欣教授和她的研究团队，在儿童数学学习的研究中，借鉴了学习故事的观察、评价的理念与实践。[2] 在与新西兰幼儿教师的交流中，新西兰早期教育课程"Te Whāriki"提出的"儿童是有能力、有自信的学习者和沟通者，心理、身体和精神健康，因归属感和知道自己在为社会做出重要贡献而安心、踏实"这一儿童观，以及基于此儿童观的"取长式"形成性评价方式——学习故事，给中国幼儿教师带来了很大的震动，也引发了很多讨论和思考。特别是听了新西兰幼儿教师带着爱和喜悦为孩子们撰写的一个个学习故事后，有的老师说："它们让我那么感动、充满力量与希冀！"也有的老师看到了学习故事与《指南》之间可能存在的连接："听了温迪老师的分享之后，我们觉得这跟《指南》的理念十分吻合，可能帮助我们找到实践的路径。"因为看见了学习故事、《指南》和我国幼教工作者之间可能存在的连接，一批有着相同愿景的同行者们走到了一起，共同开始了借鉴学习故事理念和实践、贯彻落实《指南》精神的研习之旅。

2013 年至今，我们共同研习《指南》"Te Whāriki"和学习故事，秉持着"礼之、师之、纳之、化之"[3]的态度，发现和建立着三者之间的连接，重视这三者与中国儿童、教师、家长、幼儿园之间的连接，以及与日常教学实践、课程实践、评价实践的连接……本丛书此次出版的三本书：《不仅仅是评价：学习故事究竟给我们带来了什么》《1 和许多：为了促进儿童学习而评价》《相信每个人的力量：构建基于儿童、重视关系的幼儿园课程与文化》，就从不同角度呈现和分享了我们在研习旅程中的思与行。

《不仅仅是评价：学习故事究竟给我们带来了什么》以北京教育科学研究院早期教育研究所兼职教研员儿童学习故事小组这几年的研习旅程为基础，围绕学习故事的价值观、理论基础、教研练习和教学实践等进行思辨与实践，呈现学习故事在四个层面——儿童观和评价实践、学习观和教学实践、课程观和课程实践、幼儿园文化——给我们带来的思考和转变。本书还分享了研习小组的

---

① 王化敏：《给幼儿教师的一把钥匙　幼儿教师教育实践策略指导》，1 页，北京，教育科学出版社，2008。

② 周欣、黄瑾、华爱华等：《学前儿童数学学习的观察和评价：学习故事评价方法的应用》，载《幼儿教育》，2012(16)。

③ 刘梦溪：《中国文化的张力　传统解故》，14 页，北京，中信出版集团，2019。

老师们在并肩进行的专业理论学习中，与孩子、老师在一起的幼儿园日常实践中，以及在各种教研和练习中，渐渐觉察与转变自己思维和行为模式的历程。

《1和许多：为了促进儿童学习而评价》借用"1和许多"这一隐喻，探讨"注意、识别、回应"独一无二的儿童与促进儿童学习和推动课程发展之间的关系。本书分为上下两个部分，上篇为"学习故事实例"，聚焦教师如何从"准备好、很愿意、有能力"三个维度注意、识别和回应每一个儿童；下篇为"基于儿童和关系的生成呼应式课程实例"，这些课程实例不是由活动案例组成的，而是由一个个以儿童为主角的学习故事串起的重要学习事件链，呈现源自儿童、教师、幼儿园议程、家庭生活或社会文化生活的某条课程线索的发生、发展过程，以及可能给教师和管理者带来的收获与挑战。这些学习故事实例和课程实例选自全国18个省（自治区、直辖市）140多个幼儿园的投稿。

《相信每个人的力量：构建基于儿童、重视关系的幼儿园课程与文化》是北京市西城区三义里第一幼儿园继2015年出版的《发现儿童的力量："学习故事"在中国幼儿园的实践》之后，不忘初心，沿着相信儿童、看见儿童的道路深入探索幼儿园教育规律，找寻适合园所科学发展路径的又一次阶段性总结梳理。书中记录了三义里一幼团队在践行《指南》精神的过程中，以学习故事理念、方法和手段为抓手，不断学习、实践、思辨与创新，抓住基于儿童、重视关系两条主线，重新认识儿童、认识自己，重建制度与模式，重构幼儿园课程、管理、文化的曲折经历。为什么一群平凡普通的幼儿园老师能够坚持追梦、不断超越呢？从书中我们可以看到，相信每个人的力量是支持三义里一幼团队不断前行的最终力量。

《指南》和学习故事与中国幼儿园相遇后所引发的大家对儿童、教师、教育等的重新认识、建构和想象，会给幼儿园带来哪些变化呢？杭州市西湖区文一街幼儿园的马晓芽园长如是说：

> 自从实践学习故事以来，我感受到无论师幼关系、家园关系还是教师的工作体验，都发生了很多的改变，尤其是这些方面。
>
> 孩子觉得被老师看到了、理解了，师幼关系有了改变。我印象很深的是我们园许老师曾分享过的他的一段经历：一天傍晚，趁着姜姜还没有被妈妈接走，我对她说："许老师就分享你的故事吧。"姜姜连忙摇摇头说："不要不要，我马上要回家了。"我明白她是有些难为情，但我还是打开手机讲了起来。听着听着，姜姜走了过来。听着听着，她靠在了我的身旁。当我讲完她的故事，我居然看到了她眼里的泪水。我想，这一定是她激动的、欣喜的泪水。随后几天，姜姜每次远远地看到我，都会大声地叫我"许老师！许老师!"这可是以往很少见的。

老师更能感受到日常工作的意义。我记得另一位男老师对我说:"学习故事很有意思,就这样看着孩子、记录孩子的点滴也是幸福的。"要知道他平常不喜欢笔头工作。

通过学习故事,家长看到了自己孩子的成长,并理解了老师的付出,家园慢慢建立起支持性的合作关系。

同时幼儿园在慢慢形成一种"互赏式"的文化。老师记孩子的学习故事,管理人员记老师的故事,家长也会记老师的故事和自己孩子的故事,形成了一种非常有温度、有幸福味的教育生态。

学习故事带给我的最大改变是,看到一个现象,我常常会去反思:我们的管理在允许什么、鼓励什么?而我们原本期望什么?

马园长说学习故事让老师更能感受到日常工作的意义。日常工作的意义,也是我希望读者们在阅读学习故事实例和课程实例时重点体会的。这些学习故事和课程实例的主角都是普普通通的孩子。老师们记录的也只是日常生活中普普通通的在成人眼里不起眼的寻常小事。但是,这些孩子身边有相信他们的力量,即有对他们好奇、感兴趣的老师是极其重要的。他们的老师愿意去倾听、观察他们,与他们对话,识别和呼应他们的兴趣、想法、目标和情感等,愿意与他们建构互动互惠的亲密关系,愿意去探寻寻常小事中的不寻常,并记录下来,这才让我们有机会感受到寻常小事对孩子的意义和价值,以及幼儿园里琐碎又责任重大的日常工作对老师的意义和价值。诚然,撰写学习故事一定会花费时间和精力,但玛格丽特·卡尔说,老师们所花费的时间可以由记录的价值来平衡。[1] 因此,我希望所有带着爱和喜悦为儿童撰写学习故事的老师,都能感到愉悦;都能将对儿童学习的注意、识别、回应、记录和回顾自然融入日常实践中,而不是当作额外负担;都能让学习故事为促进儿童学习提供有意义的反馈、新的方向;都能在与儿童和家长分享学习故事的过程中,体会到自己的工作和作为教师的自己之于儿童、家长的意义与价值。

与《指南》和学习故事相遇后,我们越来越能感受到,和儿童在一起,促进儿童的学习和发展,关乎一系列选择,包括我们如何看待儿童、为了谁写学习故事等。而影响我们做各种选择的一些重要因素包括我们眼里儿童的形象,儿童在我们生活、工作、思维和行动中的位置,以及我们与儿童的关系。我们的研习才刚刚开始。研究儿童、走进儿童的世界,是作为幼教工作者的我们需要用一生去学习的。我们深深体会到,如果我们自己越来越准备好、很愿意、有

---

① [新西兰]玛格丽特·卡尔:《另一种评价:学习故事》,155 页,北京,教育科学出版社,2016。

能力去发现儿童自身学习和成长的力量，看见每一个独一无二的儿童，让每一个儿童都能在我们的世界里存在，那么，以儿童为本、向儿童学习、让儿童的独特之处引领我们的工作等愿景，就不再是口号，而是一种学习方式、工作方式、和儿童在一起共同生活的方式！

周菁

于北京

基于儿童，重视关系，只为教育更有温度

从《发现儿童的力量："学习故事"在中国幼儿园的实践》到《相信每个人的力量——构建基于儿童、重视关系的幼儿园课程与文化》，时任北京市西城区三义里第一幼儿园的刘晓颖园长及其团队在遵循教育规律、探寻教育本质的研究和实践道路上又迈出令人欣喜的坚实而有力的一步。

记得当年为《发现儿童的力量："学习故事"在中国幼儿园的实践》写推荐语时，我曾写道："是什么让一所再普通不过的幼儿园焕发出勃勃生机？是什么让幼儿园中的每个人都把观察、理解、支持孩子视作职业的最大幸福？这是新西兰'学习故事'在中国落地生根、开花结果的魅力，是实践研究的魔力，更是贯彻落实《指南》精神给幼儿园带来的巨大发展潜力……"令人感到欣慰并且感动的是刘晓颖园长带领她的团队从未停止过探寻的脚步，在构建以儿童为本，重视关系的幼儿园课程与文化方面做出了诸多有益的可贵探索。这些孜孜以求的探索再次印证了联合国教科文原总干事伊琳娜·博科娃在 2009 年 11 月世界教育创新峰会上的一段关于教育改革的讲话："世界范围的教育改革越来越关注教育的本质问题，21 世纪的教育需要重大创新，这是因为我们的世界正在变得越来越复杂、越来越融合，知识驱动性也越来越强。在这种情形下，我们必须就教育的目的、学习的内容、为什么学习以及如何学习开展批判的、持续的交流和对话。"这种带有审视、研讨、自我革新式的交流和对话一直都在悄然进行着，如平静河面下涌动的暗流……

目前幼儿园课程改革实践在某种程度上进入了"深水区"，在很大程度上表现出新旧观念在理念、实践层面的交锋，而新旧观念的碰撞从深层次来看，则反映出不同专业知识储备、思维习惯乃至不同文化背景、不同价值观之间的碰撞与冲突。解决分歧的捷径之一就是将复杂问题简单化，即将人们的认识统一到回归教育本质、教育本源的层面上来。随着国外的各种思潮、观念以及课程模式的传入，我们需要冷静客观地审视自身实践，进一步加强研究和反思。在国际视野下，引进、融合国外先进教育理念，使其植根于本土，落地、生根、开花、结果；在坚持文化自信的前提下，兼容并蓄。

在我心目中，刘晓颖园长是一位善于学习，勤于思考，在实践中锐意改革

的知行合一的研究型、探索型园长。

记得在 2015 年年初的"《指南》走进幼儿园"全市交流活动中，晓颖园长在发言中提道："在日复一日的工作中，有时老师们像是设定了程序的机器人，认真遵守着各项规则要求，努力应付着各种检查评比，朝七晚五，身心疲惫。他们常常为了开放展示而突击创设环境；为了评比检查而加班加点制作教具……以'以幼儿发展为本''以儿童为主体'为名，行'以教师为主导'的教育行为之实。有时我常常问自己：我们这样辛苦工作真是为了孩子吗？"这种触动心扉的思考和振聋发聩的发问，引起了很多幼教同人的共鸣和深刻反思。

后来令我印象较深的一件事就是她关于在环境留白与丰富间探寻儿童有意义的学习的思考和发声。在文章中她写道："如果请一位有经验的幼儿园老师说出评价幼儿园环境、活动的标准，常常会听到一个词——丰富。幼儿园老师在一日生活中忙的是什么？其实都是在围绕'丰富'做文章……'丰富'让老师们绞尽脑汁、费尽心力。为了让墙饰看起来与众不同，老师们会在开学初的一两个月内从早到晚围绕着布置什么样的内容、怎样在墙上排版、用什么材料制作、怎样体现儿童参与等一系列问题一直忙碌下去，直到所有的墙壁被贴满、所有的窗台被摆满……反观幼儿园里铺天盖地的墙饰、忙忙碌碌的老师，我们唯独没有关注的就是孩子。当老师们和墙饰较劲时，孩子们正在牺牲游戏时间……我们花费大量精力追求的'丰富'，换来的却是幼儿对环境的需要及对活动的兴趣的空白。'丰富'背后缺位的恰恰是最关键的核心——儿童以及儿童的主动学习。教师主导的'丰富'与儿童主动学习的空白所形成的强烈对比，提示我们必须在实践中停下忙碌的脚步，思考留白与丰富的关系问题，在留白与丰富间探寻儿童有意义的学习。"这段文字是晓颖园长对教育实践不断求真务实的深入思考和追问的一个典型实例，从这一点我们可以看出作为一线实践管理者，她有一种透过现象看问题本质的智慧。她对于实践中问题的本质性思考、对教育科学规律的不断探索令人叹服并心生敬意。

作为北京教育科学研究院早期教育研究所"国际视野下北京市幼儿园课程实践与创新研究"课题实验园之一，三义里第一幼儿园的晓颖园长及其团队锐意进取，在北京市的课程改革中起着很好的引领作用。《相信每个人的力量——构建基于儿童、重视关系的幼儿园课程与文化》也是基于近几年国际、国内学前教育改革所倡导的理念背景，园所深入思考和实践的结果，是三义里第一幼儿园团队心血与智慧的浓缩与结晶。该书抓住了影响教育诸多要素中的关键点，可以说切中了要害。

习近平总书记在 2018 年全国教育大会的讲话中强调，改革是教育事业发展的根本动力，必须更加注重教育改革的系统性、整体性、协同性。《中共中央关于制定国民经济和社会发展第十四个五年规划和 2035 年远景目标建议》中也提及要"建设高质量教育体系……健全学校家庭社会协同育人机制……"，提示我们学前教育作为国民教育体系的重要组成部分，教育改革也一定要注重系统性、整体性和协同性。著名心理学家布朗芬布伦纳提出的个体发展模型，强调个体嵌套于相互影响的一系列环境系统之中。在这些系统中，系统与个体相互作用并影响着个体发展。系统内部各要素之间通过能量流动和物质循环相互联系、相互制约，构成了具有自我调节功能的有机整体。每一个系统都与其他系统及个体交互作用，影响着发展的许多重要方面。教育的本质是指教育的内在要素之间的根本联系，以及教育作为一种社会活动区别于其他社会活动的根本特征。在教育实践中，教育本质的实现得益于积极关系的建立，在幼儿园中发生的相互关系包括保教工作管理者与保教人员、保教人员与保教人员、保教人员与幼儿、幼儿与幼儿、幼儿园与家长及社区之间的关系等。意大利瑞吉欧教育奠基人劳瑞兹·马拉古奇在一次演讲中说道："儿童对于他们的世界里那些成人的关系是很敏锐的。他们很快就能感觉出这些成人之间的情绪是怎样的。他们看得出这些成人的工作是不是真正的合作还是各干各的，相互之间有没有什么互动。"因此，如何构建一个有利于个体发展的生态环境，如何形成教育过程中的积极关系，对儿童和谐健康发展至关重要。在教育过程中要"见"人，这里的人既包括幼儿和幼儿的家长，也包括幼儿园保教管理者、幼儿园全体教职工，以及与幼儿发展发生关联的所有的人。在幼儿园中必须强调"共生"关系，儿童的成长需要尊重、理解、支持的安全和谐的"共生"关系，保教工作者的职业获得感、幸福感，也来自这种尊重、理解、支持的安全和谐的"共生"关系。因此，在园所文化的打造中，在园本教研的开展中，在教师队伍的建设中，在园本课程的构建中……起点是人，是人的问题，是人发展的各种可能性和潜力；终点还是人，是人的问题的解决，是人的各种潜能得到挖掘，是人的幸福的实现。在这个过程中，我们要回归教育本源，不忘初心，筑基思变，保证儿童和教师的生存、发展权，创设平等、尊重、理解、包容、支持的关系和氛围，努力构建有利于师幼共同成长的良好生态环境，让教育更有温度，让教育更有力量。

改变从心开始，改变从你我开始，改变从基于儿童、重视关系开始……我们在路上。

北京教育科学研究院早期教育研究所　苏婧

写在前面

相信每个人的力量

我们的故事是从 2013 年开始的，也就是在 2012 年教育部颁布《3—6 岁儿童学习与发展指南》（以下简称《指南》）后不久。

作为一线教育工作者，我们十分认同《幼儿园教育指导纲要（试行）》（以下简称《纲要》）、《指南》背后的"以儿童发展为本""以学定教"等理念，希望能找到一种方法或路径，把《指南》中倡导的理念、目标和方向与幼儿园教育实践有效对接——让《指南》倡导的理念成为幼儿园中每个人（也包括幼儿周围的密切他人，如家长等）每一天、每一秒的自觉行为，让幼儿园教育真正能惠及儿童、教师的现实、全面、协调的发展，并且有益于可持续的、终身的发展。

2013 年 9 月，正当我们想要改变却又不知从何做起时，通过中国学前教育研究会和北京市学前教育研究会组织的一系列专业培训，参与北京教科院早教所"超越地平线"兼职教研员小组的持续教研，以及认真研读相关著作，我们发现，在新西兰幼儿园中广泛使用的一种叙事性、形成性的评价方式——"学习故事"，将教师的视角聚焦在儿童以及儿童真实的学习过程中，帮助儿童建构起主动学习者的形象，帮助教师更好地了解儿童，进而支持与促进儿童的学习与发展。其背后的理念、实践方向与《指南》中所倡导的"以幼儿发展为本""全面的、可持续的、终身学习与发展观""以理解幼儿作为幼儿教师专业素质的核心"等理念十分契合。

于是，我们决定把学习和借鉴"学习故事"的理念、方法，作为幼儿园教育改革的突破口，打破多年形成的固有的教育实践习惯与思维模式，重新调整幼儿园里的时间、空间、材料和规则，在观察与记录儿童学习故事的过程中，探寻支持儿童主动学习和发展的适宜路径。

北京市西城区三义里第一幼儿园（以下简称"三义里一幼"）坚持"以儿童发展为本"的理念，以实现"有生命""有温度""有色彩""有力量"的"四有"愿景为目标，相信每个人的力量，释放每个人的力量，实现每个人的价值，构建有关我们这一群人对儿童、生活、课程、文化等的共同理解。

本书共分为五章，记述了从 2015 年到 2020 年年初，三义里一幼在儿童观、观察和记录、教师专业发展与培养、课程建构与管理、幼儿园文化建构等方面，所经历的一系列事件与历程。

本书的第一章回顾了我们更新儿童观的曲折转变过程——"学习故事"撬动课程实践探索的过程不断更新着我们对儿童的全面认识。当我们不断贴近儿童，不断倾听他们的声音，不断调整自己对儿童的期待，不断尝试对儿童放手赋权，我们更容易看到一个个去符号化的真实的儿童，更可能看到儿童是复杂的、多面的、充满独特思维气质的、想法多样的、内心丰盈的，是与我们共同学习和成长的同行者……建构儿童观的过程伴随着我们的教研开展、课程建构、保教实施，贯穿在我们每一个教职工努力去看见儿童的每一刻，当我们一次又一次放下成见，与儿童彼此欣赏、互通心意、教学相长时，我们就自觉地站在了儿童的一边，成为与儿童共同学习进步的同行者。

本书的第二章梳理了我们借助"学习故事"，厘清幼儿园教师进行观察和记录对于教师、儿童、课程发展的意义以及我们与儿童之间的关系。我们发现，当观察不能有效联结教师与幼儿，不能让教与学自然联结，我们就无法改变教师高高在上、教学只是教师一人的独角戏这样一种状态。观察的意义不仅在于我们为孩子做了什么，而且在于我们为自己做了什么。教师所做的每一篇记录都是一面"镜子"，这面"镜子"让我们看见儿童，也看见了自己。借由观察和记录，我们不断与孩子、与周遭的世界、与自己对话，不断反思和完善自我，在支持促进儿童发展的同时，不断生成了一种对我们自己来说富有实效的学习和成长。

本书的第三章聚焦教研管理、教师培养和教职工队伍建设，阐述幼儿园教研活动如何解决一线教师的教育实践困惑、如何启发管理团队赋权赋能、如何建构新时代幼儿园的教研文化，促进幼儿园教师核心专业素养的有效提升。在这个过程中，我们重新理解教师专业化的定义，从重视专业技能转向重视理解儿童、尊重儿童，从只看专业能力的单一培养转向延展到全人发展的综合素养培养。作为教育者，只有我们每个人的生命都呈现出丰盈饱满、绚丽多彩的状态，我们才能与儿童同行，成为值得他们信赖和依靠的伙伴。

本书的第四章思考在复杂的幼儿园课程建构过程中如何平衡课程的生成和预成关系、师幼关系、家园关系以及解决好新旧价值观的冲突等，探索构建"以儿童发展为本"的幼儿园课程的可能路径。伴随课程发展而逐渐建立的"班级课程文档"是我园课程建构过程中的一个意外收获。围绕课程文档的共建，班级成员的力量与智慧不断凝聚，班级教师对园本课程的认识、把握和构建能力也得到了提升。我们所倡导的"基于儿童""重视关系"的灵活、弹性课程实施路径与我们对儿童全面、整体发展的期待有了很好的融合。课程文档已经成为我园班级管理的重要工具，促进形成共商、共建、共享的幼儿园课程建构模式。

本书的第五章通过对"我们是谁、我们想要成为谁、什么对于我们来说是最重要的"这三个问题的思考，描绘出我们是怎样的一所幼儿园，我们每个人应该如何看待彼此，如何在一起共同生活。我们所盼望的让幼儿园里的每一天、每一分、每一秒对儿童来说都是快乐而有意义的梦想，逐渐在幼儿园中成为看得见的现实。作为一名教育者，我们不仅要做好自己、做好教书育人的本分，更要积极做一名不断联结与编织教育关系的"织网者"。重视在人与人之间建构相互信赖、彼此支持、互动互惠的教育关系，努力促进人与人之间的沟通与连接，激发每个人付出爱、责任与贡献的力量，在互动互惠的关系中不断获得学习与生长的力量。对我们来说，相信每个人的力量，赋予每个人自主发展的权利，激发每个人自觉地用一言一行传达我们对教育共同的理解和期待，也是我们每个人所认同和遵守的约定，也是三义里一幼最重要的文化信念。

在本书的撰写过程中，我们开展了大量的调研、访谈工作，收录了园中各个部门的实践案例与经验（因字数限制，部分案例需要扫描二维码浏览）。园长、教研干部和两位青年教师（一位刚刚工作五年，一位甚至不足五年）共同承担了本书的撰写任务，本书的最终统稿由刘晓颖、程洁完成。学前教育杂志社副主编程洁老师自 2013 年我园开始改革之初就一直关注、陪伴、支持我们的探索与尝试，为我们幼儿园的课程实践成果的梳理、提炼、总结提出了许多专业化建议，为本书的出版做了大量的指导与修改工作。为了共同的理想与目标，为了儿童获得更加优质的教育，三义里一幼仿佛是一座磁场，吸引着各种力量不断聚合，为儿童发展、教师发展提供了强大的支持。

这本书能够顺利出版，还要特别感谢中国学前教育研究会学前教育管理研究专业委员会"贯彻《指南》，学习故事研习项目组"、北京教育科学研究院早期教育研究所苏婧所长、学前教育杂志社安颖主编以及北京市西城区教委学前科、研修学院相关领导、专家、教研员一直以来对我园课程改革的关注、帮助与鞭策。这其中，我们尤其得到了北京教育科学研究院早期教育研究所兼职教研员、新西兰维多利亚大学博士周菁老师的帮助，我们的老师通过参加她所组织的公益性质的共读学习小组，多年来持续地对学习故事背后的一系列理念与概念有了更加深刻的理解，为构建我园园本课程与园所文化打下了扎实的理论、思想基础。

当然，最需要感谢的还有我们幼儿园所有的孩子及家长、老师们。在三义里一幼里，每一个儿童、每一个家庭都是启发我们智慧、给予我们力量的伙伴与贡献者。我们的园所中，教职员工身上所特有的质朴、坚韧、平实的品质是支持我们坚守初心、坚韧地面对困难、不断创造的不竭动力。

正是因为有了每一个人的存在，我们才能够突破万难，一直坚守"以儿童发展为本"的理念，将先进的理念与实践不断对接、落实到更广大的教育实践空间中去，惠及孩子、家庭以及教师、园所的成长与发展。

正是因为有了每一个人的存在，我们也看到了，教育中除了"儿童"这个核心要素以外，整个社会体系的支持，人与人、人与事物、人与环境之间"关系"建立，对于教育、对于儿童学习与发展的重要性。

有人说："相信是一种信仰。"的确，当我们所有人因为孩子而在幼儿园这个教育的小天地中汇集时，相信每个人的力量使得这些角色不同、特点不同、个性不同的人凝聚"在一起"。因为相信所以彼此努力看见对方，因为相信所以彼此努力照亮对方，因为相信所以我们共同拥有了将不可能变为可能的力量。

以下是三义里一幼全体教职工的名字，七年间，其中的每个人都为孩子的发展、为园所的发展、为这本书的出版做出了卓越的贡献：力喜梅、刁羽、王丽、王洪伟、尹秋红、印淼、师扬、巩凡、刘婷、刘晓颖、孙艳、池雨蒙、李越红、李富清、何伟、汪苑、沈佳、赵京、张冬雨、陈莉、陈征、胡红燕、张奇伟、张雪、张莹、南俊杰、杨议、姚立新、姜素琴、耿淑霞、班鑫、栾春龙、徐伟、段青山、崔雨晴、曹梦缘、韩梦楠、蔡春阳、訾连君、刘志勇。

刘晓颖

目　　录

目录

第一章 我们真的"发现儿童"了吗

和中国大多数幼儿园一样，在认识"儿童"这条路上，我们一直在不断反思、不断改变，也在不断重建信念。

从 2013 年开始，北京市西城区三义里第一幼儿园（以下简称"三义里一幼"）受"新西兰学习故事""美国高瞻课程"等课程理念的启发，在北京教育科学研究院早期教育研究所（以下简称"北京教科院早教所"）兼职教研员儿童学习故事研习小组（以下简称"北京儿童学习故事研习组"）和周菁老师的持续支持下，不断在实践中打破和重建思想观念，逐步转变儿童观，认识到"儿童不是一张白纸"，要相信儿童是"有能力、有自信、积极主动的学习者"，要发现儿童的力量。2015 年，在北京市和西城区两级教育行政管理部门、教研部门的支持和鼓励下，幼儿园通过了北京市的市级示范园验收；在《学前教育》杂志社的大力支持下，倾注了全园力量撰写的《发现儿童的力量："学习故事"在中国幼儿园的实践》一书顺利出版。幼儿园引导全体教师把视角放在儿童身上，提倡儿童优先、游戏优先、有意义的儿童学习和发展评价优先的实践探索过程，这不仅得到了越来越多同行的关注，也得到了各级领导和专家的肯定。

但是，随着时间的推移和我们对儿童认识的不断深入，我们的内心常常涌现出一个声音：我们真的做到"发现儿童"了吗？我们发现的究竟是"口号中的儿童"，还是"真实的儿童"；是"我们以为的儿童"，还是"儿童自己本来的样子"？

现在回头再看，想要真正做到"发现儿童"其实并不容易。从"我们以为的发现"到"真正的发现"之间，有着无数的曲折、反复；各种跟儿童相关的观念、信念、理想之间，既有对撞、冲突，也有包裹、协调；这些又和我们对自己、对教育者身份、对幼儿园存在的意义的觉察互相牵绊。不过，即便如此，作为一名工作在幼儿园，甚至很多时候在幼儿园度过的时间远超于在自己家庭的时间，工作和生活融于一体的幼儿教育工作者，我们还是决定将教育教学的起点和基点回归到"如何认识、理解儿童"这个基本问题上。

第一节 从"口号中的儿童"到"形象的儿童"

如果有人问：如何描述你心里的儿童？

曾经，我们会这么回答——

儿童是"有能力、有自信的学习者和沟通者"！

儿童是"很棒的"！

儿童是"很厉害的"！

曾经，我们以为这么理解儿童，就是很大的进步。

但是，这样表达和描述儿童，真的就够了吗？

一、现象：我们心中的儿童难道只是"口号中的儿童"

当我们借鉴美国"高瞻课程"的理念和实践，打破幼儿园一日生活中时间、空间、常规材料的限制；当我们受到新西兰"学习故事"理念和实践的启发，尝试转变原有的以教师为主导的师生关系、儿童发展评价方式，勇敢退到儿童身后追随和支持儿童的兴趣，开始为班里的一个个孩子写下属于他们的"学习故事"时，我们逐渐接纳并能在口中、在笔尖主动表达"孩子是有能力、有自信、积极主动的学习者与沟通者"。

例如，在2013年，一线带班教师最初撰写的学习故事文本中，老师们常常会用以下文字呈现自己对孩子的识别。

片段1：你敢于选择新玩具，尽管过程中你遇到了一些困难，但是你没有放弃并努力完成了任务。你是一个爱动脑筋、不怕困难的孩子，还是一个有能力、有自信的孩子。

片段2：你是一个聪明可爱的宝贝，今天你在区域游戏中不断地尝试创造，发现并解决问题，相信明天的你一定会更棒。

片段3：我今天看到你是一个做事情仔细、认真的孩子。你表现得那么勇敢，那么坚决，真是一个有力量的小朋友！我为你竖起大拇指！你太棒了！

片段4：从独自游戏到合作游戏，你让老师看到了你的进步，你长大了！你真是一个自信的沟通者，将来一定会有更多的小伙伴和你一起玩！

片段5：在今天的活动中，我看到了你的聪明、不怕困难的品质，你能够和小朋友一起合作游戏，小手也变得越来越灵巧。

片段6：这让我看到你是一个勇敢、不怕困难的小姑娘。我心中非常感动，这是一件多么让人高兴的事。老师为你加油。

片段7：你是一个很帅气、很聪明、很热心的小朋友。让人看到你就觉得很阳光。你总是默默地去帮助其他小朋友。所以老师觉得你是一个性格特别好的孩子。

"你真是个很棒的孩子""你是一个能坚持、有能力的小朋友""你真是一个很有力量的小朋友""你真的太厉害了，让老师刮目相看"……这些表达着肯定、表扬、赞赏的语句，频繁出现在老师们写下的很多学习故事中，而且在很多教研活动、日常交流中，"有能力、有自信的学习者与沟通者"之类的话出现频率之高，甚至变成了颇为流行的一句句"口号"。

难道这些"口号"描述的就是我们心中的儿童形象吗？怎么感觉这些口号式的描述好似贴在孩子身上的另一种"标签"呢？

二、反思与调整：从"形象的儿童"到"儿童的形象"

当"孩子是有能力、有自信、积极主动的学习者与沟通者"之类的话变成了"口号"，似乎就有那么点不对劲了。每一个不一样的孩子难道都像老师们描绘的那样"千篇一律"？看似蹲在孩子身边的我们，眼中真的有孩子吗？"有能力、有力量"的儿童形象真的是我们内心的信念吗，还是只是一句停留在字面意义上的"口号"？

2016年7月5日，在一次关于"《学习故事》与学习故事"的教研活动中，负责主持的保教主任刘婷老师说了这样一段话，引发了在座所有老师的深思。

刘婷老师：从2013年9月到2016年7月，共34个月的时间，我有幸看到园内、园外很多老师写的将近500篇《学习故事》，发现老师们写的故事的识别部分常常会出现以下这几类情况。

展望类："希望你继续研究、观察、实验，你会发现更多好玩的事"等。

精彩类："你今天的学习棒极了，期待你下次的表现"等。

定义类："你是一个能坚持、有力量的学习者，我永远是你的粉丝"等。

复制类："希望你以后做事都像今天一样"等。

为什么老师们笔下的故事总离孩子那么远呢？为什么会出现"一句能套百文"的现象呢？显然，如果我们没有真正看见一个个孩子的不同，没有看懂这些独特的孩子身上不同的"力量"，没有让孩子们的生动形象住进心里，就很难改变内心深处的想法，如果我们没有真正认同"儿童是重要的"，我们所谓的"发现儿童"，恐怕也只是纸上谈兵。

诚然，认识和转变本来就需要一个过程，不可能一蹴而就。要想改变过去我们心中早已刻板化、固定化的儿童形象，首先必须看到孩子、看懂孩子、听见孩子、听懂孩子、感受到孩子的感受、与孩子共情。当我们努力走近孩子、理解孩子，才有可能在心中重新树立起一个个独特且生动形象的儿童形象。

小班的孙艳老师通过细致观察，在故事中记录下如此多的细节，让我们看到了如此鲜活的儿童形象。

你搭完楼房后，走到我身边对我说："孙老师，这是我给你搭的楼房，最下面的是窗户，可以看到外面的风景。""谢谢你！给我搭这么漂亮的楼房。"

就在我们说话的时候，就听到"哗啦"一声，你搭的楼房被小朋友不小心碰倒了。还没等我说话，你就一边拿起积木一边说："没事！孙老师，我再给你搭一座楼房。"

刚刚入职半年，在中班实习的班鑫老师能及时关注孩子的情绪情感，愿意倾听孩子的想法，也让我们看到了孩子如此细腻的心思。

今天中午，班里你熟悉的老师都去参加教研活动了。当活动结束后，我打开门，只见你低着头噘着小嘴。我问你时，你才告诉我："老师，我想告诉你一个秘密，刚刚起床的时候我都快哭了。因为咱们班的老师都不在，我都想姚老师、张老师、班老师和李老师了。我害怕你们都不回来了。"

大班的沈佳老师对孩子充满好奇，愿意与孩子对话，由此发现了孩子的独特创意和童趣想法。

你对自己种植的香菜很感兴趣。你很认真地观察它的样子，没过一会儿，你走过来告诉我："老师，我能给我的香菜做本书吗？""当然可以。""我给我的这本书起了一个很好听的名字《味道》。您说香菜听到我为它做的这些事会不会高兴、开心，长得更快呢？"我说："应该会吧！要不你试试？"

其实，这样有趣、温馨的时刻数不胜数，但光有对这些表象的观察、记录还不够，还需要分析解读这些语言、行为、气质、性格背后的成长密码，才有可能让每个儿童独一无二的形象更为生动、丰满。于是，我们把对儿童的分析解读融入教研和日常讨论，充分发挥集体的力量，围绕观察儿童、撰写《学习故事》、阅读骨干教师写的《学习故事》等，持续的对话让"儿童"的形象和位置在我们心中变得越来越清晰，让"口号中的儿童"变得具体、生动。

在一次教研活动中，我们以骨干教师的一篇学习故事为例，展开了讨论。带着对"你看到了一个怎样的儿童？你看到了哪些有意义的学习？"的思考，我们一起阅读了大班宸宸小朋友在美工区制作飞行器的故事。

案　例

超级飞行器

观察对象：宸宸，男，6岁　　　记录者：张莹

发生时间：2015年

今天的游戏中你准备到美工区动手制作飞行器，做好游戏计划后，你便行动起来。你选择了一个带提手的纸盒、饮料瓶来进行组合，粘贴材料时你选择了大宽胶带和胶条车。不一会儿的工夫，你的作品就完成了，你请我帮你写上了一个小标签，作品的名称是：超级飞行器。

我对你的作品很好奇，于是问道："宸宸，你知道什么是飞行器吗？"听到我的问题你并没有侃侃而谈，而是一愣，说道："我也不太清楚什么是飞行器，就是听说过，今天想做一个。"于是，我拿出手机，我们开始搜索究竟什么是飞行器。网上有对飞行器的描述，也有很多飞行器的图片，我们了解到火箭也算一种飞行器。

这时你又有了新的想法，说要做一个像火箭一样的飞行器。于是，你找来了新的制作材料——纸箱、矿泉水瓶和薯片桶，开始制作新的飞行器。

这次，你将三个矿泉水瓶立着用宽胶带粘在盒子的上面，制作过程中材料不太好固定，你便请观摩游戏的家长来帮忙，并有礼貌地说了谢谢。粘好矿泉水瓶后，你将两个薯片桶竖着分别粘在箱子的两侧，作品基本完成。

你告诉我箱子两边的薯片桶是"推动器"！我好佩服你啊！接着你介绍道："它们能让飞行器飞得很快！"我觉得你这个创意好棒啊！你说完后还邀请我为你的新型飞行器拍照！谢谢你让我见证新飞行器的诞生！

今天的活动中我看到你能够按照自己的计划开展游戏，在制作中能够选择适宜的材料。你很有自己的想法和创造，做事时很专注、很认真。

当遇到困难时，你能够主动向他人求助，并且很有礼貌。

你还能根据查阅的资料及时调整自己的作品。

我能为支持你的学习做什么？

如果你还对飞行器很感兴趣，我们可以再看看飞行器的图片和功能——搜书搜图片的过程让儿童去实施。

再将自己的飞行器进行改装和升级——既然要改装，需要什么材料？工具？人手？环境？空间？时间？

从色彩到细节做得更加细致——换个学习空间，需要美工材料、助手、图片、模型，到时候你还可以做个飞行器的展览，邀请大家来参观。

读完张莹老师笔下的"宸宸"，老师们在纸上写下通过这篇《学习故事》看到了什么样的儿童形象。

张雪老师：读完张莹老师故事中的宸宸，我看到了一个认真、专注的小朋友，一个勇敢的行动者，一个对周围的事物总是那么敏感，愿意去学习、尝试、自己动手操作的小朋友。我喜欢他的热情、他的执着。在他身上，我看到了一种学习的动力！

陈征老师：在这篇学习故事中，我看到了宸宸是一位心中有计划、脑子有想法、有准备、有执行力、做事不拖拉的小朋友。让我印象深刻的是他在遇到困难的时候能主动向观摩的家长寻求帮助，主动让老师为他的作品拍照，这跟我所耳闻的他格外不同。

韩梦楠老师：在张莹老师写的这个故事里面，我看到的宸宸是特别有思想的、很有创意的、懂得坚持的幼儿，在得到他人帮助的时候知道说谢谢，这种感恩、知恩的学习品质是很难得的。虽然我不认识宸宸，但是通过这篇故事，他的形象已经出现在了我的脑海里。

显然，逐字逐句读下来张莹老师写的故事，我们平时总挂在嘴边的那个所谓的"有能力、有自信的学习者"已经虚化了身影，一个认真、专注、接受建议、灵活调整、积极思考的宸宸跃然纸上。

通过对比与讨论，老师们也达成了共识：从 2013 年开始到 2015 年，学习故事给我们带来了巨大的改变，帮助我们认识到了儿童主动学习的重要性。但我们需要带着情感和爱，看到儿童的不同形象，同时我们对儿童"学习"的认识需要更加丰富。写出一篇篇学习故事，不是一次学习的结束，而是一段学习"看见儿童""读懂儿童"的新旅程的开始。

通过对一线教师的调研，我们也发现了，从"口号中的儿童"到"形象的儿童"关键在于教师的日常观察。但推进教师实现高质量的观察离不开支持教师有充分的时间观察、有合适的方式记录，以及科学适宜的教师评价机制（相关内容将在第二章详细展开）。要想改变教师内心深处的想法，首先需要接纳教师的真实想法、实际处境，然后调整和改变教学管理实践，从外部提供引导、支持、激励，从而唤起一线教师主动改变的需求和意识。

第二节　从"模板中的儿童"到"真实的儿童"

儿童是谁，是什么样的？

"喜欢参加体育活动，动作协调、灵活。"

"能有礼貌地与人交往。"

"对周围的事物、现象感兴趣，有好奇心和求知欲。"

"喜欢参加艺术活动，并能大胆地表达自己的情感和体验。"

"能努力做好力所能及的事，不怕困难，有初步的责任感。"

…………

这些耳熟能详的描述，经常出现在我们老师最初写下的学习故事文本中，在很多幼儿园的观察记录、集体活动教案、课程案例等中也常见。

曾经，我们就是这么认识和评价儿童的，但是这样理解儿童真的就够了吗？

一、现象：我们心中的儿童难道只是"模板中的儿童"

当我们从内心深处认为"儿童是重要的"，我们会在意他们当时、当下的每一句话、每一个动作、每一个眼神。孩子再也不是"千篇一律"的样子，而会为我们带来各种各样的惊喜。一篇篇"有情感、有代入感"的学习故事也越来多，孩子们在老师的眼中仿佛各显神通，此时一句"儿童是有能力、有自信、积极主动的学习者"已经不能代替儿童在我们心中的形象。老师们会用更加具体的语言来刻画某一个或某些孩子究竟"有什么能力""什么样的能力"等。"有能力"也不再是一句"口号"，而变成了具体、生动的"各种各样的能力"。

比如，有一个阶段，老师们在撰写学习故事时常常使用类似以下的语言。

这说明你不仅善于观察，而且相当会思考。

让我看到了你很善于动手，而且小手肌肉真的发育得很棒哦！

你真的对搭建很感兴趣呢！这说明你有很强的空间方位感。

你有很强的想象力和创造力，已经是我们班的大艺术家啦！

你很会与别人沟通，还特别会合作，很会社交嘛！

你会想办法去解决遇到的任何问题，老师要向你学习。

在这一过程中你始终没有放弃，真的是一个能坚持的小朋友。

我看到了你在做一件事情的时候很专注，你是一个专心致志的人。

…………

尽管老师们已经能把孩子的各项技能与发展看在眼里，结合《指南》，在孩子们的种种行为和话语中找到有力的"证据"，证明儿童所带给我们的种种惊喜，从而让我们看儿童的眼光"更专业"，但是，由于部分老师对"空间方位感、合作、沟通"等这些专业词汇理解得还不深入、不到位，导致这些词用着用着就变得像"模板"一样。老师们总是习惯性地将所发现的儿童行为机械地和"模板"中的条目相匹配，看似"科学"地认识、理解、评价着儿童。但是这样的认识、理解和评价真的能帮我们了解每个孩子的内心和需要吗？

难道我们心中的儿童就是"模板中的儿童"？

二、反思与调整：突破"模板"见"真实"

在 2017 年上半学年期末的一次学习故事统计中，我们发现老师们所撰写的学习故事基本都集中于区域游戏时间，并且关注的全是孩子的技能和发展，《指南》中的"教育目标"常常就像"模板"一样出现在一篇篇学习故事中。这样的现象使我们再一次反问自己：我们真的"发现"儿童了吗？难道我们发现的就是"模板"中的儿童吗？老师们关注《指南》本来是好事，为什么用着用着就成"模板"了呢？

究其原因，是我们还没有看到真实的儿童，我们对《指南》的理解还不够深入。虽然老师们都很重视《指南》，有些老师甚至能将其中每一句话都熟记于心，但我们都忽视了一点，那就是《指南》的"教育目标"从来都不是衡量孩子的"指标"，而是分别对 3～4 岁、4～5 岁、5～6 岁三个年龄段的幼儿应该知道什么、能做什么、大致可以达到什么发展水平提出了"合理期望"。所以，我们带着这些"教育期望"应该看到的，是每天生活在我们身边的一个个真实的儿童个体。

2017年8月，在一次主题为"记录故事，看见'学习'"的青年教师教研活动中，老师们再次阅读了刘婷老师在2014年所撰写的一篇学习故事《我能把球捡回来》。

故事发生在一次春游活动中，主人公金帅是全园老师都认识的小朋友，他总是在需要遵守规则的时候行为出格，以此来吸引别人的目光。2014年，很多老师在读完刘老师刚写完的学习故事后潸然泪下。不过，她们也表示，自己觉得这篇故事写得很好，却好像说不清究竟好在哪里。而在2017年的教研中，当带着"儿童是谁、是什么样的"以及"儿童的学习在哪里"这两个问题再次阅读这篇故事时，老师们好像突然意识到，这篇故事之所以让大家印象深刻，是它让大家看到了不一样的金帅。

案　例

我能把球捡回来

观察对象：金帅（4岁半）　　观察时间：2014年4月

观察地点：大兴舍农园　　　　观察者：刘婷

你和几个男孩子在大兴舍农园的草地上欢快地踢着球。不知谁使劲一踢，球冲到了宽宽的木板桥下，大家都愣在那里，谁也不动了！

我向你们发起挑战："这个球是我们班向别的班借的，要还给人家的，必须取回来！"说心里话，我很紧张、很担心，因为这个桥洞真的很深，球滚出去很远，而且桥下比较黑，也有一些脏东西，土里是不是有积水？会不会有虫子？"把球捡回来"是一次挑战，我可不愿意让小朋友受伤。

于是，我先跪在地上，身子探进去向里面仔细观察：有一个大塑料袋。我能看到的地方没有虫子，一些青草已经冒出地面，看到这些我放心了。我希望这对男孩子来说是一次探险而不是冒险。

这时你蹲到了我面前，我对你说："金帅，你想干什么？"你肯定地答道："进去捡球。""你觉得行吗？"你又肯定地点点头："可以！"我说："还是再仔细看一下吧，确认安全了再去。"我看到你向地面上巡视，又按了按土，然后大声告诉我："地不脏。"我紧跟着问："有水吗？"你再次低头看，又用手摸了摸，肯定而高兴地告诉我："没有水，干干的，挺硬的。"我还是不放心，又对已经爬出去两步的你说："看看前面有垃圾吗，有虫子吗？"你蹲在原地向周围转了一圈告诉我："没有！"这回我真放心了，这个"探险"可以进行。

但是，4岁多的男孩子们会怎样做？一阵安静后，孩子们开始行动了，浩然迈出了第一步，你紧紧跟上。你超过了浩然，看着远处的球，你抬头看看周围，突然发力。你的小屁股翘高了……一边向前进一边甩着手，大声告诉我："土不湿，没有脏东西！"然后你快速前进接近球。这时浩然也跟上了。

到了！越过草丛、塑料袋，你们两人一前一后摸到球，你拿到球了！胜利返回！

这个故事告诉了我们什么样的学习可能在发生：

当我看到金帅听完我的请求，毫不犹豫地蹲在我面前准备出发时，真的很震惊！

你是一个有责任的挑战者——"桥下"对于你来说是充满挑战的！所以，你才会前进去完成一个巨大的"使命"：要把老师借来的球找回来，还给人家！你为了承担这个责任，克服了困难！你是带着勇敢和信心出发的。

你是一个自信的学习者——你对自己的能力很了解，你能决定是不是应该前进、应该用什么姿势前进、前进中应该注意什么，最终你选择了特别棒的动作——"手脚爬"！这样既躲避开了会碰着头的木板，也不会让身上弄脏。你特别巧妙地用平时就擅长的动作，解决了能跨过塑料袋和草又不会碰到头和后背的大问题，让我看到你平时户外锻炼时努力运动的效果。

你是一个风险承担者——据我的观察，桥下的黑、脏应该是让小朋友害怕的因素。但你是在轻轻按土做了检查后，知道土是干干的也没有泥之后，放心地往前爬，你还抬头看了木板离自己的距离。你会观察、会分析和判断。

下一步学习的机会和可能性：

我很激动看到你勇敢地挑战这么难的事，并且对你的行动非常满意。同时我也知道：我的信任是你成功的支柱。我想，你看到了一个懂你的老师。因为我一直守在桥下，用相机追随着你，用我的心伴随你前行。

你小小的年纪有着大大的勇气，我很想知道你心里是怎么想的，于是我和你进行了一次对话。

刘：你捡球时特别勇敢，你在我心目中是个小英雄啊！你当时是怎么想的，就敢往里冲呢？

帅：球是我们踢进去的，得弄回来。

刘：桥下挺黑的，你不怕吗？

帅：也不怎么害怕，因为我摸土了，是干干的。

刘：如果土是湿的，你还敢爬吗？

帅：敢！我会手指头杵着地爬，绷着膝盖爬，土干干的，我就用整个手按着地上爬！

帅：浩然停下了，可能他有点高，他怕碰着头！我不怕，因为我比他矮，我是全班最矮的！虽然我矮，但是我不怕，我也有劲儿！

刘：你好像不是最矮的，全班小朋友排队比比看……再说，你现在矮一些，多吃饭、多运动，会长高的。

帅：但是我就是有点淘气，做事有点粗鲁，我妈妈每天都问我在幼儿园闯祸了吗。

刘：怎么会这么说自己呢？你知道什么是粗鲁吗？"粗"就是什么都不想，"鲁"就是不管不顾往前冲，可你不是啊，你想得很周到，你这叫有勇有谋！

帅：刘老师一直蹲在那里看着我们，给我们照相，我就挺高兴的。我们往里爬的时候，刘老师一直蹲着，我想让你站着，站着不累。

一段对话后，我激动地和你拥抱在一起，我眼前的你不仅有勇有谋，而且是一个善解人意、会关心人、懂得体贴人的男子汉！你为浩然的高个子着想，为老师站着累着想。你又是一个考虑周到的行动者，你看到了困难并且预想好适合的对策。你是一个有担当、有能力的学习者。

虽然妈妈认为你会在幼儿园闯祸，但是今天的故事会让她改变想法的。我必须把你的故事讲给她听，让你最爱、最亲近的人，重新认识、了解你。

当刘婷老师笔下的"金帅"就这样再一次展现在每一个老师面前时，我们问了老师们这样一个问题：为什么这样令人感动的故事很少？"淘气""粗鲁""闯祸"这些词汇竟然从一个4岁的儿童口中说出，在这名小男孩4年的生命里，他是如何被"定义"着？我们的班上还有没有这样的小孩？他被看到了吗？

这次教研后，老师们也发表了自己的感受：

班鑫老师（当时教龄：3年）：现在我觉得自己丢失了当初写学习故事的初衷，也许是孩子们现在的学习任务太重，也许是我们忽视了某些瞬间……晚上翻看学习故事时，我发现记录中15篇有12篇都是偏重知识技能的。感人的瞬间真的没有吗？不是！在听金帅故事的过程中，我脑子里闪过了很多孩子们从内而变的情形。这也令我反思，我需要在新学期有更多的留白，要空出更多的空间，看到孩子们的"不一样"。

汪苑老师（当时教龄：2年）：我觉得金帅之所以带给我们感动，不是现场一个个镜头的"描述"，而是老师了解到了孩子真实的想法，老师发现了孩子的想法，并且通过那么自然的方式转变了孩子的想法，这样的认知对那些以别的方式对待类似孩子的老师是一次心灵上的震撼，惭愧的震撼。

巩凡老师（当时教龄：2年）：每个人都是不一样的自己，其实我们从出生就是在不断了解自己，挑战自己的无限可能，而我们身为老师，更应该思考的是如何发现真实的儿童，并让儿童发现自己，成为更好的自己。

陈征老师（当时教龄：6 年）：一个人不分年龄的大小，不分什么身份地位，他一定都有值得学习的地方。一个人可以有个性、有自我，也可以有一些小脾气、一些棱角。看孩子不能光看知识技能，而是一定要用心，让孩子知道他是被关注的，他是有优点的。进而让孩子认识自己、了解自己，然后再有所提升。

杨议老师（当时教龄：半年）：有些孩子可能会胆小、害怕，我们作为老师更要去鼓励他们，多与他们沟通交流，去给他们创造这样的学习条件，去了解每一个孩子，记录每一个孩子的学习过程。

张冬雨老师（当时教龄：半年）：孔子所说的"因材施教"，前提是教师要了解每个幼儿的兴趣、闪光点。不论是活泼积极的孩子，还是默默无闻的孩子。在指导孩子之前先思考"还能做什么"，与孩子沟通"你想要做什么"。

其实，在班上还有很多像金帅一样的小孩，那个所有人眼里的"淘气包"，那个自己都认为自己很"粗鲁"的小男孩。他不是"那么完美"的小孩，不是像过去高喊的"口号"中那个所谓的"有能力、有自信、积极主动的学习者"。但他是我们三义里一幼的小孩，一个活生生地站在我们面前的生命。这样一个在我们眼里并不"完美"的儿童，却有着如此细腻的心思、丰富的情感、善良的本性。原来，儿童是"一个个真实的个体"。

正如法国教育学者保尔·朗格朗所说："教育的真正对象是人，是处在各种环境中的人，是担负着各种职责的人，简言之，是具体的人。"[1]对于我们幼儿园教师来说，每天接触、互动的对象是全面的、真实的、自主的并且不断向外展现自我的幼儿。马修斯从儿童哲学的视角阐释了一个认识儿童的新观念：如果你把儿童看成是有自己独特的、有价值的看法的存在（主动的儿童形象），你就会时时刻刻注重邀请儿童、倾听儿童。[2] 儿童不是成人眼中那个需要达到某种标准的个体，他们有自己对于世界和人类的认识。我们应该欣赏他们的思想、倾听他们的内心声音，这不仅会促进儿童的解放，也会促进我们自己的解放。[3]

儿童是像金帅这样一个又一个真实存在的"人"。金帅的故事让我们意识到，要先暂时搁置自己的成见，暂时放下手中正在阅读的儿童研究文献，带着教育热诚、怀抱着专业智慧，走向儿童。

---

[1] ［法］保尔·朗格朗：《终身教育引论》，周南照、陈树清译，87 页，北京，中国对外翻译出版公司，1985。

[2] 刘宇：《论"对儿童的研究"与"有儿童的研究"》，载《全球教育展望》，2013(6)。

[3] 刘晓东：《解放儿童》，5 页，南京，江苏教育出版社，2008。

我们要相信"儿童"本身就是一切关于儿童论述的原始文献，从那里我们会真切地看到儿童带给我们的"教育"，我们会真正地了解"儿童是谁，是什么样的"。

第三节　从"我们以为的儿童"到"儿童是他自己"

儿童是谁，是什么样的？

曾经，我们以为：

班里的一个个儿童是可以用不同的形容词来描述的，比如，"聪明的""调皮的""内向的""能说的"……

儿童就是我们平时印象里的样子，比如，"是个足球迷""总喜欢制作飞机""爱护小动物""特别喜欢帮助别人"……

某一个儿童的样子就是我们以为的群体儿童的样子，比如，"孩子们都特别喜欢恐龙""孩子们决定要搭建城堡""孩子们都很喜欢表达自己"……

但是，当我们开始关注一个个真实儿童的时候，他们的每一句话、每一个表情、每一个动作、每一个瞬间都会走进我们的心里，发现"儿童的力量"再也不是用"普遍的、笼统的、理想的儿童"形象去套在具体的、生动的、独特的儿童身上；"儿童"也不再是"我们以为的样子"，而是一个个属于他们自己的鲜活生命。

同时，儿童不再是我们以为的"一面"，而是有"复杂的多面"；儿童不再是"此时此刻"我们所观察到的，还有我们没有看到的过去和可能面对的未来；儿童不仅仅是我们以为的"实践家"，更是天生的"哲学家"；儿童不仅仅是我们以为的"孩子们"，更是"每一个不同的个体"；儿童不仅仅是被我们观察、认识的教育对象，更是"与我们在一起"的同行者。

一、儿童不仅仅只有"一面"，而是有"复杂的多面"

倘若把儿童比喻成一个复杂且每一面都绘有不同图案的多面体，哪一面会吸引我们？恐怕是他与别人相比所表现出来的特别的那一面。

在"发现儿童"的过程中，我们往往会先看到孩子最独特的一面。虽是情理之中，可是我们对儿童的了解究竟是停留在我们认为的"独特的一面"，还是继续深入了解他的"每一面"，或者那些不易被看见或理解的"独特一面"？当我们试着把儿童作为一个整体来看，可能就会发现，孩子不仅仅只有展现在我们面前的这一面，背后还有很多个"他"。

比如，在小班到大班的 3 年时间里，有 4 位老师带过男孩卿卿。不同老师看到的他都是不一样的，这从 4 位老师所撰写的学习故事片段中可见一斑。

2017 年 3 月 1 日，卿卿在小班时的班鑫老师写道：

上学期因为陌生的人、事、物让你有些害怕。但就在开学的前两天，小朋友们都回来了，你的情绪很兴奋。班老师很诧异，和你的妈妈进行沟通后才了解到，在家里你其实是一个性格很活泼的小朋友，有的时候也会有些淘气，原来这才是真正的卿卿。很高兴你终于适应了，让我们看到了一个真实的、快乐的卿卿。

——在班鑫老师的描述中，我们看到了一个快乐的男孩。

2018 年 4 月 16 日，卿卿在中班时的班鑫老师写道：

今天你的好朋友和我都收到了一封来自你的神秘信件，平时你是一个不太善于表达自己情感的小朋友，今天你找到了一个很好的表达情感的方式，那就是写信！看到六个小朋友收到信很开心的时候，你也高兴坏啦！你难以表达的情感得到了认可和回应。记得在写信的过程中你贴心地问我喜欢什么。你在尝试着了解班老师的爱好对吗？通过和你的对话，班老师看得出你在书信的制作中也渗透着很多你爱的元素，收到这样的信让班老师好开心、好感动。今天我看到了一个不一样的卿卿，那么的认真、那么的有爱、那么的用心。

——在班鑫老师的描述中，我们看到了一个心思细腻的男孩。

2018 年 5 月 10 日，卿卿在中班时的张冬雨老师写道：

热闹请你教他做氧气面罩时，你就像领了个小任务一样。你不仅教给小朋友面具的做法，还帮助他一起做、一起想办法。在做的过程中老师还看到了你们的合作。你和热闹的配合特别默契，需要粘的时候你来扶，他来粘；需要找材料的时候你来说，他来找。

当老师给你们照相时，热闹特别开心，你却一脸认真。因为心里惦记着小朋友在做的事，你怕他做不完。你这位小老师尽职尽责，特别专注地教小朋友本领。老师站在旁边都能感觉到你认真的态度。

——在张冬雨老师的描述中，我们看到了一个认真负责的男孩。

2018 年 11 月 30 日，卿卿在中班时的杨议老师写道：

每天在选活动区时，你最爱选的还是美工区，连续三天你一直专注于制作"火箭"，今天，你的火箭终于成功"发射"了！你拿着你的"火箭"高兴地跳了起来。这让老师发现了不一样的你。当材料不合适的时候，你不断调整和尝试，你的小手真的很巧！这里老师要给你一个大大的赞！

在美工区你经常能静静地坐上一个多小时。在这一年里，你制作过"地球仪""大炮""防毒面具"。你喜欢创造，你享受分享，杨老师喜欢这样的你。

——在杨议老师的描述中，我们看到了一个心灵手巧的男孩。

13

2019 年 3 月 20 日，卿卿在大班时的池雨蒙老师写道：

你的运动天赋被池老师发现啦！你小小的身体里面仿佛有大大的能量，能跳 1.3 米远的你，用 2 秒就能通过平衡木的你，你的上肢、下肢力量以及平衡、协调能力都不错！以后会不会成为专业的运动员呢？我比较期待呦！

——在池雨蒙老师的描述中，我们看到了一个很有运动天赋的男孩。

2019 年 5 月 10 日，卿卿在大班时的池雨蒙老师写道：

"池老师你知道吗？长城烽火台上的烟是狼烟，因为是用狼的粪便烧的！"你是一个知识面很广的小朋友！还记得上学期池老师给你写的《我笔下的凉州词》这篇故事吗？你热爱古诗、喜欢长城、喜欢花木兰，你还特别喜欢了解中国的传统故事以及历史知识。对于一个仅仅 6 岁的小朋友，我真的特别感动，希望你一直保有这份对祖国的热爱。

——在池雨蒙老师的描述中，我们看到了一个很喜欢传统文化的男孩。

2019 年 6 月 25 日，卿卿的妈妈写道：

湛卿在我眼中是有些"不一样"的孩子，他活泼好动，爱思考勇于探索，同时适应集体生活略显困难。入园以来，从尝试、害怕、挑战、对抗逆反，到慢慢适应，他花了整整三年的时间，最终深深地爱上了这个幼儿园——爱这里的老师，爱这里的同学，爱大龙师傅做的饭，爱这里的一草一木……离开几天便会想念，有好东西他也惦记着要给老师同学分享，还乐意把自己的幼儿园推荐给别人："舅，等你家宝宝出生了，来上我们幼儿园吧，我们幼儿园可好了！"我看到这些很欣慰，自然联想到，如果把幼儿园比作一家企业，这就是最好的客户满意度的体现。

——在卿卿妈妈的描述中，我们看到了一个不断变化着的男孩。

卿卿并不是一个个例，他只是众多小朋友中再普通不过的一员，在不同人的眼中有这么多种不同的形象，但即便如此，这仍然不是完整的他，因为"他"一定还有很多可能的形象在等着我们去了解和发现。因此，当面对一个孩子时，我们永远不要以为自己已经很了解儿童，而是要抱着一颗赤诚的心去了解每一个孩子不同的一面。

再如，幼儿园小班的小马小朋友在入园一年的时间里发生了巨大的变化，在妈妈眼中，他从"胆小内向"变得"自信大方"；在他自己的话语中，从"我只有一个好朋友"变成了"所有人都是我的好朋友"。这些变化的背后还得从我们认识小马的"第一面"开始说起。刚入园时这位妈妈显得格外焦虑，与班上的老师沟通时她是这样说的：

小马妈妈：说起孩子上幼儿园，我是带着一种复杂情绪的，他胆子小、内向、不爱表达这些问题一直困扰着我，我很焦虑，以至于孩子第一天入园的时候我都没有勇气去送他。

　　每每放学的时候，我总是会问问他今天吃了什么好吃的，他一句"忘了"草草把我们打发，"那你今天和谁玩了吗，谁是你的好朋友？""就均均啊。"再没有听说过其他的小朋友出现在他的口中，他的朋友真的好少啊！

　　当老师们在了解一个新孩子时，很多时候总会从父母的描述中形成对孩子的"初印象"，在日常教学中这种情况很常见。但关键在于我们对孩子的了解究竟是停留在父母眼中的这"一面"，还是继续用自己的眼睛、自己的内心去等待孩子展现给我们的"不同面"。班上的徐伟老师在回忆起学期初的小马时是这样说的：

　　小马刚来时确实像妈妈说的一样，在班上一直是一个话不多的小朋友，经常会哭，走路喜欢拉着老师的手，与人交流时一紧张还有点结结巴巴。我们与他说得最多的话就是："不着急、慢慢说……"我们知道他只是不善于表达，在陌生的环境中有些紧张，没有归属感！有时看着他的小背影也挺心疼。我们也想了好多办法鼓励他，跟他聊天，和他一起玩新玩具，给他创造各种各样的机会跟小朋友在一起，等等，我们真的做了好多，但确实都没什么用。

　　在日常带班中像小马这样"胆小""内向""不爱说话""朋友很少"的小朋友绝不止一个，老师们确实"发现"了真实的他，也会给他各种鼓励与支持，为什么都没有用呢？我们有没有问过自己："胆小、内向……"这些词语究竟是"我们以为的他"还是他"自己"？我们刚开始给他的诸多鼓励是"我们认为他需要的"还是"他自己真的需要"？像小马这样的小朋友，有没有与众不同的"另一面"呢？直到有一天，徐老师在美工区，发现了不一样的小马。

　　有一天他在美工区剪、画海洋动物，每完成一件作品，就喜欢跟老师讲、跟小朋友讲。我突然发现，他在和别人讲海洋动物时，一点都不口吃，而且还挺自信的！于是我就在美工区辟出一面墙，贴上一张蓝色的大纸，鼓励他把每次的剪纸作品都张贴到"蓝色海洋"里，并且写了一篇学习故事一同贴在大墙上。他每次为小朋友讲解海洋动物时，都会自豪地指着墙上的学习故事说："这就是我的故事，写的就是我的故事！"

　　后来和他妈妈沟通后，他妈妈也很支持，并且和他一起制作了一个《海洋动物》的PPT跟小朋友分享。没想到好多小朋友都被他带到了神奇的海洋世界里，为此还给他起了一个新的名字——"海洋小专家"，专门为我们班讲解海洋动物小知识！

　　在这个过程中，班上的小朋友们、妈妈、老师渐渐都看到了一个敢表达、会想办法、有自信的他，这种积极的自我身份认知有可能给他的进一步学习和成长带来巨大的力量。

每一个儿童都有自己的成长节奏，老师需要做的，仅仅是给孩子提供一个"让他能够做自己"的机会，就像挂在墙上那张属于小马的"蓝色海洋"一样。

从认为"儿童是一张白纸"到"儿童是主动的学习者"，看似儿童观、师幼关系已经改变的背后，我们好像并没有走出原有思维模式的怪圈，究其根本我们还是在用自己的视角和观念去思考和观察孩子。这一残酷的事实让我们再次审视和反问自己，究竟什么才是"以儿童为本的教育"？"以儿童为本"绝不是将外界的认识附加于儿童，而是让孩子的本能得以生长。我们不需要去追求一个至善、至高、绝对完美的价值标准，只需要在真实、现实的情境中去看待一个完整的"人"。儿童的存在，就已经是我们教育者最好的参考书。

有了这样的认识之后，一个个清晰的儿童形象开始被我们勾勒出来，这个形象与任何一个孩子都不一样，并且有更多的"宝藏"值得我们去挖掘。

二、儿童不仅仅有"此时此刻"，还有"过去和未来"

倘若把儿童比喻成一趟不断行驶的火车，幼儿园生活只是这趟旅程的途经一站。作为幼儿园老师，儿童在幼儿园"这一站"里发生的故事，我们比较容易了解。但是，这趟车从哪里开到这里，以及它将要驶向何方，就需要我们顺着"时间"这条线索来追踪才有可能知道。因此，发现儿童，意味着我们不仅需要关注儿童的当时、当下，还要了解其过去、倾听其对未来的畅想。

2018年6月，池雨蒙老师的学习故事《一个追梦的男孩》中记录了晨晨对"警察"身份的热爱，一份已经持续了两年多，并有可能还会持续下去的热爱！在故事中我们看到，刚入园的晨晨在幼儿园只穿两种类型的衣服，一种是园服，另一种就是警服。一问他为什么又穿警服，他总会说："我是小警察。"

池雨蒙老师写道：

那时，你总喜欢骄傲地向别人说"我是小警察"，在活动区时，你成立了自己的小小森林警察局，当小朋友发生争执时你总会上前帮忙。渐渐地，"小警察"这三个字便成为你的代号，小朋友们都这样叫你。你就是这样，如此特别……

那时，刚刚大学毕业的我还在实习，马上要户外活动的你看到我正在刷小朋友们的拖鞋，便走了过来："池老师，你需要我帮忙吗？""不用啦！谢谢宝贝！""池老师你辛苦啦！以前我并不知道……""哎哟！你好懂事呀，有你这句话我觉得一点都不辛苦！"户外活动是小朋友一天中最期盼的时间，你却想留下来帮我，一句"辛苦啦！以前我并不知道……"让我的疲惫瞬间消散，随之而来的是一阵感动。两年了，我至今没忘我们对话时的每一个细节。你就是这样，如此温暖。

那时，我记录下了你的小小身影，快来看看曾经的自己吧！

两年后的今天，当我们再次相遇，让我惊讶的是，你和两年前一样，依旧穿着一身警服；不一样的是，你长高了，眼神变得更加坚定……

现在的你喜欢看各种各样军事类的图书，喜欢在活动区时间利用万能工匠玩具研究制造各种各样的武器。去秋游的路上，你说你看过《战狼》，你说你喜欢里面的冷锋。这一切让我觉得，你的梦想并不只是说说而已……于是，我决定找个时间采访你，还记得你当时说了什么吗？

梦想访谈录——晨晨

晚饭后，小朋友都在睡眠室等待离园，我在阳台整理小朋友的学习故事册，你在我身旁浇花，很安静……

我："你有好多警察的衣服呀！"

你："对呀！我家里特别特别多……"

我："我想像个记者一样采访一下你，你愿意吗？"

你："好呀！"

我："我发现你从小班就很喜欢穿警察的衣服，这是为什么呀？"

你："因为我特别喜欢警察！"

我："那你长大之后的梦想是什么呢？"

你："当军人、警察、消防员都可以！"

我："哇！为什么呢？"

你："可以保卫国家的安全！"

我："听得我好感动呀！保卫国家安全的人可是很了不起的哟！"

你高兴地接着说："我长大以后要把这些工作都干一遍，但是等我以后结婚有小宝宝了，就只干一个了！"

我："为什么有小宝宝就只干一个了呢？"

你："因为我要留时间照顾小宝宝啊！"

我："听你这么说你以后不仅是个好军人、好警察，还是个好爸爸……"

你笑着点了点头，我继续问："我看你活动区时间总喜欢研究各种各样的武器，你对这些很了解吗？"

你："对！我知道得可多了，我经常在我奶奶手机上看军事新闻，我最近还看了电影《战狼》！"

我："我也看《战狼》啦！很喜欢！"

你："里面的冷锋很勇敢，我很喜欢他！"

我："池老师好想问你一个问题，现在在幼儿园，你有活动区的时间研究武器，每天都可以穿警察的衣服，可是当你上小学了，每天都在上课，每天都穿校服，到那时你还会坚持你的梦想吗？"

你笑着点点头："会啊，那时我就会放在心里想，不过我也很开心呀。终于可以每天当便衣警察了。"

我："我期待小警察变成大警察的那一天，好不好？"

整个聊天的过程中，你小胳膊轻轻地撑在桌子上，眼睛里满是笑容与笃定。小朋友们离园后，我在整理我们的对话时，想象着你当时的样子，眼睛里泛起了感动的泪花。每个人都会有梦想，但并不是每一个人都能坚持自己的梦想。从小班到现在，你的梦想好像从未改变，喜欢看军事新闻的你、想要保护国家安全的你、工作中不忘自己小宝宝的你、以后会一直把梦想放在心里的你，如此的你带给了池老师莫大的震撼。从你身上池老师看到了一个小朋友对梦想的坚守，以后我会骄傲地对别人说："不要认为小朋友的梦想只是随便说说，更不要认为小

图 1-1 生活中的小警察

朋友的梦想总会变，我就认识这样一个小朋友，他叫晨晨，他一直在追逐着他的梦想，从未改变……"

梦想访谈录——妈妈

为了了解关于你追梦的更多故事，池老师还访谈了你的妈妈，想知道妈妈说了些什么吗？

小片段：梦想的初始

妈妈说你最初喜欢的是汽车，直到后来爷爷奶奶带你去过一次消防博物馆后，你变得很喜欢消防知识和消防员。于是妈妈在网上给你买了消防员的衣服，从那以后你便很少再穿其他服装……

妈妈曾经问过你："长大以后想当什么？"你说想当警察和军人。我问你妈妈："他的梦想是从哪里开始？"妈妈说是从穿各种各样衣服的角色扮演开始的……

小片段：生活中的你

妈妈说你以前最喜欢去的地方就是蓝天城，因为那里可以有各种各样的角色扮演，你最喜欢玩的就是军营生活、阅兵、猎豹行动以及扮演消防员、警察等！哈哈，快看看你的小小身影吧！

妈妈说长大后一问你："周末想去哪儿玩啊？"你便说自己最喜欢去的是军事博物馆，一个月就要去两三次，在那里你认识了许多国内外的武器和徽章；你还很喜欢穿着消防服去消防博物馆，那里面的老爷爷都认识你了；你很喜欢看《建军大业》和《战狼》等电影，还喜欢看《军事解码》，常常一看就是20分钟；你还喜欢听奶奶手机里的军歌《打靶归来》……

我问你妈妈："从 3 岁开始，晨晨别的衣服是不是就已经很少了?"你妈妈说他们以前也会买很多普通的衣服，可你不愿意穿，有的衣服一次都没穿过，随着你长高，普通的衣服也放小了!后来，你的衣服全都换成了制服……

小片段：关于梦想

你妈妈说问过你："你长大之后想当什么呀?"你回答妈妈你最想当的是军人和警察。妈妈问你："军人、警察有什么好的呀?"你说军人、警察可以保护人民。你妈妈说她很支持你，她也觉得军人、警察是很正能量的职业，邻居都夸你很有正义感……

图 1-2　支持梦想的人

从你妈妈的话语中，我对你的了解更深了!我认识了一个津津有味看20 分钟《军事解码》的你、一个去军事博物馆无数次的你、一个一条警裤穿到破洞都不舍得扔的你。你对军事以及这些职业的热爱与向往，真的很让我佩服，你也很让人羡慕，因为你有一个好家庭，一个肯定你梦想、陪伴你追梦的好妈妈。她很尊重你追梦旅程中所有的小想法，她很保护你心中的小小梦想，希望多少年之后，再回看这篇文章时，你能够谢谢他们陪你一起做你想做的事、支持你成为你想成为的人……

两张照片，一张小班、一张大班，同样的姿势，同样的一套警服，同样笃定的眼神……小警察你知道吗?人生最珍贵的财富，一是洋溢在容颜上的自信，二是融化在血液里的骨气，三是打造进灵魂中的信念，四是蕴藏在心底里的梦想……仅仅 6 岁的你，已经在收集这些财富，我会等着你实现梦想成为一名真正军人的那一天，到那时，一定要告诉我!好吗?如果军人没有成为你最后的梦想，也没有关系，一个从 3 岁就有理想、有信念并且内心坚定的小朋友，无论走到哪里，都会收获幸福与快乐，也希望你一直快乐……

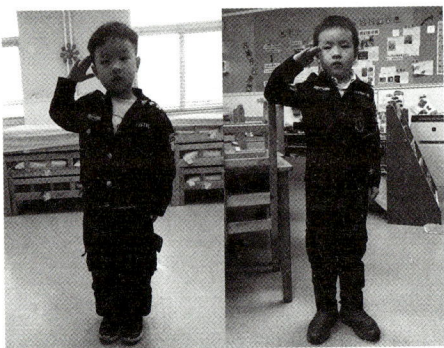

图 1-3 "小警察"的三年时光

如果没有那段晚离园前池老师与晨晨的对话，我们可能就不会了解晨晨"穿警服"这一行为背后是他对未来梦想的坚持；如果没有和他妈妈沟通，可能也不会惊讶一个小孩过去这几年来为梦想所付出的努力；如果没有这三年来对晨晨的持续关注和好奇，可能不会钦佩一个儿童内心的强大力量。可见，在儿童成长过程中，儿童的每一个寻常行为背后，都蕴含着不寻常的意义；而当下每一个时间节点上发生的事件，亦可能给未来带来某些独特的影响，有不可替代的价值。因而，我们认识到，我们需要在与儿童的过去和未来进行连接的过程中，注意、识别和回应我们所看见的当时、当下的儿童和他们的学习。

三、儿童不仅仅是"实践家"，更是"哲学家"

我们发现，在大多数老师们的眼里，儿童更像是"实践家"，因为老师们总会被他们所做的各种各样的事情所吸引，而容易忽视他们的想法。其实儿童更是"哲学家"，如果我们愿意多去倾听儿童的声音，会发现他们对人、事、物的理解有时可能比成人还要深刻。

在语言教学活动"海的女儿"的观摩现场，孩子们的精彩回答让在场观摩的沈心燕、郎明琪、刘亚明等很多专家和三义里一幼的老师们感慨万分，也一扫老师们心中萦绕的关于《海的女儿》这一经典童话适宜性的困惑，例如，"这个故事平常听听还可以，当一节课上能行吗？""这个故事孩子能体会得了吗？""这样关于'为爱牺牲'的情节会不会误导孩子？"

以下就是围绕《海的女儿》，老师和孩子们的对话。

问题一：小人鱼为什么不采取家人教她的方法（杀死王子），重新回到大海里生活？

东东：因为她爱他。

泽泽：如果杀死王子，她同样再也见不到她喜欢的人了！

爱多：因为小美人鱼不舍得杀王子。

知周：因为那是她在乎的人。

金鳞：因为就算小美人鱼自己活了下来，也会伤心。

问题二：小美人鱼不害怕自己变成气泡吗？她是怎么想的？

吴：她很害怕，但是一想王子能幸福，她就不害怕了！

元一：她其实害怕，但是为了让王子活下来，她只能选择这么做。

莫莫：她很伤心，因为再也见不到王子和自己的家人了！

晨晨：因为大海是她的家，当她化成泡沫落在海里的时候姐姐们都会看见她！

问题三：如果你是小美人鱼，你会怎么做？

董董：我也会像她一样。

知周：我会用手比画告诉王子是我救的他。

莫莫：可以这样（唇语）告诉王子事情经过。

州州：可以找一个船的模型，然后打翻，告诉王子是自己救的他。

韫韫：可以带王子来到海边，在沙滩上写字。

孩子们的想法让在场每一个老师的内心都无比震撼，我们先前担心故事会产生误导，没想到新时期的孩子们并不都会像小美人鱼一样，他们会想出很多两全其美的办法；我们怕孩子太小会理解不了，没想到他们对"爱"的理解比我们成人还透彻和深刻。

其实智慧、真理、求知欲向来就与年龄大小无关，反而在有些时候，探索真理需要的正是孩子般清澈的眼睛、强烈的好奇心、自由的思与行和对知识整体性的渴求。所以，在"想法"世界中，我们应把儿童当成自己的榜样。只有重视儿童的想法，并给予他们说话的空间，才有可能让他们散发出生命的活力，才有可能造就更多的"思想家、哲学家"。

四、儿童不仅仅是"某一个"，更是"每一个"

在日常带班中，我们所发现的儿童常常是两端的孩子，要么特别好，要么特别弱，所以老师们有时习惯于用"一个"来代替"每一个"。在日常的交流、研讨中，类似的话语常常出现：

"孩子们都特别喜欢搭建××，于是我们……"

"×××制作了一个军事背包，孩子们都很感兴趣，于是我们就开展了……"

"有了这样的支持后，孩子们又发现了……"

"在这个特殊的节日，孩子们决定……"

这些句子中的"孩子们"真的是班里的每一个孩子吗？

甚至，老师们的心里真的清楚这些句子中的"孩子们"具体指的是谁吗？

真的是所有的孩子都这样说吗？

真的是所有孩子都对同样一个事物感兴趣吗？

课程发展的每一个阶段，真的是所有孩子的共同心愿、是所有孩子共同做出的决定吗？

到底是谁或者哪些孩子喜欢？到底是谁或者哪些孩子在感兴趣？到底是谁的决定？有他们自己的名字吗？

每一个儿童都是独立的个体，有自己的想法、自己的兴趣，我们需要做的是努力发现班上"每一个"独一无二的儿童。

2018 年，当时大一班在第一个学期进行了持续半个学期的搭建长城活动。在搭建过程中，班上的池雨蒙老师发现：每一位小朋友看似都在干同样的事情，实际上却在扮演不同的角色，都有着各自不同的兴趣。于是，她写了一篇长长的学习故事《我们建造的长城八大关》贴在建筑区的墙面上，故事中记录了活动中每一个孩子投入到八大关的长城建造工程中所实现的不一样的精彩。

建造工程师——墨研

在关城不断扩建与变化的这个过程中，池老师看到了一个敢于挑战自己的墨研：当你用各种办法表现玉门关周边环境是黄沙漫天时，我看到了一个敢想敢做的墨研；当你将长城八大关从东往西的位置关系背出来时，我看到了一个记忆力很强的墨研；当你骄傲地说你去过长城时，我看到了一个小朋友对祖国宏伟工程的热爱！听说你已经去过居庸关啦！如果有机会，你会不会想去你总搭建的雁门关看看呢？我期待你的新发现呦！

工程合作者——冶桥

在大一班长城工程队中，你是与别人合作与协商的角色！你总是与别人一起合作搭建关城，你的好想法总是能给长城增色不少，你一边想着如何搭建关城，一边想着怎么将关城与关城之间进行连接！你知道吗？合作与协商是与人相处中很难的事情，但你小小年纪就如此善于沟通，让我都佩服啦！

长城爱好者——上又

每一天，你都喜欢在建筑区搭建长城；每一次，在上有关于长城的教学活动课时你都兴奋不已，这一切都来源于两个字——热爱！你热爱长城，池老师能感受到你在搭建长城时的享受！你每次都不忘在搭建好的长城上插上一面中国国旗，也不会忘记在长城上摆上圆珠笔代表古代的武器，更不会忘记和你搭建的关城合影，望向镜头的方向，精神地敬一个军礼！在你身上，我看到了一个 6 岁小朋友对祖国的热爱！这是多么可贵的一件事情，池老师都被你深深地感动了！

长城开拓者——熙涵

在大一长城工程队中，你是一个开创者，你是第一个想把自己的剪纸长城实现在建筑区的人，也是第一个搭建出长城栈道的人……

协商者——宜和

在搭建过程中，你不断地与其他小朋友一起商量，在大一长城工程队里，你就像一个协商者！在搭建娘子关时，你发现方便当作大门的积木不够用了，于是你想到了别的办法……

玉门关创新者——泰勋

当你第一次来到建筑区时，你挑战的是搭建玉门关！池老师发现你和其他小朋友搭建的方法不一样！你就是这样的有想法……

认真的搭建者——钰哲

在大一班，池老师发现你是外表平淡如水，内心却有无限力量的小朋友！你总会默默地、专注地、很有想法地把自己的事情做得很好！……

居庸关爱好者——传腾

你也算是大一长城工程的常驻"工程师"啦！刚开始的你酷爱搭建居庸关，你每一次搭建的居庸关都有着不同的创新与突破。在搭建的过程中，你会精细地测量……

激情工作者——江跃

你是一个做事情很有激情的小孩。在大一班长城建设队伍中，你常常会因为一点小改变、一个小突破而兴奋不已。你总会抓紧每一分、每一秒的时间做相关的事情……

善于发现者——杨扬

你是后期加入到大一建设队伍中来的，但正因为你的加入，大一的长城才越来越逼真，这是因为你有一双善于观察的眼睛，你总能发现隐藏在长城八大关中的小秘密……

敢于挑战者——桐晨

班上小朋友参观了你搭建的嘉峪关后，都佩服得不得了！这其中有你的智慧，有你不断调整的坚持，更重要的是有你敢于接受挑战的勇气！要知道大一班已经搭建长城八大关很久啦！

首位女工程师——娜娜

作为第一个加入建设队伍中的女孩子，你初次搭建的山海关就让所有人眼前一亮，因为你敢想、敢做、敢于突破原有的模式，按照你脑海中自己的想法做事……

工程检验师——硕杰

在大一班长城的这段故事中，你一直默默无闻地干着你的"检查"工作，哪里需要修补哪里就能看到你的身影，哪里遇到问题哪里就能看到你在帮助解决……

偏头关爱好者——湛鑫

你是长城偏头关的爱好者，你在两个多月的时间里，一直专注于你的偏头关"事业"。每每向小朋友介绍时，你都自信地说："今天和上次不一样的地方是……"

问题解决者——嘉晟

你是一个会动脑筋、会解决问题的工程师。在不断尝试搭建的过程中，每一次的改进都有你的新调整与思考，你不断地想各种办法解决不能封顶以及不稳固的问题，经过你的各种尝试，最后……

一丝不苟的工程师——星桐

池老师看到你满头大汗，每放一块积木都小心翼翼、谨小慎微，细致严谨，就知道你是一个对自己要求很严格的工程师。仅仅6岁的你竟然可以如此认真地对待一件事，太了不起了！

周边设施建造者——祁祁

你酷爱建设长城的周边设施，售票处、小树、安检通道等每一个细节你都不会放过，大一班长城工程队正因为有你才更加完整。你是一个注意细节的人，更是一个善于发现生活的人……

建造工程验收者——睿桐

在长城工程队中，你就是一个试验者，每每小朋友搭建完，都会看到你小脚踩上去试探的身影，你享受这个过程，但池老师看到你是那么小心，生怕破坏了别人的劳动成果……

山海关突破者——迪迪

你是第一个敢用新方法搭建山海关的人，你说你是最会搭建的女孩，但池老师觉得你更是一个敢于突破和创新的女孩……

思路清晰的工程师——辰阳

你是大一班工程队的第一批工程师，让所有小朋友惊叹的长城雏形就出自你和熙涵的配合，你放每一块积木都那么井井有条，你做每一个决定都条理清晰……

工程队里的创新者——海洋

你是大一班长城工程队的创新者：是第一个想到用奶箱子当作山海关材料的人；也是第一个想到用饮料瓶组合制作关城的人……

"搭建·长城"可能是大一班孩子们在那段时间里共同关注的一个主题，但从池雨蒙老师的记录中，我们不难发现，每个孩子都在与这个主题建立着自己的专属连接。在与同伴和老师并肩和共同学习的过程中，每个孩子也都在贡献着自己的力量——自己所拥有的知识、技能、想法、情感……由此，老师们反思：过去，我们可能更为关注孩子们做的具体的事和老师们所期待的"课程主题"，而忽略了在共同建构的学习旅程中，一个个鲜活却又不同的个体——他们各自的贡献和成长以及这段共享的学习旅程对每一个个体的独特意义和价值。老师们还发现，儿童的自我价值感和特殊性需要得到他人的承认，他们希望把自己与他人区别开来，希望自己与众不同，希望被看见和理解，以此确认自己是"独一无二"的存在。因而，我们需要为儿童提供能够展示自我风采以及为其个性而保留的"公共空间"。

五、儿童不仅仅是被我们观察、认识的教育对象，更是"与我们在一起"的同行者

我们一直强调要尊重儿童、发现儿童、重视儿童、不断地"放下自己"、走近儿童身边、走进儿童内心的重要性，但同时我们也常常提醒自己不要忘记，儿童绝不仅仅是作为教育对象而存在的。

儿童是与我们平等的人，是有着独立人格的生命体，是值得我们与之共情、用心倾听、认真欣赏的伙伴。

儿童是与我们共同生活的人，也是社会中有价值的一员，与我们在幼儿园中朝夕相处，与身边的人、事、物、地方等有着千丝万缕的关系。

某种程度上，我们和儿童之间，不仅仅是教育主体和教育对象之间的关系，更是"在一起"的同行者。

我们之所以要用儿童的视角看待儿童的思想与言行，不仅仅是为了更好地履行职业使命，更是为了和谐、融洽地与之"在一起"。

只有做到了最基本的"在一起"，身为教育者的我们才能有成为开明的引领者、积极的协作者、必要的支持者、全面的陪伴者等职业角色的可能性。

儿童不是独立于成人和社会的生命存在，而是与成人相依相伴、与社会共存共生的。儿童是属于儿童自己的儿童，也是与成人共生于社会、环境之中的儿童。

人是一切社会关系的总和，社会又何尝不是人与人形成的关系总和？今天的儿童，将成为明天的成人；今天的儿童世界，将成为明天的成人世界。儿童正在学习和将要学习的人类文化，本就是一代代人共同学习、传承和创生的。这一代代人，包括过去的儿童、现在的儿童和未来的儿童。

儿童与我们彼此教学相长，我们要勇敢尝试放下自己心中的"以为"，放下"自以为是"，与他们在一起，将儿童的发展融入社会发展的进程，让儿童在与成人、家庭、社会和环境的充满善意的联结之中，健康、快乐地成长。

本章结语

关于"如何认识、理解儿童",尽管《纲要》《指南》没有直接回答,但是字里行间无不在告诉我们,儿童是复杂多变的,需要我们有一双善于观察的眼睛,不断去发现;儿童是想法多样的独立个体,需要我们带着信任去倾听他们的想法;儿童是时间打磨的珍宝,需要我们怀揣着好奇去了解其过去、憧憬其未来;儿童是与周围环境密切联系的个体,需要我们放开眼界,去洞察每一个儿童背后的人、事、物与环境。

儿童永远都是他们自己——在儿童心中、口中的那个大大的"我",在属于儿童自己的时空中的那个自由自在的"我"。当我们试图说明"儿童是什么"的时候,即便从各个学科、各个角度把儿童描绘得再细微、再逼真、再活灵活现,也都只是儿童的一个部分、一个片段、一个局部,是为了在某一个维度把"儿童"解释说明清楚,但拼凑起来却难见"儿童"一词的精髓。就像福柯所言,"把形象固定在了词的世界中"。

与儿童相处的过往告诉我们,破解"词的世界"的"枷锁"的钥匙是教师善良的"心",是教师秉持"和儿童在一起"的理念,永远走在"发现儿童"的道路上,让每一个幼儿都在"做自己"的基础上得到发展与进步,成为一个具有个性的他自己,做到"为了儿童""基于儿童"。

我们要不断重新认识儿童、发现儿童、向儿童学习;同样重要的是,儿童也需要向成人学习、向社会学习、向人类文化学习。在儿童的学习与发展过程中,我们有责任、有义务、有能力,勇于负责,乐于协同,大胆改革,积极作为,尤其要"重视关系"。

寻找"如何认识、理解儿童"的答案的历程,既是我们重塑儿童观的过程,又是我们大胆进行幼儿园课程改革,尝试构建"基于儿童""重视关系"的幼儿园课程的重要基础。

第二章 我们的观察和记录里真的有儿童吗

儿童观的变革是我们幼儿园课程改革之始，但转变教师的儿童观，逐渐树立"儿童是有能力、有自信、积极主动的学习者和沟通者"的形象，需要相当漫长的时间。我们需要保障教师有充分的机会，能在与儿童共同生活的每一天里，开展对儿童的观察和记录，用心感受和慢慢解读，逐步理解儿童的游戏、生活，理解儿童本身。因而观察和记录儿童的言行，了解和辨识儿童言行背后的意图、动机，为儿童学习和发展提供有效支持，既是"渴望被教师看见和理解"的儿童对幼儿教师的期待，又是幼儿教师应该具备的专业能力，更是新时代幼儿教师专业素养的核心所在。

很多幼儿园都会规定教师定期撰写和上交观察记录文本，最常见的就是通常所说的"观察记录"了。但是，问题来了——我们发现，虽然我们幼儿园的老师们知道"观察和记录"是一项很重要的工作，在每天和孩子们亲密相处的过程中也会"自然"地观察，但是，要"有意识"地把自己在观察中的发现持续记录下来，形成文本，作为与儿童互动、开展教学的有形依据，却常常让老师们心有逃避与"畏拒（畏难抗拒）"。为什么老师们不愿意完成"观察记录"？我们听到一些老师说，写了也没人看，写不好、不会写、写了也没用……可是，老师"畏拒"的只是"写"（记录）吗？

我们幼儿园经历的一段探索过程也许可以给出部分答案。在 2013 年之前，老师们所完成的"观察记录"大致分为两种：一种是相对主观的叙事记录，描述孩子在幼儿园发生了什么事、老师是如何帮助孩子解决问题的，但似乎没有充分地分析、解读孩子的发展，提出有针对性的教育建议；另一种是相对客观的量化记录，通过数量、等级等呈现孩子的发展，然后老师依据自己预设的教育目标对孩子的表现做出分析。这些"观察记录"会定期上交给保教管理人员查阅，管理者评定"观察记录"的标准主要包括：是否按时、按量上交，谁写得更认真、分析得更深入……从这样的评定标准，我们似乎不难理解老师们为什么想要逃避撰写"观察记录"这件事。可以说，不是老师们不愿意去观察儿童、记录自己的发现，而是老师们不清楚自己辛苦劳动的目的和意义。

如果教师的"观察记录"不能支持儿童的学习与发展，不能帮助教师更好地实施教育教学工作，最终只是变成管理者办公桌上厚厚的一摞等着批阅的文

27

本，或者是电脑文件夹中的一个个电子文档，教师又怎么会愿意不断地去观察、不辞辛苦地去记录和研究呢？如果教师所观察的重点都是"××孩子的能力多么弱，自己作为老师多么辛苦，想了那么多办法，采取了那么多教育措施，结果只是单方面表现老师多有智慧"，那么教师所记录的文字最多只对教师专业发展有用，在更大范围——对儿童或是其他更多人来说，又有什么意义呢？最终在支持、促进和激励孩子的成长上，在强化幼儿园课程上，又能起到多大的作用呢？

2013年，《指南》颁布后，我们认真学习了《指南》精神，尝试将课程改革的视角更聚焦于儿童、儿童的学习以及如何支持和促进儿童的学习与发展方面。在此过程中，我们有缘遇见了把儿童当作观察、记录的主角——为了支持和促进儿童的学习和发展而评价的新西兰"学习故事"这一评价理念和实践体系。新西兰"学习故事"所提出的"相信儿童是有能力、有自信的学习者和沟通者"这样一种正向积极的儿童观深深吸引了我们。在各地园所都在努力探寻如何贯彻落实以幼儿发展为本的《指南》精神时，我们边学习外来理论，边对照自身实践，主动反思后发现：新西兰"学习故事"背后的教育价值观，尤其是不断发现和促进儿童的优长所在的评价观，辩证、发展地看待问题的成长型思维模式，与我们长期以来一直所期待的通过观察、记录、研究儿童来转变和改进教师的教学，支持促进儿童发展的初衷不谋而合。于是，我们决定借鉴新西兰"学习故事"评价体系中的"注意—识别—回应"的思维和行为模式，去观察、记录身边儿童的学习，以促进儿童的学习与发展，以及幼儿园课程的建构和发展。我们更希望通过发现儿童的"哇时刻"这样一种积极正面的视角，逐渐转变教师的儿童观，觉察和建构教师心中那些关于儿童的内隐理论。

我们的尝试从模仿学习故事文本体例开始，在传统"观察记录"基础上撰写"注意、识别、回应"三段体的文本记录，尝试用正面、积极和鼓励的语言，将教师对儿童的重视、对儿童学习与发展的认识和理解以及行动支持连接起来。7年后的今天，当我们重温老师、家长们所记录的一篇篇学习故事文本、孩子们的一本本《儿童成长册》时，我们欣喜地看到老师们对儿童的"观察和记录"不再局限于一篇篇学习故事的文本，它还包括老师们大量的"随笔记录"、带有老师注解的儿童作品、照片。在老师们留存的这些资料里，还有家长对于老师的"观察和记录"的反馈，老师对儿童学习与发展的阶段性反馈……从这些过程性的"观察和记录"中呈现了一个个各具特点、充满力量的活生生的儿童，也让我们看到了借由观察、记录而发生的师幼之间、家园之间彼此贴近和多元连接的课程实践，看到了观察、记录对儿童的学习与发展的支持，这些都推动着幼儿园的这群大人们在与儿童一起游戏、生活、运动中实现共同发展。

我们也发现，原来我们已经跳出"用自己的实践去阐释新西兰'学习故事'的理念"，而是在重新建构自己对"观察和记录"的理解——本章出现的"观察和记录"特指：主要由幼儿园一线教师实施的，通过文字记录、拍摄图像、录制音频等途径，以文本、照片、视频、音频等多种元素的自由组合作为载体，在教师、幼儿、家长等人之间传递，反映幼儿学习和发展评价内容的多元化、综合性、叙事性的儿童发展评价体系——包括承载观察内容的多元化记录载体、具体实施的过程，以及班级和幼儿园的一整套管理机制。

我们不再执着于文本的模仿，而是致力于寻找适合自己幼儿园的、超越传统的"观察记录"的、幼儿学习与发展评价的形式和做法，逐渐将文本、照片、视频、音频等多种元素灵活引入"观察和记录"体系，探寻"观察和记录"对于教师、对于我们自己的意义。与其说我们在观察和记录孩子的成长，不如说我们是在构建"观察和记录"体系的过程中重新认识我们自己，看清成人的局限，放下成人的成见。正如张雪门先生所说，我们要忘掉成人自己，才能真正发现儿童。

当我们由远及近、从模糊到清晰、从旁观到共情，一点点走近和看清孩子们的样子，进而慢慢走进孩子们的心里时，我们才有可能抛开偏见，看到文字背后真实的人，开始尊重孩子们本来的样子，尊重教育真实的样子，实施我们自己接纳和认可的教育，实现我们对儿童、对教育发展的憧憬。

记得在玛格丽特·卡尔教授所著的《另一种评价：学习故事》这本书中，作者引用了美国的薇薇安·嘉辛·佩利老师的一句话："教学就是每天寻找儿童的观点。"[①]的确，如果你想做好教师的工作，你的起点就是观察：永远保持对孩子的好奇、兴趣以及敏感的觉察，你才有可能找到从事这个职业的幸福密码。

第一节　基于儿童，不忘"观察和记录"的初心

很多年以来，我们的老师为了写好一篇篇"观察记录"，费尽心思遣词造句，绞尽脑汁分析文字里的儿童学习与发展，甚至有的老师认为，"观察记录"篇幅越长，就会被认为对儿童观察、记录得越认真。可是，篇幅的长短真的可以反映教师观察、记录实践本身吗？为什么越来越多的老师不愿意完成"观察记录"呢？为什么有的老师会产生"写了也没人看、写不好、不会写、写了也没

---

① Paley，V. G.："On Listening to What the Children Say,"in *Harvard Educational Review*，56(2)，pp. 122-131.

第二章　我们的观察和记录里真的有儿童吗

29

用……"的无奈和无助感呢？

我们是不是应该首先反思：我们希望老师做的"观察和记录"，到底是为了什么，是为了谁？于是，从模仿新西兰老师撰写的"学习故事"开始，我们围绕幼儿园的"观察和记录"进行实践探索，这是个不断寻找初心、践行使命的过程。而这个初心的焦点，就是儿童。

一、难道我们要的就是写好一篇篇学习故事吗

最初，老师们尝试模仿新西兰老师所写的一篇篇学习故事文本，不同于过去的"观察记录"，学习故事文本采用三段体（注意、识别、回应）结构，并采用第二人称叙述故事。

实验班的孙老师说："一开始就是模仿三段体（注意、识别、回应），我们从网上、书籍以及听到的讲座中了解'学习故事'的思维模式，然后仿照去写学习故事，当时也没有规定什么格式，一开始就是模仿。"

越来越多的老师不仅从文本结构、叙述人称上做调整，记录描述的口吻尽可能表达对儿童的欣赏和肯定，而且在观察中、在保教实践中努力去发现孩子的能力。

起初，我们以"注意、识别、回应"作为标题，老师们在叙述时也尝试转换人称，更多呈现孩子们积极的行为表现等。随着老师们撰写的学习故事文本被越来越多的小朋友知道，有的老师在给孩子读故事时，每每读到"注意、识别、回应"这些词时，总感觉过于生硬、书面。

因此，大家一起讨论后，又将学习故事文本中的小标题依次调整为："我看到了""这个故事告诉我们""下一步的机会与可能"。这样的调整让故事的作者和主人公的距离更近了，也让老师们参与"观察和记录"的积极性变高了。

（一）学习故事文本怎么写

透过一篇篇学习故事，我们感受到了大家努力变换自己角色的心思——基于尊重的后退、保持共情的观察，以及关注儿童的学习与发展。阅读大量"学习故事"之后，保教主任刘老师对老师们撰写的学习故事文本进行了分析。她发现，根据注意、识别和回应三段的字数，老师们撰写的学习故事从文本结构可归为三类：字数越来越少的倒梯形结构、字数越来越多的正梯形结构、三部分字数差不多的长方形结构。

在对老师们的文本进一步分析后，我们发现：梯形结构的故事之所以文字越来越少，是因为识别和回应对老师们来讲是一项专业的挑战。

此外，在分析老师们撰写的学习故事文本，我们还发现，有些老师在识别部分，惯用一些抽象形容词给孩子下定义，如专注、投入、有想法、会合作等。比如，"老师看到了你们有想法、有创意""在游戏过程中你们之间虽然有矛盾，但老师看到了你们会自己协商并解决问题""老师为你们今天的合作、探索精神所感动"。

可是，儿童怎么有想法、有创意，怎么解决问题，如何与别人合作，怎么探究，又找不到足够的细节证据支撑。此外，在有些故事文本中，本该联系紧密的三段式似乎互相之间并不那么关联，识别几乎不是围绕注意的内容，而是教师对儿童的惯有印象，回应部分也缺乏针对性。

与此同时，对于很多新入职、刚刚接触新西兰"学习故事"理念的青年教师而言，她们有学习的热情，但也常常陷入不知道自己写的算不算《学习故事》的困惑中，更困惑于自己写的到底是不是一篇好故事。

2015 年 9 月开学后不久，入职不足两年的"90 后"韩梦楠老师是幼儿园的新生力量之一，在她正式成为带班教师的第一个月，她写下了第一篇学习故事《变形金刚战击地的故事》。

案　例

变形金刚战击地的故事

观察对象：诚诚(5 岁半)、睿睿(5 岁半)　　观察者：韩梦楠

观察时间：2015 年 9 月 13 日　上午

背景描述：诚诚和睿睿是一对好兄弟，他们性格活泼外向，而且很有想法，喜欢在建筑区玩。

眼前，有四个可爱的孩子正在忙碌着。

"你们在干什么呢？"

诚诚说："老师，我在监控里看到了可疑人员！"

"是怪兽，还是隐形人啊？离我近吗？"

"好像就在你的身后，老师快进来，快进来。"

(我匆忙进去后——)

"老师，你安全了，我们房子周围全是大炮，一靠近就会被炸飞！"

"你们的房子好厉害，叫什么名字啊？"

"叫变形金刚战击地，我们四个是变形金刚。"

"那战击地是什么意思？"

"就是战斗中防止敌人攻击的地方。"

············

"老师，你饿了吧？"

"这么一说，我确实有点儿饿！"

"那你等会儿，我给你做饭去，我这又做饭又刷碗又准备菜，太不容易了……"

"太谢谢你了！"

"需要饮料吗？"

"我想要可乐。"

…………

"你在看书吗？"

"对！"

"这里是图书馆？"

"不是，这是教我们怎样对付敌人的书！"

"那你好好看看，一会儿教教我。"

这时，睿睿大叫："不好！又有敌人入侵……快准备……"

（就这样"打来打去"，变身多次后……）

"我给你们大家照张相吧！"

"老师快给我来一张！"

"真帅啊！能换个姿势吗？"

这算不算一篇学习故事呢？在这段记录中，教师更多的是在白描，无论是孩子的语言、动作还是师幼互动的场景，都源于教师对自己观察注意到的细节内容的一种记录。那么是教师不会写完整的故事吗？还是教师不知道观察之后如何基于观察收集到的信息对儿童的发展做出判断？作为管理者，我们该如何反馈教师这样的一篇不完整的故事呢？

尽管这篇故事并不完整，但是不可否认，教师在记录的字里行间流露的是她用心感受儿童游戏和学习的情怀，以及试图走进儿童世界的心。对于一个刚刚尝试通过撰写学习故事去呈现儿童游戏与学习的新入职教师，我们需要给予她空间、时间、信任和鼓励，不能让记录形式、数量浇灭了教师观察和记录儿童游戏和学习的热情。但是，我们也意识到需要和老师一起探讨和反思，诚如园长在看到这样的故事之后给予韩老师这样的回应一般：

"这个故事看得我捧腹大笑。除了孩子们本身的投入天真外，你的记述方式让故事十分有趣味性、可读性！读了好几遍，细细品味，我看到了孩子对搭建一个功能强大的战击（基）地感兴趣。他们个个都是心思缜密的设计师。

"联想到大班孩子的计划意识、合作能力需加强，如果是我，我会让孩子们一起规划下一步的想法，引导他们围绕共同的目标思考，合作完成一个超级'军事基地'，当然基地的名字必须是'变形金刚战击地'。这时候，他们也许需要知道一些关于基地建筑造型的东西，也许需要用纸和笔画出图纸，也许需要收起纸箱，用标准的积木开始搭建……那咱们就尽量提供帮助，看看基地是不是可以更坚固（材料质地、搭建方法、搭建技巧）、功能更强大（辅材制作与提供）。

"这样的活动对他们来说意义并不在于搭了什么、怎么搭的，而是小孩间的深厚情谊、在幼儿园生活的深刻记忆。我太爱这篇《变形金刚战击地》了！不仅孩子们活了，我似乎也走进了战击地，和他们一起击退敌人、刷碗洗菜……谢谢你带我走进这童心之地！我们的工作多有趣呀！"

第一篇故事收到这样的回应，韩老师说："读完园长的回应，我很感动，觉得自己有人倾听。因为我是实习生，只是尝试去写写，没有想到会有人这么认真地阅读和回复，园长还与其他老师分享，也让我有了很大的信心和想要继续尝试写学习故事的欲望。这感觉和老师对于幼儿是一样的，只是对象不一样，我们是'欣赏'幼儿，树立幼儿正能量的形象，而园长是'欣赏'每位教师，树立教师的形象。这可能就是一种循环、一种积极共享的'学习磁场'吧。"

园长和韩老师的互动让我们看到，对于青年教师以及初次用这样的方式观察、记录儿童的老师来说，我们需要肯定教师在观察时走近儿童、和孩子玩在一起，感受儿童的游戏学习重要性。同时，也让我们开始反思：学习故事文本到底需不需要完整地记录呢？教师如果只是将自己看到的记录下来，而没有进一步反思，可以吗？教师有观察、有记录了，为什么还要写学习故事？在《学习故事与早期教育：建构学习者的形象》一书中第二章的开头，一位教师用她的经验告诉我们写学习故事的意义："不断发现作为教育者的自己，发现自我与自我的价值观、我的教学和我认为的有意义学习之间的联系。写故事的过程可以激发我们作为教育者的力量，它允许我们探究自己的价值观、态度和信念，并且审视我们的教学实践。"园长读了韩老师所做记录之后的回应，既在分享她对孩子们的解读，也在传递着她对韩老师的期望，即期望韩老师在观察和记录之后，可以试着进一步思考如何回应，并在不断注意—识别—回应—记录—回顾儿童学习的过程中，帮助韩老师不断觉察、反思自己的教学实践。

从园长对老师们在这一时期所撰写的学习故事文本进行的分析中，我们看到教师专业能力上的差异，也发现老师们对如何撰写学习故事（不同部分应该撰写什么）还存有很多困惑。于是，我们接连通过多次教研，试图和老师们共同探讨故事文本如何撰写，以及透过观察如何识别儿童的学习、如何提升回应支持儿童学习的专业能力。

通过教研，我们共同梳理了学习故事文本不同部分可以记录什么：

"注意"部分：主要记录儿童说了什么、做了什么，强调对儿童语言和动作的真实完整描述。

"辨识"部分：对应"注意"部分中的每一言每一行进行解读，以《指南》中的二级目标为参考。

"回应"部分：与"辨识"部分对应，由找到的二级目标对应具体的下一步做法，并努力往五大领域、多种方式、一日生活、各个环节、家长资源、环境材料、社会活动等方面拓展。

在关于学习故事文本每一部分写什么的探讨中，老师们也形成了对于一篇好故事怎么写的初步认识：

韩梦楠老师：注意部分描写真实的事件、教师对儿童的爱，对儿童行为动作的描写越具体越好，生动一些，现场感强一些。

沈佳老师：注意部分真实、生动，加入情感，把学习往精深奥妙去引导；识别部分对接注意部分的自然段，更准确地捕捉行为背后的本质。描述不肤浅，识别要尽可能与发展目标对接。

陈征老师：描述时用一些生动的词语、带有情感的词汇，向读者传达教师的心情，呈现儿童完整的学习过程，从有想法到实践、验证调整、再实践、分享、贡献……

巩凡老师：描述得有情感，有情境感，有代入感；辨识部分有针对性，回应部分有发展、可实施，可帮助孩子建立新目标！

针对教师辨识和回应专业能力不足的问题，我们的园本教研持续通过解读故事法、走进现场法、共研游戏案例视频法等多样的教研形式帮助教师提升对观察到的儿童学习的辨识能力以及回应支持学习的能力。教研最重要的是启发教师思考。在教研中，我们经常使用的方法就是"表格法"，借助表格，帮助教师在持续反思中建立问题与问题之间的联系。

如在解读故事的教研中，老师们共同阅读一篇学习故事，教研组织者提前围绕内容设计教研反思记录单，老师们试着用"提炼重点词"的方法找到"注意"中每句每段的重点词（细节描述），然后一一列出；并在"辨识"中与其一一对应，分析出儿童行为背后的思维；然后对应"回应"部分给予支持和拓展；最后将老师们描述的内容进行归类，思考分别可以围绕哪些方面，层层推进，表格为教师反思自己的观察记录提供了支架！

在多次有关辨识和回应的教研中，老师们渐渐达成了共识，认为必须将对儿童学习的识别与《指南》五大领域目标对接，避免辨识过于主观；辨识还应包含儿童在游戏中调用的积极学习品质；回应可以围绕时间、空间、活动、主题、家园、记录、分享、讨论、环境、材料、群体等方面进行。在教研的支持下，老师们努力通过观察发现儿童的兴趣和需要，努力回应支持儿童的学习，并且开始有意识地将观察记录与日常教学联系。

（二）什么样的故事是一篇好的学习故事

随着撰写的学习故事越来越多，老师们似乎对"怎么写"已经驾轻就熟了。我们在阅读老师们写的故事时，也感受到了一个个有能力、会学习、有想法的学习者形象，但是我们也慢慢发现能打动人心的学习故事文本却好像越来越少了。为什么呢？是因为对儿童形象的颠覆性认识已经不像刚开始时那样强烈了，是大家已经习以为常了这样的记录特点，开始有点套路化了吗？再次分析老师们写的学习故事，我们发现，这些学习故事的注意部分描写方式几近相似：孩子在做什么，做成了什么，实现了什么，突破了什么，遇到了什么困难，解决了什么。尽管这些故事在辨识部分里，教师毫不吝啬对儿童的肯定、鼓励、赞美，但是教师肯定、鼓励、赞美的来源几乎都指向了儿童完成了某一作品或儿童已经具备的某种能力。我们对老师们写的故事做了进一步统计，结果发现，将近90％的故事以儿童做的事、事物名称、活动区名称命名，如"火箭发射了""帆船城堡""自然角里的故事""一涵的小娃娃"等，而10％的故事是以"如此专注的你""我是高级理发师""滚珠小专家""小小设计师""漫画小作家"等命名。名称是对记录内容的提炼，也是记录者最想传递给读者的核心思想，它可以间接反映记录者的观察视角和观察意图。

为什么老师们的观察大量聚焦于儿童做的事，并且是已知已会的事？我们认为，可能的原因之一是"学习故事"传递出的理念告诉我们要用积极的眼光发现儿童的力量，在老师们眼里这些已知已会是可以肯定儿童力量的证据，儿童的"哇时刻"就是成功的时刻，就是儿童经验或能力再现的时刻！我们再一次陷入了到底什么样的故事是好故事的困惑，同样困惑我们的是现在故事中的这些孩子很厉害，但是又怎样呢？难道我们所做的"观察和记录"就是为了告诉读者儿童很厉害？很能干吗？这样的观察、记录的价值到底在哪儿呢？

直到有一天，我们读到了另一位老师不一样的一篇故事，它启发我们重新反思观察记录的初心以及目的。

案　例

一篇不一样的故事

有一天，刚刚入职一年的池老师，写了一篇不一样的故事。她很好奇，这到底算不算一篇学习故事，"因为之前写的都是类似发现儿童的力量那种，有注意、识别、回应，但是这篇，它不是偏向知识技能的，所以也没什么好回应材料支持环境的，我很想知道，这算不算是一篇完整体例的故事。还有，虽然写的时候带着情感，但是我也不知道它的价值在哪里，因为没有给孩子强有力的支持和回应，所以比较困惑"。于是，她将这篇故事发给了园长。

学习故事：我有一个自己的小小世界

观察对象：小苏(5岁半)

观察者：池雨蒙

观察时间：2016年10月

背景描述：故事里的小苏，全园的老师对他几乎都不陌生，每一天爷爷领着他走进幼儿园，他的小眼神却总是看向自己的小肚皮，不和别人打招呼。每一天的游戏区时间，他总是一个人在图书区的小角落，很少与小朋友们交流。每一天的户外活动时间，他总是那个一眼就会被别人看到的小朋友。

注意：小苏，可以这样叫你吗？池老师算是咱们大二班的新老师，刚刚进到这个班时，你给我的印象是不怎么爱说话，仿佛自己有一个小小世界。但池老师发现，你小小的世界里，有大大的能量。老师知道，其实你对所有的事情都心中有数，只是不像其他小朋友那样急于表达，下面我们一起来看一看关于你的故事！

关于你的第一个故事：

"十一"期间，每一个小朋友都制作了一本关于自己假期的小书带到班级内与每一位小朋友分享，当然你也不例外。你的小书做得既用心又精致，到了分享时间，你蹲在地上，小心翼翼地翻开小书，为了让小柠檬和恩楠看着方便，你把书放到了她们跟前，一边翻一边讲你的有趣假期。你用手指着小书说"秋天，我发现树上的叶子都变黄了"。此时，我的目光完全被你吸引了过去，你说的和你小手指的文字一模一样。我静静地站在后面，发现你的小书上的每一句话，你都能够清晰、准确地说出来，但是你的语气却不生硬，就像是讲故事。我此时才知道，不露声色的你能识字。

老师想对你说：这样一件小小的事，让我重新认识了你，原来很少听见你说话，但你的内心却是如此丰富，你给小朋友讲述故事的时候认真且带有感情，池老师已经被你深深地打动了。池老师还发现，班上别的小朋友在分享时都把书放到自己的腿上，其他小伙伴都只能凑过来看，只有你愿意俯下身来，把书放到别人方便看的位置，自始至终你都是侧着分享自己的故事书，可见你并不自我，你的心中有他人，你会为他人着想，你一定是个善良、细心、善解人意的孩子，我说的应该没错吧？另外，你识字的本领之前可没被我发现啊！你是怎么学会的呢？有时间你愿意把你的小经验分享给我或者班上的其他小朋友吗？通过问你的爷爷我才知道，原来你已经认识600多个字啦！而且并没有人教你，说明你对文字很敏感！以后你的语文成绩一定不错！

关于你的第二个故事：

大二班的游戏计划大改革啦！从原先把游戏计划卡插入小袋里，变成将计划与评价写在一张纸上，最后挂到墙上。可是第一天实施遇到许多新问题，最后临时决定所有小朋友的游戏计划都先放在一个筐里，由一个小朋友帮全班的小朋友挂到墙上，老师第一个想到的这个小助手当然就是认识字的你啦！你拿起一张，先认小朋友写的名字，再找相应位置，这可不是一项简单的任务呢！可是你完成得精准而迅速！最让我不可思议的，是你那一句句："彤彤，在上面。""骏驰，应该在这一行。"我很好奇你是怎么能通过名字知道小朋友的大体位置的！我才知道，你有着强大的记忆力。

老师想对你说：今天我对你的了解又近了一步，可别小看老师交给你的这项小任务，这可不是一般小朋友能做到的，第一，每个小朋友的字都写得各有特点，你需要辨认不那么工整的字迹，你能看清楚，说明你的小眼睛很了不起！第二，你能在105个字中准确地进行名字匹配，咱们班有的小朋友的名字很复杂，但你都能准确找到并且将计划挂到相应名字的钩子上。如果你认识这些复杂的生僻字，更说明你对字很敏感；如果你不认识，却能从名字中你认识的字判断出是谁，这更是了不起的推断能力。

园长看完这篇故事，给了池雨蒙老师这样的回复：

亲爱的池老师：

晚上10点了，你发来这篇故事并在微信里问我："刘老师睡了吗？打扰啦！这是刚写的一篇，您说这样的算学习故事吗？只是有种感慨，但没有写出太多的支持策略。"

读完这篇故事，我迫不及待地想要回复你。因为小苏这个名字和照片里他的身影一下子让我想起了一个多月前的一天。那天，你们带着孩子们在操场上先是踏步和队列练习，然后又做操。在整齐的队伍中，你们班的一个小男孩尤其显眼。不是因为他出类拔萃，而是因为他的动作实在太不协调了。作为一名大班小朋友，他踏步跟不上节奏不说，两只手臂都不能协调一致地摆动。梦楠老师几次为他做示范、提示他，他依然不协调。当然，做武术操的动作就更别提了。我记得当时问了一下这个孩子的名字，好像就是他。

从那天后，我经常在早来园接待环节中看到他跟着爷爷跟跟跄跄走进幼儿园的大门，他在许多活泼可爱的孩子中间是那么的不起眼，有点像一只"丑小鸭"。我甚至心里默默地担忧：这孩子上小学后可怎么办呀！

今天，读到了你写的关于小苏的故事，我真的好感动，以至于在敲打这些字的过程中有些热泪盈眶。因为你这篇故事让我真正感受到了学习故事的力量！小苏的力量！你的力量！看到了故事中小苏小朋友真正的形象。这个形象和我所看到的是那么的不同，这个形象"内心丰富""认真有感情""善良、细心、善解人意""对文字敏感""无师自通，认识600多个字""接受挑战""承担责任"

"有责任心、有耐心、爱帮助别人"……真的特别感谢池老师！你让我看到了一个这样强大、美好、充满智慧的生命！我觉得看了这篇故事，一扫我这几天的忙乱和劳累，周围的一切都变得美好起来。

我想"学习故事"这个名字很容易让人想到学习知识、技能的"学习"，因此很多老师都会把记录"学习故事"的视角放在儿童搭建、学数学、探究、解决问题等过程中，不是说这些不是学习，而是说学习就只是搭建、探究、解决问题吗？我常常想：什么才是教育的真谛？什么才是人成长中最宝贵的东西？我们都是普通的人，我们每个人身上都有缺点和不足，就像丑小鸭——当它以灰色的羽毛置身于嫩黄颜色的小鸭子中间时，它是多么的"卑微"与"丑陋"啊，大家都视它为另类。但是，所有看见它的人都没有真正地走近它、读懂它，他们嘲笑它、嫌弃它，如果丑小鸭身边有你这样的人，能够贴近它、观察它、发现它、了解它，就会知道它不是"丑小鸭"，而是一只"白天鹅"。

你这篇故事的精彩之处在于发现、理解、支持、记录、分享，你的发现改变了我们原本评价他的视角；你的理解、支持激发出小苏内心更大的力量；你的记录、分享让小苏美好的儿童形象得以呈现和保存下来，也许这个故事会一直陪伴着他，有一天他的妻子、孩子……会读到他的这篇故事，我觉得这太神奇也太美好了，大家是以这样的故事记住他并和他相处，接下来一切都会向着更好的方向发展。你这篇故事还有一个精彩的地方，就是你连续观察与支持，虽然只有两次，但已呈现出了更多角度的小苏。所以，我真希望接下来还能看到有关他的故事。

我觉得你这篇故事特别贴近我对"学习故事"是什么、为什么、怎么写的理解和认识。"学习故事"是一种真实性、过程性的评价，它发现儿童能做的以及儿童自身的优势，它帮助我们理解什么是儿童、什么是儿童的学习、如何支持儿童更好的发展……这些，这篇故事都做到了。作为刚刚迈入工作岗位的你，这篇学习故事记录得已经非常"完美"了！再次感谢你，给我留下了内心美好、充满阳光的感受。继续观察和记录"学习故事"吧，它会带给我们更多的美好。

这篇故事无论是文体结构还是表达方式，都与我们大多数老师写的故事不一样，仔细读一读，你会发现它更像是池老师写给小苏的一封信。在这封信里我们可以感受到老师试图走进儿童世界的好奇，可以感受到走进这个世界带给教师的欣喜和职业幸福感！

如果"观察和记录"的初心是让我们了解儿童、了解每一个儿童，试问：当我们一次次强调儿童的力量时，这个在多数人眼里似乎不那么有力量的儿童，是如何让老师通过观察发现他的力量的？我们是否愿意静下心来，抛开普遍的"共识"（似乎是一种偏见）真正地走近他呢？每一个儿童都是独一无二的，当我们肯定儿童的力量时，我们是否也需要肯定每一份力量的不同？这样的故事让我们反思："观察和记录"难道就是写好一篇让我们看见儿童能做什么的故事吗？我们希望从老师的感受里听一听老师们自己心里的答案，因此，这个故事被园长分享到了幼儿园的工作群，老师们是这样回应的：

汪苑老师：池雨蒙老师带着好奇，走近一个旁人没注意到的个体，让人感动，她的描述让我们看到这个看似弱小的个体原来并不弱小，这对于一个了解小苏的读者来说是一种震撼。

班鑫老师：这个故事我读了好几遍，很感动。我觉得如果我是家长，读完我会特别感谢老师，因为我的孩子被老师这样欣赏着！

张莹老师：不一样，我觉得池老师真的在观察，而且用心在注意这个孩子！可能别的老师会觉得小苏很"另类"，而且我们只是止于对这个孩子"另类"的评价，但是池老师走近了他，所以看到了不一样的他！

陈莉老师：作为班里的老师，我也觉得特别受鼓舞，他的故事让我这个班长反思，我们真的平时对他的关注有些少，他就是那个班里边缘的小孩。池老师的记录，让他走进了我们的心里，所以，我觉得记录挺有意义！

刘婷老师：我觉得这篇故事最打动我的是其非常凸显的儿童形象，可能也因为记录出来的内容和我们平常看到的反差太大了，也正因为反差太大了，我们就需要问问自己了：你看见的儿童就一定是你看到的样子吗？通过池老师的这篇故事，我觉得，我们与儿童走得还不够近！还需要更近！

在老师们的评价里，我们感受到大家对于观察记录及其价值的认识开始变化。是的，"学习故事是多种评价方式中的一种"，我们不应该单单把目标锁定在怎么写、写什么，还应该关注它背后传递出的通过观察、记录不断走近儿童、走进儿童的内心、试图了解每一个儿童、相信儿童的力量的价值观。除此之外，从文本转向反思我们自己的观察实践，要时常问问自己：我真的用心观察了吗？我是有选择地观察吗？我的班里有被我忽略的孩子吗？

受这篇故事的启发，老师们开始思考：到底什么样的故事算得上一篇好故事呢？每个老师都列出了自己认为的好故事的要素。

班鑫老师：(1)打动教师；(2)有后续发展；(3)带给幼儿家长、教师惊喜；(4)有现场感，对话丰富。

杨议老师：(1)感动自己、触动他人；(2)用心记录儿童每一个精彩瞬间；(3)有学习品质，有发展；(4)给儿童留下美好回忆。

巩凡老师：(1)能让儿童看懂并引以为傲；(2)能让家长看到儿童的发展；(3)能让老师得到启发和思路，帮助梳理课程；(4)能看到儿童的学习、发展、情感、趣味。

张莹老师：(1)好故事是真实的、教师用心记录的；(2)好故事能让人看懂(听懂)；(3)好故事是可以影响儿童教师自己、儿童、家长的，对儿童的成长有帮助。

崔雨晴老师：有情感，有力量，有发展，有联结，有关系，有结果，有前因。

徐伟老师：感动自己、感动他人，看出爱、发现美、认出自己。

沈佳老师：有情感，有学习，有力量，有发展，有理想，有认知，有回忆。

陈莉老师：(1)可以感动自己和读者；(2)记录成长经历；(3)有意义的真实美好的成长过程。

陈征老师：(1)感动人；(2)有力量，有学习，有理想，有回忆，有认知；(3)年龄特点的突破，寻找方法解决问题的过程；(4)让儿童知道老师眼里有他；(5)全方面发展。

韩梦楠老师：(1)有情感，能够感动自己感动他人；(2)有学习、认知，能让儿童有发展，能让儿童有回忆；(3)能打动儿童，用心记录。

尹秋红老师：有情怀、有支撑、有交流、共同分享、有人爱读。

汪苑老师：(1)能清晰地看到儿童的形象；(2)有情怀，能够清晰地呈现儿童和教师的关系；(3)有智慧，能够清晰地看见教师的智慧。

不难看出，我们对"观察和记录"的关注开始从聚焦文本怎么写、写什么，到关注观察、记录的质量。很多老师开始将读者读完故事的感受考虑进一篇好故事的要素里。而在这之前，大家多半是站在教师、记录者的视角思考。在将老师们说的内容合并、提炼之后，我们试图梳理有意义的"观察和记录"的要素。而探索有意义的"观察和记录"的要素，也让大家开始将目光从仅仅关注记录文本投向关注观察实践本身。我们开始意识到，学习故事文本无论什么样的格式、是否是三段式、是不是能识别准确，都不是"观察和记录"的核心，有没有真的将儿童放在"观察和记录"的中心，才是"观察和记录"的关键。如果说一开始模仿撰写学习故事是为了让我们不断接近"学习故事"这套评价体系所传递出来的教育理念，那么现在，我们逐渐意识到，"学习故事"最核心的不是故事本身，而是故事里的儿童。所以，我们决定放下学习故事文本，走进现场。

二、放下学习故事文本去现场，我们真的看见儿童了吗

为什么不同的老师所写的不同学习故事里，对不同儿童的识别几近相似，专注、坚持、有想法……这些词汇在每一个故事里都会出现，为什么在学习故事文本中很难让我们体会到师幼之间有温度的连接？这些问题激发了我们进一步反思：如果文本中的儿童是我们已然达成共识的普遍的儿童形象，那么教

师持续观察和记录的对象和内容究竟是什么呢？我们到底在看什么？我们真的看见儿童了吗？看见每一个不一样的儿童了吗？看到每一个儿童不一样的时刻了吗？

（一）反思：在教育现场，我们真的看见儿童了吗

2017年年初，在参加首都师范大学第二届名园长工程项目课题"师幼对话的现状研究"时，我们时常走进班级，通过拍摄、录制师幼互动的现场，了解老师们与儿童互动的情况。在对大量师幼对话片段进行编码分析之后，我们发现教师与儿童的对话经常不在一个频道，教师难以准确呼应儿童的想法和需求。这个研究让我们找到了老师们撰写学习故事时暴露出来的问题，也让我们恍然大悟为什么前期我们花费了很多的时间通过教研带领老师解决学习故事撰写的问题，依然没能让老师们写出打动人的故事的原因，原来问题的根源不在文本，而在于实践本身。

案　例

把你的发现画下来

上午游戏时间，中班走廊尽头的光影小屋里，几个小孩正开心地玩着光影。突然一个小男孩兴奋地跑过来："老师，我有一个新发现！"男孩手拿着两个不同颜色光影积木，用手电筒照在积木上，观察积木在光照下投射在墙上的影子的样子，小男孩激动地说："快看，我有一个新发现！"老师走近，说："哦，你有一个新发现，那快把你的发现画下来。"小男孩置若罔闻，还在兴奋地和同伴分享他的新发现。老师继续说道："快把你的新发现画下来吧。"小男孩依旧像没有听见一样。老师开始拿着手电筒，也找了一块透明颜色板，照在墙上，和孩子说："你看，我也有一个发现，你们看我发现了什么。"老师给孩子示范，边示范边说："你看手电筒离得近，影子就怎么样？"小男孩没有言语，一旁的另一个小女孩说："会变大。""对，那离得远了呢，就怎样？""就变小了……"

在这样的一个镜头里，我们发现，当孩子欣喜地告诉老师自己的新发现，教师首先关注的不是孩子新发现的是什么、怎么发现的，不是听孩子先分享，而是想要把自己希望孩子去了解的科学现象告诉孩子，并让孩子画下来。显然，教师在观察儿童游戏时，先想到的是自己心中的目标，教师是带着目标甚至某种期待在观察。那么，为什么我们反复强调儿童观，教师依然不能站在儿童的视角去看，眼睛看着孩子时心里想的依然还是自己的目标呢？

案　例

我的房子总是倒

记录者：安老师　　　　　　　　　记录时间：2018 年 4 月

年龄班或幼儿月龄：4 岁　　　　　对话发起者：幼儿宁远

对话者：安老师　　　　　　　　　对话场景：益智区磁力片拼搭游戏

背景描述：在游戏区，孩子们分别选择自己喜欢的游戏进行着自己的活动。宁远选择的是磁力玩具，今天他将磁力玩具围拢向上搭高，游戏状态很投入。他在搭建好后撤走了底下的磁力片，因此他搭建的作品倒塌了，遇到问题的他选择求助老师，来帮助自己解决这个问题。

宁远：我的房子现在总是倒。

教师：那走，咱们现在一起看看去。（宁远带着老师一起回到了他搭建的游戏桌前）

宁远：你看，我的房子一拼完然后就"哗啦"一下倒了。

教师：哪个是你搭的房子？

宁远：我和子懿搭的。

教师：噢，这个是你和子懿一起搭的这个房子。这个是什么玩具来着？

子懿：这个是磁铁玩具。（磁力片玩具）

教师：你们用它拼成了一个房子。（孩子用磁力片搭了一个高高的带门的房子）

宁远：我拼成的房子总是倒。

教师：你的房子总是倒，你看看子懿搭的房子倒了吗？（宁远走到子懿搭建的房子边观察）

教师：你看他也搭了一个房子，咱们看他的坚固不坚固，好不好？（子懿此刻完成了自己的拼搭，眼睛看着老师）

教师：完成了吗？（子懿对着教师点点头）

教师：完成了，你看他的房子容易倒吗？（两个孩子摇了摇头，这时宁远拿下了一个磁力片交给了子懿）

宁远：房子歪了。

教师：因为他卸下了一个东西，所以它有一点点歪。你看他安装上会倒吗？（子懿眼神看着教师，摇了摇头）

宁远：不会。（宁远此刻开始拿子懿搭建好的磁力片）

教师：宁远你来，别拿别人搭好的东西。到这边来。

宁远：(宁远走到了老师身边)我刚才搭的房子也是和子懿一模一样的。但我一打开这个房子的门，就"哗啦"一下都倒了。

教师：哦，你说你打开它的门然后"哗啦"一下它就倒了。

子懿：它两个门都打开就会倒了，所以我们要打开一个门才行。

教师：哦，就是咱们打开一个门不容易倒，如果两个都打开就会怎样？

宁远：全部都倒了。

教师：它们全部都倒了，因为上面比较沉的而下面怎么样？你给它拿走了两个(两片)会怎样？(教师一边说，子懿一边打开一个门尝试)

宁远：很舒适了，它就不会倒。(没听清)

教师：是很舒适了吗？是不是很松很轻镂空了才会倒，对不对？宁远你要再做一个吗？(宁远将自己手中的磁力片放在了子懿尖尖的房顶上)

幼儿回到了自己座位开始重新搭建。

这则片段是围绕师幼对话课题开展研究时收集的老师与幼儿日常互动的场景。在这段对话中，我们可以看出，面对小朋友因为拼搭倒塌而受挫的情绪，在孩子连连表达多次"我的房子总是倒"的无助时，老师最先想到的是引导其关注成功孩子的经验，而非关注这个可能尝试了多次还挑战失败的小孩的情绪。老师既没有持续观察寻找原因，如玩具材料本身的数量问题，因为数量不够，所以才不能支持孩子的操作探索；老师也没有询问孩子为什么。这间接反映教师在观察时，看重的不是孩子的操作过程，而是操作结果。当这样的互动频繁在教室里出现，我们开始隐隐担忧：为什么老师总腾不出手来看孩子？当儿童向教师提出求助时，教师总是就事论事，而缺少对具体儿童、具体情境的关注和分析，老师首先想到的依然是自己心中预设的活动目标。

案　例

建筑区里的"捣乱分子"

中班的建筑区里，孩子们正在搭宇宙飞船，小喆却视若无睹地在假装开车，沉浸在自己的游戏中，时而拿一块同伴搭建飞船的大积木当方向盘，时而开着自己的"车"从同伴的作品边溜过。小家伙们对小喆的行为有些不满，纷纷说道："小喆，你能别捣乱吗？"一旁观察的老师正在努力地记录多数小伙伴正在搭建的"宇宙飞船"，似乎没有关注到这个被大伙"嫌弃"的"捣乱分子"。直到他的行为干扰了多数小伙伴的搭建行为时，老师才关注，并且这样说："小喆，别人辛苦的劳动成果，我们要珍惜啊！"

上述这个片段，相信很多老师并不陌生。在孩子游戏时，我们习惯注意成功孩子的经验，或者关注我们期待出现的儿童行为表现，这就和我们经常在一个教室里会忽视那些表现平平的儿童，而自然关注两头的孩子一样，这是观察的偏见。试问：如果这个小孩在游戏过程中没有出现在大家看来"捣乱"的行为，教师应不应该去关注他？我们会想要去了解这个小朋友的兴趣和需要吗？如果你是现场的老师，你会去阻止这个小朋友看似格格不入的游戏吗？也许有的老师会去说服他加入搭建宇宙飞船的游戏，因为这才是这个区域最近的主题活动内容！

当我们还在持续通过教研提升教师透过观察识别儿童学习与发展的专业能力，当我们还在拼命思考，学习故事文本怎么写，当我们努力探索怎么让观察、记录持续推动班级课程……我们发现，对于"观察和记录"，我们期待它成为更加"专业"的教育行为的动机渐渐开始掩盖我们对儿童本身的关注——对儿童是一个怎样的学习者的关注。

如果我们想让观察、记录聚焦儿童，实现它本身的价值，这样的观察必须有效。而有效观察的前提是我们必须看见儿童，知道儿童心里的想法、感受其与周围人的关系；而不仅仅是看见儿童正在做的事，更不应该在观察一开始（甚至还没开始之时），就已经让自己心中的观察目标或者可能存在的偏见主宰我们的观察实践。

（二）行动：在教育现场，我们怎么才能看见儿童

很多时候，成人对于身边的事物，已经习惯了粗略地看一看，好像已经失去走近它细细研究的好奇和耐心。更可悲的是，当我们试图像儿童那样，研究一样地观察一个我们看似熟悉但其实并不了解的东西时，可能就会有人认为我们的行为太奇怪了，而我们又太在意别人的看法。儿童全然不用顾及这些！儿童会带着好奇，调动身体的各个感官去观察、学习，如书中所描述的那样："如果你有一个两三岁的孩子，让她给你上堂'看'的启蒙课，这只需要一点点时间。请孩子从屋前走到屋后，仔细观察她这短短的路程，一路上她会不断停下来，转圈、摸和捡东西，去闻、摇、尝、擦和刮。孩子的眼睛会盯着地面，沿路每张纸、每个碎片、每个物件都将是新的发现。"[1]

1. 看见儿童，首先要有好奇心

学习故事：青衣之梦——对儿童持续的好奇点燃儿童的兴趣

观察对象：恬恬（6 岁）　　时间：2018 年 4 月

观察者：汪苑

---

[1]　［美］德布·柯蒂斯、［美］玛吉·卡特：《观察的艺术》，郭琼、晓艳译，南京，南京师范大学出版社，2018。

背景简介：恬恬是一个内秀的小姑娘，平时很爱去音乐角跳舞，说话轻言细语，做事情小心翼翼。最近，班里小朋友们对脸谱面具很感兴趣，有很多小朋友都去美工区制作，已经持续了快一个月的时间了，但是，恬恬从来没有去过。

游戏区，峣拿着他从家里带来的一本脸谱的书，激动地跟何老师分享每一个脸谱背后的人物故事。你在一旁，默默地听着……等峣分享结束，你拿起他的书，仔细地翻看。过了一会儿，你拿着书，走到我跟前，翻到一页，轻声地问我："汪老师，你能把这个拍下来，发给我妈妈吗？"我有些好奇地问："为什么要把这一页发给妈妈呢？"你看着我："因为，我觉得这一页很漂亮。"看着你恳切的小眼神，我答应了你的请求。当天晚上，我真的把它发给了你的妈妈，尽管我不知道接下来会发生什么……

时间：2018年4月13到16日

小朋友们已经连续制作了两个多星期的脸谱面具。11日的傍晚，我从网上找了一首名为《说唱脸谱》的音乐，放到了班级音乐角的公共U盘里。两天后，让我惊讶的是你居然选择了音乐角，跟着《说唱脸谱》的音乐，跳起了舞。接下来的4天里，你每天都去音乐角，连续的观察让我惊喜地看见了你不一样的魅力……

时间：2018年4月18日

我们有幸请来了中国戏曲学院的专家。这也是你第一次制作属于你自己的脸谱。在听老师介绍完京剧脸谱生、旦、净、末、丑以及对应的角色之后，大家开始纷纷投入自己的石膏脸谱绘画中。而你并没有急着立刻动手去画，而是先找来了那本书，仔细地翻到了你曾经让我拍照的那一页……你说，你要画这个。接下来，你开始认真地勾勒和涂色。晚上离园的时候，妈妈来接你，你见到妈妈的第一句话就是："妈妈，我今天做了一个脸谱！"满怀着喜悦和成就感！

时间：2018年4月19到23日

今天，你的计划是去美工区制作一个青衣的脸谱面具！当我好奇地问你为什么的时候，你说："我想做完后可以戴着它去音乐角表演……"这是你第一次主动要在美工区制作脸谱面具。你用细细的颜料笔勾勒青衣的眼眶，你的样子专注而投入……站在镜头后的我想象着你戴上面具在音乐角跟着音乐起舞的样子，一定会更美吧！

当你完成了脸谱面具，你真的戴着它去音乐角跳起了舞，你的表演很快吸引了其他小朋友，大家也来和你一起跳舞。受你的启发，我决定在音乐角投放专业的戏服。结果，你的兴趣更浓了。5月中旬的一天，家长的微信群里，你的妈妈和我们大家一起分享了一段你在家郑重其事地表演《说唱脸谱》

的视频，所有人都被你的唱腔、眼神和动作吸引和震惊了！你就是真正的小青衣呀！

在这篇故事里，我们看见，教师通过对细节的持续关注，慢慢走进小女孩的世界，发现她的兴趣，然后持续支持小女孩实现她的梦想。而教师对小女孩的持续观察背后，是她对小女孩心中想法的好奇。倘若教师没有在一开始好奇儿童为什么会指着青衣的画面请求教师拍照背后的原因，没有因为好奇追踪了解小女孩的心思，可能后面就不会有对这个小女孩的持续关注了，更不可能因为教师的关注和支持点燃了小女孩心中喜爱京剧的火焰，发现她京剧表演方面的潜力。

(二)看见儿童，需要我们调动身体的多种感官

儿童行为观察是专业观察的一种，观察行为本身能为我们了解儿童提供依据，是为了让我们基于观察收集到的资料尽可能客观准确地反映儿童的真实发展状况。有时，仅仅站在儿童身旁用眼睛看是不够的，我们需要走近，甚至坐下来和儿童一起玩，在共同参与的过程中去身临其境地感受儿童、当时当下的游戏行为，进而理解行为背后的意图，达到了解儿童的目的。

在观察实践中，我们非常注重教师对儿童的倾听，教师们也很重视收集并记录每一个孩子说的话。

案　例

一本关于心的书

在美工区，楚瑜今天想剪一个小桃心的书，她在计划本上画了好多的小桃心，崔老师好奇地问：这些小桃心发生了什么有趣的故事呢？

C：这个是红色的小桃心，这个是粉色的小桃心。

T：哇，小桃心为什么有这么多的颜色呢？

C：因为红色代表不开心，粉色代表开心。

T：哦，原来小桃心有这么多的心思啊！

C：我还能拿圆形剪成小桃心。

…………

在老师的好奇和期待中，楚瑜的第一本《圆形变爱心》的小书就诞生了！这些心真的像她说的那样，不同颜色，各有心思。老师帮助楚瑜记录下了每一颗心的心情！

游戏分享时间，楚瑜还给小朋友们介绍了她的这本小书，小家伙们也想剪一颗自己的心！于是就有了属于中二班的"心书"！这里不仅记录了每个小朋友

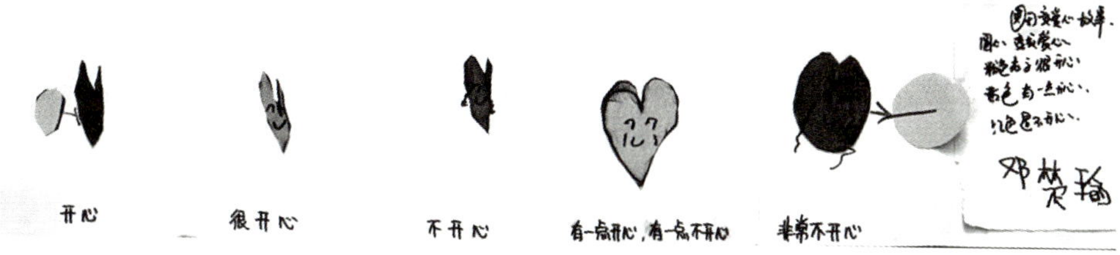

图 2-1 圆形变爱心

开心　　　很开心　　　不开心　　　有一点开心，有一点不开心　　　非常不开心

的心的剪纸作品，更可贵的是每颗心背后的心思也被记录了下来！原来，这是在孩子们制作的过程中，老师一个一个记录下来的！每个小朋友选择自己喜欢的材料，用自己喜欢的方式，给自己做了一颗心，还取了各不相同的、有趣的名字！

如果案例中的教师只是在观察时用眼睛去看，去收集信息，那么可能就不会真正地了解每一颗与众不同的心的背后孩子们各不相同的心思了！所以，在观察时，教师需要调动视觉之外的多种感官去感受儿童各种各样的行为！

除此之外，教师在观察时，如果能够及时发起与儿童的对话，不仅可以让我们更清晰地了解儿童的想法、兴趣，而且有效的对话还可以促进教师与幼儿之间经验、情感等多方面的连接。

幼儿园通过两年的师幼对话课题发现，有效的对话不仅可以帮助我们走近儿童，了解儿童的经验，而且可以成为促进儿童学习与发展的教师支持回应手段。

小班，益智游戏活动中，幼儿在玩图形磁块组合造型玩具，用图形拼组了一个破冰船，兴奋不已。

教师：你搭的是什么呀？

幼儿：我这是破冰船。（幼儿在计划中告诉老师要搭南极破冰船）

教师：南极也不应该只有冰和破冰船。

幼儿：还有南极考察站。

教师：南极考察站在哪儿呢？

幼儿：（离开桌子向后转了一圈）南极考察站就是从地球来的人在这儿建的一座考察站，研究外星动物。

教师：那你这个南极考察站在哪里呢？

幼儿：都没搭呢。（向后退走到数块筐面前拿东西）

教师：对啊，那你可以搭建啊！

幼儿：我的冰场给你做完了啊。

这个片段，教师通过对话，不直接给儿童经验，却通过"质疑"儿童的经

47

验，挑战儿童的思维，以期达到扩展儿童经验的目的。

(三)看见儿童，需要儿童视角

是不是带着好奇和调动我们身体的多种感官去观察，我们就一定能看见儿童了呢？答案是不一定！因为观察不仅仅是人通过感觉器官进行感知的过程，它还包括大脑对收集到的信息进行加工的过程，这就意味着，我们必须在注意儿童之后，去思考儿童当时、当下的想法、兴趣、需要、情绪体验、发展水平等。还记得在我们分析老师的学习故事文本时，发现老师们习惯用一些抽象的词给儿童去定性吗？这些抽象的定性的词汇其实并不是教师眼里看到的儿童本来的样子，而是我们把自己经验里对儿童的认识和期待套用在现实中每一个不一样的儿童身上。可是，怎么避免呢？怎么让老师能够真正走进每一个不同的儿童的世界，看见每一个个性不同的儿童呢？

以下这段对话发生于一个大班的小孩与保教主任之间，对话产生的缘由是刘老师想借对话了解儿童对困难的理解，为了完成一个共读的作业。然而，这段对话却让刘老师有了意外的收获，并且有些惊讶："我们一直在研究走近儿童，研究观察如何看见儿童，为什么儿童依然觉得我们不懂他们？"

案 例

一次特殊的采访(节选)

我：你知道什么叫困难吗？

小周：知道，就是剥橘子皮剥不开……

我：你觉得你会遇到很多困难吗？

小周：每天都有可能会遇到困难！

我：那你遇到困难会怎么办呢？

小周：我遇到困难会请小朋友帮忙！

我：在你遇到的困难里，有没有让你特别着急，又跺脚又哭喊的？

小周：没有，我从来都不会这样！

我：我还采访了小高，她和你说的一样，都是遇到困难找小朋友帮忙，难道你们有困难没想过找老师帮忙吗？

小周：没有，因为自己的困难要自己解决！

我：那你请小朋友帮忙就说明你没有自己解决啊。

小周：因为有的困难还是挺难的，我需要朋友，我们要组一个团队(才能解决困难)！

我：如果你遇到一个大困难，你是选择小朋友还是老师当你的团队成员呢?

小周:先选择小朋友……好吧,也可以选择老师……

我:你为什么不选择老师帮忙?

小周:我需要小朋友的点子,小朋友的点子更好!老师有时候不懂小朋友的事!

我:老师的点子很多很厉害啊。

小周:但是老师不懂我们的事……我们要组成一个团队……我长大了要当奥特曼!

从这段对话中,我们感受到,儿童认为只有儿童懂儿童!如果是这样,教师要想理解儿童,就需要向儿童学习,努力站在儿童的角度,以儿童视角去尝试理解儿童。

可是教师怎么才能找到儿童视角呢?到底什么是儿童视角呢?在周菁老师带我们一起进行的教研启发下,我们决定从老师们观察时拍摄的照片入手,先从拍摄有可能呈现儿童视角的照片开始。我们认为,照片是可以较好反映教师观察视角的,就如同老师为每一篇故事起名字一样。有这样一种假设:如果教师通过照片记录下的观察内容以儿童为核心,那么儿童在照片中的位置一定很凸显,但是如果照片记录下的观察内容以儿童做的事为核心,那么可能照片会让读者清楚儿童在做什么,而不会凸显儿童的表情、动作、神态。如下面两张照片(图2-2、图2-3),你觉得哪张照片更能体现教师在观察时对"人"的重视呢?

图2-2 游戏区里的忙忙碌碌

图2-3 啊!我要用点劲儿!

如果让读者分别给两幅画面中的观察写记录,可能会怎么记录呢?你觉得两幅不同的画面中,教师分别在看什么呢?儿童视角照片检测法帮助我们不断反思自己的观察实践。

综上，要想在观察实践中看见儿童，教师需要不断自我觉察自己的初心和目的，需要不断地反问自己：我真的看见儿童了吗？我看见了什么样的儿童？我基于什么样的细节或证据对儿童有这样的判断？我关注的究竟是什么？

三、理解每一个儿童，守住教育者的初心

如果说尝试借鉴"学习故事"的方式观察记录儿童的游戏和生活，在帮助我们打破传统的记录方式，在记录中觉察和不断转变我们对儿童的认识，让儿童成为我们"观察和记录"的中心，那么从关注文本到跳出文本、回归观察实践，就是我们探索"观察和记录"对儿童的真实价值的必经过程。今天，回顾我们走过的历程，我们发现，模仿"学习故事"进行观察和记录帮助我们找回了观察的初心，也帮助我们建立教师和幼儿之间、教师与家长之间、幼儿园与家庭等之间的思想和情感联结。这样的"观察和记录""以尊重儿童和重视童年经验为出发点，它在实现人、事、物更好连接的过程中，使人与人之间的关系更加密切，也在这样的连接中，让关系不断得以维系和强化，让幼儿园课程有可能向着我们期望的方向发展。因此，我们希望聚焦儿童的"观察和记录"能让儿童受益，能有效促进教师日常教学实践和班级课程的发展。

下面这则案例呈现了教师是如何将对儿童的日常"观察和记录"融入班级课程发展的。老师们基于对儿童的观察和了解，借助一个有趣、有意义的活动，将自己对儿童的期待融入开学活动设计中。

案　例

回归——一份礼物，只送给最特别的你

新学期开始了，每个班的老师都在绞尽脑汁思考：设计什么样的开学活动，既能让孩子开开心心地感受到重回幼儿园的喜悦，又能体现教师们对孩子新一学期的期待呢？B老师所带的大班，一共有30多名幼儿，这些孩子是B老师从小班一路带上来的，B老师说自己很了解这些孩子的喜好、个性特点，于是，在和班里老师商量之后，决定用一份特别的礼物欢迎小朋友重返幼儿园。B老师和班级老师共同讨论给每一个小朋友选择什么样的礼物，放在什么地方，以什么样的方式送。看看每一个小朋友的礼物是不是很特别呢！每一份礼物上还附了短短的教师对孩子的新学期寄语，满满的期待和祝福！

大树收到的礼物上写的是：亲爱的大树，新的学期开始啦！老师送你一个小夜灯，希望新的学期你可以用你身上的光亮影响更多的人。

小哲收到的礼物上写的是：亲爱的小哲，你的开学小礼物是一个小话筒，希望新的学期你可以更愿意表达、更愿意分享、更自信，新的学期加油啦！

伊蔚收到的礼物上写的是：亲爱的伊蔚，你的开学小礼物是一颗棉花糖，棉花糖软软的，很甜，平时的你很温暖善良，希望新的学期你能让自己慢下来，性格慢下来、行动慢下来。老师期待看到更好的你……

一份特别的礼物，隐藏的是了解，传递的是期待，激发了更紧密的情感的联结。试想，开学伊始，回到幼儿园的第一天就收到惊喜礼物，对孩子来说是一件很开心的事。家长也一定会被老师们的良苦用心感动吧！

第二节　重视关系，让"观察和记录"有意义、有价值

几年来，我们一直希望通过"观察和记录"，帮助教师萌发尊重儿童、理解儿童之心和行，尝试读懂儿童的生活、游戏、学习，掌握 21 世纪幼儿教师专业能力的核心；帮助幼儿园实现能看见儿童的想法与做法、促进儿童的学习与发展的幼儿园课程，实现低成本、高质量的可持续发展。然而，这样的"观察和记录"仅仅依靠我们不断提升教师对观察记录本身的认识，以及传授如何实施更高效的观察记录的方法是不够的，我们还需要为这样的观察记录提供外围管理机制的保障。这种保障不是定期检查和评估观察记录实践本身，而是支持教师持续主动观察记录的一整套机制。这种机制是建立在信任和连接的基础上，是在关系中实现观察记录的真正意义和价值的。

一、重视管理者和教师之间的关系，调整相关管理机制，赋能赋权教师

"观察和记录"不仅是老师自己的事，而且是幼儿园的事。

有一套行动就要有一套机制。围绕"观察和记录"，教师实践的转变需要时间，也需要条件。

（一）关于学习故事文本的数量之反思

起初，观察和记录的方式的转变对于老师们来讲既新鲜，又充满挑战。新鲜的是，实验班里诞生的一篇篇学习故事，激发了其他老师也想去发现儿童魔法时刻的好奇；挑战的是，对于学习故事，大家都是初入门，为了保护老师们想要实践改变的积极性，研究初期将近一年的时间里，管理者对老师撰写的学习故事没有提出数量的要求。

没有了数量上的压力，老师们的观察更放松了。为了支持老师的观察实践，幼儿园为每个班的老师配备了相机，允许教师在带班过程中使用手机，给老师们准备便签记录纸，甚至还为老师们准备了带兜可放纸笔的围裙，方便教师观察并随手记录。精神与物质双重保障下，老师们的观察积极性很高，而观察中不断发现"哇时刻"给大家带来惊喜的同时，又不断唤醒了教师对儿童的兴

趣和好奇，很多老师在观察之后竟然主动尝试将发现的"哇时刻"记录下来！

当老师们通过撰写学习故事，发现孩子们学习中的"哇时刻"，并开始关注学习品质，尊重和尝试解读孩子们的兴趣、行为背后的意图等时，老师们自己也需要被尊重、被发现、被支持！因此我们为教师搭建了故事分享的平台，并且对老师们的故事及时反馈。

当班级里越来越多的儿童学习被记录成故事，我们逐渐发现，这些故事中，有些孩子的出现频率很高，他的学习总会被不同的老师注意到并写成故事，但是也有一些孩子一学期了都没有被看见、被记录。为什么呢？有的老师说因为写的数量没有要求，所以老师们想写谁写谁，有选择的自由！也有的老师说，总觉得有的观察没有记录的价值，因为观察时间很短。还有的老师说，没时间记录那么多！可是到底要不要记录呢？于是，我们围绕要不要写学习故事、为什么写等问题和老师们展开了讨论。大家一致认可："写，可以提升理性思维能力，能够提升专业辨识度，能够及时记录、梳理回顾，写是专业发展的必经之路。"教研之后，我们开始对老师们的观察记录提出量的要求，不仅仅因为我们有责任让每一个教室里的儿童都能被留住童年美好回忆，更因为观察记录本身是一个教师的专业职责和工作的一部分，也是管理考核教师的重要依据。

在保教部门对教师观察记录提出量的要求的同时，为了避免记录本身带给教师压力，我们一直试图寻找有什么方法可以减少观察记录的形式带给教师的麻烦，如排版。一次，园长外出参观，发现国际学校里老师给孩子写的学习日记（与观察记录类似，说法不同）没有"鸿篇巨制"，只是短短几行，夹叙夹议。翻看我们老师的观察记录，图片多，文字内容也不少。仔细对比记录的形式与内容，学习日记注意识别合二为一，观察内容多样；而我们的观察记录以区域游戏为主，观察内容也多聚焦儿童操作类游戏。园长通过分享在国际学校看到的经验，希望给老师们的撰写上带来一些启发。此外，在周菁老师的推荐下，我们还引入能够自动排版的图文编辑软件，这给老师们减轻了不少记录中的工作量。同时，它随拍随记的便捷操作，也帮助老师防止了事后追溯对观察重要细节的遗失。这种记录方式得到了老师们的一致认可，也一直在被老师们使用。

（二）不搞评比搞教研

尽管幼儿园里一直没有对教师撰写的学习故事文本进行过任何的评比，但是我们通过持续的教研、专题分享、课题研究等活动不断在提升教师对好的学习故事文本的认识，促进教师实现有意义的"观察和记录"的专业能力。

我们统计了从 2015 年 9 月到 2019 年 12 月幼儿园里围绕"观察和记录"开

展的教研及专题数量，发现有关"观察和记录"的相关教研和专题分享占总教研和专题分享数的百分比高达 51％(37/72)，可见，"观察和记录"在幼儿园很受重视。此外，在梳理中我们还发现，随着对"学习故事"认识的不断深入，教研对教师有关"观察和记录"的专业支持逐渐从关注内容形式(具体怎么写)到关注质量(怎么看，怎么识别)，从关注专业技能到关注价值观(为什么观察、记录，观察、记录为谁)，从聚焦观察记录本身的能力到聚焦观察记录如何与教学联结的能力。具体见表 2-1。

表 2-1　2015 年至 2019 年围绕观察、记录主题教研统计

教研/专题名称	时间	主持人	内容/目标简述
"学习故事"分享	2015.09.03	刘婷	分享"哇时刻"，感受儿童的力量
专题："学习故事"——发现儿童的力量	2015.10.08	园长	提升教师对"学习故事"的理解与认识
专题分享：儿童成长册	2015.11.12	孙艳	提升教师整理学习故事文本的意识
观察记录与微课程	2015.11.26	刘婷	如何将观察记录与教学建立联系
看清、看懂、记录主动学习	2015.12.12	刘婷	透过观察，辨识儿童的学习
小班专题："哇时刻"在哪里	2016.03.17	孙艳	如何发现小班儿童的"哇时刻"
如何写一篇学习故事	2016.04.13	刘婷	学习故事怎么写
专题：分享故事，看见学习	2016.06.10	刘婷	儿童的学习具体包括哪些
学习故事与"学习故事"	2016.08.22	刘婷	提升教师辨识儿童学习的能力
专题分享：观察时教师可以做什么	2016.09.12	刘婷	提升教师的观察能力
专题：区域游戏中的观察	2016.09.27	刘婷	观察，看什么
如何写一篇好故事	2016.10.13	刘婷	梳理好故事要素
走进现场，观察，看见学习	2016.11.11	刘婷	提升教师辨识的能力
记录故事，看见学习	2016.12.16	刘婷	提升教师辨识的能力
微课程分享	2017.02.27	各班教师	观察记录如何实现与教学的连接
观察需要倾听	2017.03.09	刘婷	观察不仅要去看，还要去听
专题：一个研究生视角下的学习故事：观察·识别·回应	2017.04.11	实习生	教师观察之后，如何回应的策略

相信每个人的力量

教研/专题名称	时间	主持人	内容/目标简述
分享故事，辨识学习	2017.04.21	各班教师	提升教师辨识学习的能力
看见之后怎么样	2017.05.26	刘婷	提升教师观察之后如何支持促进儿童学习的意识与能力
微课程分享：关注回应	2017.06.16	刘婷	观察之后可以做什么
专题：我与学习故事	2017.07.11	各班教师	促进教师在分享自己的感悟中，提升对学习故事的理解与认识
专题：记录故事，看见学习	2017.08.22	各班教师	在故事中重新认识儿童、认识儿童的学习
体察儿童，做有温度的教师	2017.10.13	刘婷	提升教师换位思考、看见儿童的意识与能力
基于观察的师幼互动	2017.11.17	陈莉	观察之后，如何与幼儿持续互动
专题：幼儿园师幼对话现状	2018.02.26	汪苑	提升教师对儿童细致观察的意识
教学因观察而改变	2018.03.21	周菁	提升教师观察、看见儿童的意识
相信、看见、连接	2018.05.08	周菁	强化观察为了儿童，看见儿童的意识
以诗会友，看见儿童	2018.07.02	吴金桃	儿童视角看见儿童
1和许多	2018.07.04	周菁	观察看见每一个儿童
自由分享：从观察到课程	2018.09.12	各班教师	提升观察、记录推动班级课程的能力
看见儿童看见教师	2018.11.01	刘婷	提升教师观察之后回应支持儿童的能力
"学习故事"与美好人生	2018.12.05	刘婷	体会观察记录与儿童的过去、现在、未来的关系
聚焦式观察与儿童有效学习	2019.04.12	汪苑	提升教师聚焦式观察儿童学习的意识和能力
儿童视角下的户外活动	2019.05.06	汪苑	感受儿童视角

教研/专题名称	时间	主持人	内容/目标简述
反思观察、看见儿童、看见自己	2019.10.08	汪苑	提升教师细致观察、认真倾听的意识与能力
倾听与看见	2019.11.04	汪苑	感受倾听在观察中的重要

当老师们暂时放下自己的期待去观察，带着好奇走近儿童，去听每一个儿童的声音，会发现原来每个儿童都与众不同，他们有各自的心思、各自的兴趣、各自的想法。可是发现了孩子们不同的心思、兴趣、想法了之后，怎么办呢？对于没有太多经验的青年教师而言，很多时候观察就止于记录了，怎么让教师的观察为后续教育教学指明方向，帮助教师实现观察为课程服务的价值呢？我们会通过教研来助力，大家集思广益！

利用一次"看见儿童，看见教师"的教研，围绕"银杏叶落下来以后"的观察记录，大家通过以下教研环节，共同为观察的老师出谋划策：

(1)共读，寻找并列出儿童的知、情、意、行。

(2)看见老师，发挥老师的力量：根据列出的知、情、意、行，老师们再去思考可以从哪些方面拓展，写出具体的活动、环境、对话、教学等做法，促进学习与发展。

案　例

银杏叶落下来以后……

观察对象：全班幼儿(小班)　　　观察时间：2018 年 11 月

观察者：巩凡

背景描述：秋天到了，随着天气逐渐变冷，幼儿园里的银杏树叶从绿色逐渐变成黄色。随着阵阵秋风，金黄色的银杏叶一片片飘落下来，幼儿园绿色的操场被这一片片靓丽的颜色点缀着。户外活动时的你们，一出门就被这满地的金黄吸引了……你们看着地上金黄一片，纷纷叫道："老师，你快看，好多的叶子！""哇！好漂亮的叶子，金黄金黄的。""好像金色的地毯呀！""我可以捡一些带回去吗？"……你们叽叽喳喳地说着自己的愿望。这样珍贵而短暂的秋色，怎么能不好好珍惜？怎么能不借此大玩儿一场？我们和叶子的故事就这样开始了！

注意：初见叶子的你们，好像捡到宝物一样，一边数着："1、2、3、4、5……"一边用小手一片一片地捡着。

妞妞和暖暖捡了一大把，自豪地向我炫耀："老师，快看！我捡了好多的叶子！"

小戴迫不及待地向我展示："老师快看我的叶子都是黄色的！"

钰函看到自己捡到的叶子，大声地对我说："我的大叶子像小雨伞一样！"

糖糖也忍不住炫耀："老师，我也捡了一片大叶子！像扇子一样！"

一直蹲在地上的高兴突然走过来，站在我面前，仰着头告诉我："你看这个叶子都没有了，只有棍了(叶脉)！这是叶子的根吗？"

天天也像发现新大陆一样凑过来告诉我："这个叶子都被虫子吃了！好多小洞！"

果果把一把树叶别在了耳后，高兴地对我说："老师老师，我捡了一把叶子！像一束小花一样！你看戴在头上漂亮不漂亮？"

松子儿捏着手里的树叶跑过来告诉我："老师，你看我捡了七片叶子！"(边说边一片一片地数了起来)

⋯⋯⋯⋯⋯

你们每个人都热情地向我炫耀着，我有些应接不暇，有的问题还没来得及回答，你们又急着继续去捡更多的树叶了。

捡着、捡着，恬恬大声和我说："老师，我想把叶子带回班里！"

"好啊！没问题！"听到我肯定的回答后，你们竟然激动地告诉我："老师，我想把所有叶子都带回班里！"

"那你们去捡吧！你们捡多少我们就带回班里多少！"看到你们如此兴奋的眼神，我支持了你们的愿望。

于是，你们努力地捡着叶子⋯⋯

阿宝把叶子一片一片地叠在一起，用手捏着，将叶子带回了班里。

骁骁把叶子团在手里，用双手捂着，将叶子带回了班里。

暖暖双手捏住叶子的叶根，将叶子带回了班里⋯⋯

围绕一篇学习故事进行的共同探讨，积聚着大家的智慧，也给故事里的巩老师提供了新的灵感，即基于这样的观察，教师后续可以知道如何回应儿童的学习。

(三)将"观察和记录"融入各项日常教学实践和班级管理中

当"观察和记录"日渐成为教师日常工作的重要组成部分，有些班级甚至主动开始将"观察和记录"与儿童、日常教学、家长建立联系。2015年的一天，北京教科院早教所苏婧所长来园参观，看到家园共育墙上的周计划，给了我们建议："应该在周计划文本中体现观察，因为这是我们的研究一直在做的事。"

在苏所长的启发下，我们开始尝试调整周计划，和老师们研讨并邀请周菁老师出谋划策，经数次调整，最终确立了现在的基于观察生成的周计划。与传统的计划格式不同的是，新的周计划里增加了上周发现的学习线索、上周分析以及本周关键词的内容，这样的调整使得教学源于观察的教育行为被看见，也激励老师们持续行动。在周计划的基础上，我们后来还衍生了日观察。日观察是将班级每位教师各自零散的观察记录整合，方便班级老师结合各自观察互相交流讨论，在讨论中增加每一位教师对班级小朋友的全面了解，同时也为班级确定下一步观察重点及制订周计划提供依据。

如果说通过撰写学习故事唤醒了教师主动观察、记录的积极性，那么上述种种就是实现观察和记录持续运转的重要条件。当教师愿意去观察，并且能持续从各个方面获得外部支持，观察和记录就有可能持续进行。

除了幼儿园外围管理，还有很多类似的机制、方法保证"观察和记录"持续有效地开展，各班级也为探索更有效的"观察和记录"想了各种方法。比如，为了避免班级多位教师的观察和记录重复，造成班级部分幼儿长时间没有被关注的现象，在参考园方的形成性记录单的基础上，班级老师设计了学习故事观察统计单。见表 2-2 与表 2-3。

表 2-2　形成性记录单

幼儿	教师	故事名称	五大领域32个发展目标					学习品质						激发支持手段			互动形式		活动模式	
			健康	语言	社会	科学	艺术	好奇兴趣	认真专注	不怕困难	探究尝试	想象创造	责任感	提问讨论	环境创设	提供材料	自发	共建	个体探究	群体学习

这是一份帮助教师检测儿童学习是否整体发展的简易记录单，主要是基于教师观察后撰写的学习故事进行统计分析得到的，由班级教师以学期、月为单

位进行讨论、汇总、统计分析，为了解班级幼儿学习情况提供参考并为下一步教育教学提供依据。为了保证班级每个儿童在一个月里至少能被班级教师观察一次，班级老师还需定期对自己的观察记录进行统计。这张记录单被贴在教师的备课室里，每一个老师都可以看见，并随时记录。记录单为同班教师基于观察记录了解班级整体儿童的情况提供了依据。

表 2-3　学习故事观察统计单

幼儿姓名	9 月	10 月	11 月	12 月

备注：教师每给一位小朋友写完一篇观察记录，需要做符号标记。

二、重视师幼关系，强化"观察和记录"与儿童之间的连接

借力"学习故事"，我们发现，教师开始转变观察儿童的视角，让观察有助于建立教师与儿童之间心与心的连接，而不再是过去那种教师心中的教育目标（物）与了解儿童的经验（物）之间进行简单直接的物化连接。我们也在持续探索各种方法，让教师和儿童之间心与心的距离更近、关系更紧密。

（一）让各种记录的载体丰富班级环境

老师们常常会用照片记录下儿童学习中各种各样的"哇时刻"，配上文字，写成学习故事文本，放在《儿童成长册》中。有的班老师还想出了更巧妙运用这些照片的方法——把它们粘贴在墙上，让"观察和记录"成为激励儿童不断焕发自己力量的刺激物。

大班的张老师，尝试将观察时用相机记录下的儿童"哇时刻"照片以"天天精彩"的形式呈现在环境里。"天天精彩"以月为单位，以月历样式呈现。每天游戏结束之后，在游戏分享环节，孩子们会和老师一起看照片，欣赏同伴的游戏瞬间，几位小朋友分享完之后，大家会共同讨论投票决定今日"天天精彩"上要粘贴谁的精彩瞬间，然后教师再将观察时的便签记录粘贴在旁边，更全面地呈现这个小朋友的学习状态和学习者形象。小朋友们都很期待有一天自己的精彩瞬间能被呈现在墙上，被其他小朋友看见！这样的方式激励着孩子们不断焕发自己的力量，它带动了那些看似在游戏区无所事事的小朋友，他们开始主动去寻找自己感兴趣的事。当然，它也成了教师检测自己是否关注到班级每一个儿童的一种巧妙方法，当有些儿童始终没有出现在"天天精彩"里的时候，教师就会主动去关注这样的个体。此外，张老师说："天天精彩，也可以帮助老师回顾这一个月或一段时间孩子游戏中出现了哪些好玩、有意思的事，从中可以

找到延伸和拓展的线索。"

随着老师们对观察记录价值的认识越来越深入，有些班级的环境里开始出现老师们撰写的一篇篇学习故事，这些故事被老师们放在儿童随手可得的地方，小朋友们可以随时取阅。它们像"天天精彩"一样，让故事里的主人公以一种自然的方式被更多的人看见，同时也激发了班里其他孩子们进一步学习和探索的可能，产生涟漪效应。

(二)试着把一篇篇学习故事读给孩子听

我们鼓励老师们以第二人称撰写的学习故事，就好像在跟孩子对话，是写给儿童的故事。如果说"天天精彩"让观察在教室里被看见，让教室里的氛围因墙上一张张精彩的"哇时刻"、一篇篇故事变得温和，让教室里人与人的关系开始悄悄转变，那么，尝试把教师对儿童的观察记录读给孩子们听，就更有可能直接建立老师和孩子之间心与心的联结。

案　例

"我都不知道……"

晚离园，我给孩子读为他们写的故事，我没有想到孩子们居然比听绘本还专注，尤其读到给天祎写的故事《不一样的我》时，小姑娘坐我跟前面露喜色。读到一半，我听见后面的小鱼轻声对小主人公说："你好棒啊！"那一刻我十分激动！故事读完，我将读的两份故事请小朋友们传阅，孩子们再一次让我惊讶地看到"故事时间"的力量，你们居然那么安静认真地捧着别人的故事欣赏，而且秩序井然地传阅着。天祎更是情不自禁地告诉我："汪老师，我都不知道……"后面的话她没有说出来，我给她翻译就是："我都不知道你会给我记下来。"惊喜和开心在她的小脸上洋溢开来……

这个片段发生在晚离园的故事时间里，故事时间是晚离园众多环节里的一个，记录此片段的作者是第一次将故事读给孩子听。这是一个刚刚工作一年的年轻教师，把故事分享给孩子的想法并不是她的原创，只是听到别的班级有这样的经验，加上初入职没什么经验，也不知漫长的晚离园时间可以带孩子玩点什么，就想着给孩子读一读故事，没想到竟"歪打正着"……通过孩子的语言以及同伴的话语，我们感受到了把观察记录分享给孩子对于他们意味着什么……

故事时间是教室里孩子们特别期待的重要时刻，每次分享完，小朋友总会问："老师，什么时候分享我的故事?"它让我们看到了使观察记录变得有意义的方式，不是将之束之高阁，而是让它被听见、被儿童听见。这也使我们更加明确了要用什么样的视角观察和记录儿童游戏和学习中发生的故事。

(三)建立以学习故事为主体的《儿童成长册》

当老师对孩子的观察和记录以及撰写的学习故事越来越多之后，我们开始尝试为儿童建立成长册。《儿童成长册》经历了多次的调整，这些调整是随着我们对儿童的认识、对"观察记录为谁"的认识、对课程认识的变化而不断变化的。

1.《儿童成长册》1.0 版：诞生在实验班的"我的成长小故事"

最初，在 2013—2014 年，我们的《儿童成长册》主要用于收集和整理老师们给儿童记录的故事。由班级老师为每个孩子购买档案夹，贴上孩子的照片。由家长制作个性首页作为成长故事的封面，主要呈现儿童的照片以及简单的兴趣爱好。然后是教师为孩子写的故事，剩下的是孩子的作品。但是这个册子在使用过程中，出现了问题：

因撰写学习故事还只是初步尝试阶段，所以老师们写的学习故事数量少，不能保证每个小朋友的册子里都有学习故事；

成长册俨然变成了幼儿作品集，里面有文本、大量孩子的绘画、手工等作品；

孩子不看自己的"成长小故事"，每次都是老师主动给幼儿讲，孩子们很少主动去拿。册子的使用频率低。

这些问题的出现，一方面反映了我们对学习故事文本"首先是写给孩子和他的家人"的这一初衷不太明确，很多老师认为学习故事文本就应该完整包含注意、识别、回应，否则不算一篇学习故事，不像是一篇完整的观察记录，因而孩子们不爱看；另一方面针对《儿童成长册》里可以插入哪些内容认识不明确，除了儿童作品、观察记录，还可以有什么呢？

遇到问题之后，我们再次求助周菁老师为我们答疑解惑，周老师提出了三个问题："成长册是谁的？给谁看的？成长册是否便于幼儿的取放和阅读？"带着这三个问题，我们开始反思，并做了调整。

(1)调整作品的收集、帮助幼儿在作品上记录当时的心情、话语，而不是直接将儿童的作品塞进去。

(2)除了有按照模式写的学习故事外，还增加了一些比较简便的观察记录。

(3)发动家长，也试着通过撰写学习故事记录儿童在家的魔法时刻。这样册子的内容就可以丰富起来了。

我们还将《儿童成长册》的位置做了调整，放置在孩子便于取放的地方。

2.《儿童成长册》2.0 版：小小手抄本，留住儿童的精彩瞬间

第一版的成长册内容十分简单，从形式上看，我们总觉得有些生硬。于是到了 2014—2015 学年，我们决定进行调整。我们用相册集代替文档夹，感觉

这样会更有温度，我们希望这个册子可以在毕业时作为一个礼物送给儿童。在内容上，这一版在自我介绍的基础上，增加了家长寄语以及全家福照片，这些都由家长制作完成，剩下的是儿童在幼儿园里发生的精彩故事，以图配文的形式设计粘贴而成。这一版的内容多以观察记录为主，这些观察记录有的是正式的学习故事文本，有的是非正式的观察（一张照片，配上教师简短的对照片背景的描述）。制作以手工制作为主，班级教师分工，以月为单位整理内容。我们希望让它看上去像一本儿童能够读得懂的绘本，我们将它放在了图书区，让孩子可以互相分享。老师们说，在图书区里，孩子们经常会主动拿着册子，对着照片，给同伴讲里面的故事。

当孩子彼此共享阅读成长册成为教室里经常发生的事时，有一天，沈老师突然有了一个想法：是不是可以搞个成长册开放活动，让家长们也来看一看呢？这可以让大家更直观地感受"学习故事"。于是第一期"为故事小主人点赞"的成长册分享活动正式开启了。老师们为每位家长都准备了便签记录纸，家长们可以在欣赏时记录自己的观后感——说说哪本册子最打动你！最重要的是，不忘为小朋友的精彩时刻点赞！这样的分享活动获得了家长们的高度认可，也让家长们看到了老师们在用怎样的方式观察儿童，让家长了解到我们在教学中更重视什么，有助于促进家园达成更好的教育共识。

在欣赏故事的过程中，有的家长边看边说："每次回家总能听到我的孩子跟我叙述幼儿园一天所带给他的惊喜与进步，今天来到幼儿园分享每一位孩子的成长经历，真切地感受到和看到了孩子们的变化。"

《儿童成长册》的分享活动，让家长看到了老师们满满的爱，看到了孩子们幼儿园生活的快乐与幸福。有一位家长在《儿童成长册》分享活动后感慨地说："我们的孩子很幸福也很快乐，因为他们生活在一个有爱的大家庭中，每天都有这么一群辛苦而美丽的老师围绕着他们，陪伴着他们的成长，并帮助我们走进孩子的内心，引导我们读懂孩子、理解孩子、支持孩子，老师们辛苦了！"

但是这一版的《儿童成长册》，需要老师手抄，给教师增加了工作量，而且册子里的内容只有观察记录，过于单一，难以体现儿童学习丰富全面的内容。于是，我们又进行了调整。

3.《儿童成长册》3.0 版：五花八门的档案册

2015—2016 学年第一学期，儿童成长档案又换成了原来的文档夹，但是这一次，我们没有对里面插什么内容提出详细的要求，希望老师们尝试自主建构！因各班级儿童学习具体内容的差异，所以，选择什么样的内容入册，由教师自己决定。幼儿园会在学期末组织老师们进行儿童册分享活动。

一个学期尝试之后，在分享时，我们看到不同班级设计出了完全不同的档案册，翻开有的班的成长册，我们发现完全就是儿童作品收纳袋，里面连一篇儿童学习故事都没有。而有的班自己设计了目录，将册子分成了自我简介篇、故事篇、作品篇三大块，但是对孩子的作品也很少有说明。有的班则已经开始将成长档案定期发给家长。

在分享中，我们发现，老师们对于《儿童成长册》里可以插些什么、怎么插不太清楚，经过一次教研讨论，我们共同梳理出了《儿童成长册》里都可以放些什么。老师们都希望，园方能给一个目录，然后一些目录的固定页也能定下来，这样老师们在插的时候，就会有序，看着也不乱。

4.《儿童成长册》4.0版：编制《儿童成长册》目录，形成"成长评估体系"

在老师们的要求下，我们在2015—2016年的第二学期制定了第一版《儿童成长册》目录（见表2-4），并全园发行，对《儿童成长册》在形式上进行了一定程度的统一。

表 2-4　第一版《儿童成长册》目录制作及说明

页码	内容	意义
P1	带有幼儿园 logo 封面	体现幼儿园的文化
P2	宝宝简历	了解"我"的样子、兴趣、爱好
P3	全家福照片，家长的话	让儿童在翻看或与同伴分享时，可以互相介绍；体现家长对儿童新学期的期待
P4	班级教师及教师的话	班级教师及每一位教师的教育宣言
P5	幼儿园教师宣言	体现我们要做怎样的教育者
P6	家长公约	希望在这个集体里做什么样的家长
P7	班级文化	体现班级的整个氛围
P8	致家长的一封信	用温馨的口语表达，讲明《成长档案》的意义、作用、用法、要求、制度（什么周期发给家长看？请家长配合记录什么？）强调《儿童成长册》不同于简单的"作品集""故事册"，而是记录儿童学习与成长、伴随儿童一年、几年甚至一生的历史印记
P9	我的手（脚）印	注明时间、地点，孩子的话
P10及之后	五大领域发展目标	不同领域目标一页呈现，每页后面附儿童相关领域的作品

有了目录之后，教师往里补充内容就方便多了，清晰的条目也让教师们开始有意识地收集儿童一日生活里留下的种种学习痕迹：各种任务作业单、自主

游戏时的读读写写画画、各种记录单、计划单等都被教师放进了《儿童成长册》。《儿童成长册》不仅记录了孩子在幼儿园学习和成长的轨迹，而且帮助教师宏观了解儿童发展的整体性，便于教师自查自检。如果某一儿童涉及社会领域的内容很少，教师就需要在日常的观察中给予更多的关注。此外，在翻看《儿童成长册》的时候，内容构成的比例也可以帮助教师回顾班级活动中课程的结构：是儿童自主发起的学习内容多，还是教师预设和主导的学习多，它可以侧面反映班级不同性质的活动的比例。

这一版《儿童成长册》沿用了将近三个学期，其间，我们还陆续增加了新的内容。如儿童发展评价报告（量化）、我的自画像等内容。这些内容的添加主要为了全面呈现儿童成长，从过程性的成长轨迹到结果性的发展评估，完整刻画儿童的学习与发展。《儿童成长册》逐渐成为班级课程的重要组成部分，直到有一天，我们发现班级成长档案册里，作品、作业、照片普遍多了，但是学习故事少了，甚至有的班级里，家长写的学习故事比老师都多。我们借此机会，通过多次教研，让老师感受学习故事文本在《儿童成长册》中的作用，带着老师从幼儿园教育理念的视角自我对应《儿童成长册》的现有内容，形成了幼儿园以"四有"教育理念为核心的《儿童成长册》评估体系（见表 2-5），让老师们更加清楚《儿童成长册》不同部分的内容存在的价值和意义。

表 2-5　《儿童成长册》评估体系（2018 年制）

核心 （主线）	表现 （内容）	关键 （评价要素）
封面	园徽、园名、地址、班级	呈现文化
有生命	（1）《我的简介》——儿童 （2）《全家福》——与家长和班级相关的均可 （3）《我的足迹》（或手印） （4）《我的自画像》 （5）《我的生活》 （6）《三义里一幼儿童发展评价》——学期初，有"家长分析""教师建议"	呈现"真实、自然、成长、共情、社会"的生命状态
有温度	（1）《幼儿园课程简介》《儿童成长册简介》《我的老师》 （2）《班级文化》 （3）《致家长的一封信》 （4）《家长文明公约》（或《家长宣言》） （5）《教师宣言》 （6）《儿童宣言》	呈现"教师—家庭—儿童"的关系

相信每个人的力量

核心 （主线）	表现 （内容）	关键 （评价要素）
有力量	(1)《五领域发展目标》 (2)《学习故事》——个人 (3)照片：反映儿童日常生活各种状态，并有注解 (4)作品：有说明（作品题目、制作时间、制作地点、教师姓名、教师对儿童作品内容的记录和解读）	呈现"好奇—兴趣—感知—探究—学习—贡献"的发展过程
有力量	(5)儿童的理论：儿童对班级话题、兴趣、活动表达的自己的想法和见解 (6)对话记录：集体、小组、儿童之间关于某个知识、事物、新闻的讨论和对话 (7)集体学习故事：集体活动、集体教学、挑战等 (8)家园共育：幼儿园活动的通知；家长的学习故事征文 (9)期末自画像 (10)儿童生长发育情况记录 (11)儿童体能测试记录	
有色彩	(1)《三义里一幼儿童发展评价》——期末，不需要"家长分析"，必须有"教师评语（个性化学习和发展分析）"，评语内容必须以形成性评价的学习故事、作品、照片、对话等的证据说明 (2)老师的话（同"教师评语"是一份） (3)家长的话	呈现"独一无二的发展状态"和更多可能与期待

然而，随着我们对儿童、对观察记录的认识不断变化，我们在翻看《儿童成长册》时发现，很多孩子的成长册里固定页的内容比实际的内容还要多，而且这些类似宣言等等的内容全是文字，儿童也看不懂。《儿童成长册》被儿童使用的频率再一次变低了。这引起了我们新的思考——《儿童成长册》为谁建？是谁的？我们突然意识到，我们对它的要求逐渐开始成人化、目的化，我们希望《儿童成长册》成为宣传幼儿园教育理念，展现教师专业能力、促进教师实现更好班级管理的媒介，我们发现这样的儿童成长册离儿童越来越远，不像是儿童的册子了……

5.《儿童成长册》5.0版——回归儿童，让《儿童成长册》成为儿童能看得懂的一本书

2019年，我们再次进行调整，开始从儿童的视角思考，儿童会希望属于

他们自己的成长册是什么样的呢？于是，在一次期末《儿童成长册》分享中，我们和老师进行了讨论，到底什么样的册子，会是儿童喜欢的，愿意看的并且贴近儿童的？老师们这样说：

巩凡老师：册子让孩子感到自豪、是孩子的存宝箱。

徐伟老师：在故事中体验自己的力量，在册子中看见更好的自己。

崔雨晴老师：《儿童成长册》就像一面镜子，让孩子看到自己。

陈莉老师：记录自己最美好的童年。

习羽老师：记录孩子在幼儿园成长中的点点滴滴。

冬雨老师：童年生活的见证，独一无二展现自己的书。

杨议老师：是时光卷轴，记录孩子的成长变化。

池雨蒙老师：对儿童当时、当下是一种力量，对长大了的儿童来说是一段难忘的经历。

韩梦楠老师：成长轨迹，对家长来说能看见一个在家时看不见的他/她，老师能看到每一个孩子。

沈佳老师：是孩子建构积极自我认知的见证。

张莹老师：对孩子来说是一份回忆、一份信任、一份鼓励。

张雪老师：是一种理念情感力量的连接，还是图片故事与学习故事的连接，是每一个孩子成长的连接。

在这之后，我们丢掉了条目众多的目录，改成了这样几大版块：自我介绍、我的兴趣爱好、我的幼儿园(儿童每学期自己拍摄的幼儿园照片)、我的自画像、我爱我家、我的故事、我们的故事(集体故事)和我的作品，内容设置及间隔页均以儿童的视角第一人称命名，通过这样的方式，让老师们在制作过程中，时刻强调这是儿童的故事，是为儿童而建的观念。

表2-6　《儿童成长册》内容说明(2019年制)

内容	说明
(1)《儿童成长册》时间、全体教师名称 2019年9月—2020年6月	侧目条：《儿童成长册》 首页：可以命名为《我的成长故事》，字体自设，全册统一 一学年期限
(2)2019年9月2日我第一天来幼儿园	可以是老师撰写的集体学习故事或返园加开学典礼内容

相信每个人的力量

内容	说明
(3)宝贝自我介绍	可以命名"我是这样的小孩",内容可以有爱好、手(脚)印、"我的新学期愿望"、"升班证书"等。手(脚)印在期末要有对比版,让幼儿看到自己的身体变化
(4)我的自画像	
(5)我的家庭	可以命名"我爱我的家人"。包括全家福、家长的期待寄语
(6)家长公约	
(7)我的幼儿园	幼儿园人、事、物的变化(环境、人、材料、班级等)
(8)领域发展目标,发展线索	可以命名为"我要学会这些""我的学习目标"
(9)我的老师	班级教师照片及简介、理念等在一页内
(10)我的学习故事	个人学习故事、集体学习故事、简拼等
(11)爸爸妈妈给我写的学习故事	
(12)我的成长	学期初家长手机自测、游戏中阶段性记录与评价、学年末教师评估(有对每位儿童的文字评语)
(13)我的作品集	带有说明、命名等教师解读内容的幼儿作品、活动照片,等等
建议:全册统一尽量不要有花边、字体一致。整体色彩、版式风格温柔、简洁,尽量选择浅色系	

《儿童成长册》的数次变革中,变化的是形式,不变的是我们想要对各项工作进行基于我们的儿童观、基于儿童、基于建立《儿童成长册》的目的的探寻。

我们希望这是一本关于儿童"学习"的档案,也是一本关于"发展"的记录,更是一本关于"成长"的历史。它以"儿童是谁""儿童和家庭""儿童和幼儿园""儿童是如何学习的""每个儿童都是独一无二的""儿童的美好童年"为主要线索,展示儿童与周围世界的关系,以及儿童是如何获得积极的自我评价、他人评价来建构独特的自己的。

我们希望这本《儿童成长册》能够让三义里一幼一直崇尚并坚持的培养"有生命、有温度、有力量、有色彩"的儿童的教育理念渗透在儿童的每一篇故事、每一张照片、每一段教师对儿童观察的记录里。《儿童成长册》为我们描绘了每个儿童独特的学习路径。

此外，《儿童成长册》通过定期分享给家长，以及存放在教室环境里，成为儿童随时随手可得的教育资源，它推动了儿童与儿童之间、幼儿园与家长之间更好地连接。

《儿童成长册》的每一次变革，不是管理者突发奇想的一次大改革，而是通过不断研究、实践发现问题、解决问题；调整档案文本的过程，也是帮助我们不断反思儿童在我们心中的位置、在课程中的位置，帮助我们重塑儿童观的过程。

我们对老师进行访谈，以期了解在老师们心中，幼儿园课程发展历程中印象最深的事，有的老师说到了《儿童成长册》。她们是这样说的：

班鑫老师：《儿童成长册》越来越体现出我们的课程基于儿童的理念，一开始我们建立成长故事册，里面通常是家长的愿望、教师宣言、儿童宣言这些内容，但是改版之后里面又多了一些属于孩子自己的内容。比如，孩子来园第一天、中一班里的我，从这样的角度去建立的成长故事册，孩子就有一种感觉：这就是我的成长故事册。从孩子的角度出发，见证他的成长过程。他们能看懂且内容生动。通过绘画、拍摄，呈现出孩子游戏时的一些状态，捕捉孩子开学初的样子，然后看到期末结束的孩子是怎样的，这些变化真正体现了孩子的成长历程。

张雪老师：成长册的历程也是逐渐在变的，内容是根据咱们这个大的课程在变的。孩子的成长册是孩子自己的成长轨迹，2015年开始的成长册和现在的成长册是绝对不一样的。2015年的成长册就是孩子的一些作品，现在的成长册里老师会加很多内容。比如，我们班的成长册分为幼儿园简介、幼儿园的老师、幼儿园的新朋友等。每个老师加的内容都有她自己的思考，让孩子感受到我是这个幼儿园的一员，环境变换跟我是有关系的，我们幼儿园新加入的老师跟我也是有关系的。这越来越体现儿童跟幼儿园人、事、物的关系。老师自己的价值观开始对《儿童成长册》产生影响。2015年老师做成长册时对内容只有一个单一的想法，如收集孩子一个学期的作品。但是随着老师的价值观和对于课程的理解的转变，成长册里面添加的内容也改变了，老师想让孩子跟幼儿园、跟自己、跟同伴、跟家长建立一种关系。

三、重视家园关系，让"观察和记录"与家庭连接

越来越多的老师开始主动把自己写的故事发给同事、主任、园长，渴望获得更多的专业对话。在受到园里老师们对自己专业观察积极支持与回应的鼓舞的同时，有的班级老师还尝试把故事发给家长，让家长也参与到对儿童的回应中。就这样，在教室里由观察引发的教师与儿童之间的连接逐渐开始蔓延，"观察和记录"开始悄悄实现幼儿、教师、家长之间更广的连接。

案 例

三次坚持

观察对象：小周（6岁）　　时间：2017年9月7日

观察者：池雨蒙

今天，我们大二班的力老师教小朋友叠被子啦！起初，你很认真地跟着老师一步一步地学习着，可是由于你的小床在力老师的身后，所以你过来问我："池老师，是这么叠吗？"我扶着你的小手，用力老师总结的好方法，边做边说："一折、二拉、三盖、四窝。"很快，咱俩一起合作就把被子叠好啦！

正当我以为你要离开你的小床做接下来的事情的时候，我发现你把我们合作叠好的被子完全拆开。你小声说："再来一遍！"这时的我没有说话，在边上静静地看着，只见你很认真地一步一步地叠着，到了第三步时，你遇到了难题，小被子变乱啦！我们一边整理一边讨论秘诀，被子很快叠好啦！

当我在帮助其他小朋友时，我发现你再一次将叠好的被子拆开，这一次你不再需要我的帮助，被子整整齐齐地被叠放在了你的小床上……

爸爸妈妈想说：

看到池老师的学习故事，我的眼眶红了，平时还会和我撒娇的孩子悄悄长大了，像一个小小男子汉，认真地对待每一件事情。我们很喜欢班里经常举办的内容各异的挑战比赛，记得中班的时候，小周参加魔尺变球挑战，从最初的抵触、气馁到后来的主动学习、反复练习，再到最后的熟练掌握。这个过程对孩子而言，是特别难的自主学习、自我挑战、自我认知过程。希望小周在今后的生活中，继续保持这份难能可贵的品质，成为更好的自己。

池老师想说：

还记得池老师吗？我可记得小班时候的你，时隔一年，你长高了，长大了，但依旧没变的是那一份认真，认真对待每一件事，每一个人……在今天叠被子这一件小事中，我看到了年仅6岁的你身上的那种坚持，叠厚厚的被子对于小小的你来说可不是一件简单的事情，你却主动重复两遍，直到把这件事情做好！你的上进心、你对自己的要求、你的认真、你的坚持感动了我。池老师希望你在未来的路上，都可以像今天的你一样，好吗？你知道吗？被子想要叠得整齐，不仅你的小眼睛与小手的配合要好，还需要很强的上肢力量把厚厚的被子拉起来，好多小朋友叠完一遍就出汗啦！你却主动叠了三遍，太厉害啦！

更多的可能：

力老师总结的叠被子四步法还记得吗？一折、二拉、三盖、四窝，老师已经打印出示意图贴在墙上啦！

不如哪天我们来个挑战怎么样？开学第一个月我们向力老师发起挑战，看看谁叠得最整齐，以后你们也可以发明新的更简洁方便的叠被子方法，然后与小朋友一起分享，好吗？

如果让你给其他小朋友讲一讲今天你这个故事，你愿意吗？

家长参与教师对儿童的回应，可以让家长亲身感受孩子在幼儿园成长的点滴、感受教师的专业，同时家长的回应也是教师基于观察之后进一步了解儿童兴趣需要的依据补充，这是实现家园沟通非常好的一种形式。而且，教师敢于把自己的故事发给家长本身也是自我鞭策的行为，是需要勇气的。

曾经我们放手对教师多长时间写多少篇学习故事不做硬性要求，老师们进度不一，我们觉得一个老师如果有能力把班带好、把一日生活安排得丰富充实，不把精力放在撰写观察记录的文案工作上也无不妥。如今，当我们看到一个个工作不足五年的青年教师在专业领域里崭露头角，纷纷脱颖而出，我们意识到，用心观察、尽力识别，认真记录对教师专业发展非常重要。无论以前你是多么富有经验的老师，还是毫无教学经验的小白，在面对儿童的时候，如果我们能清空头脑中"我以为是""我认为是""大概就是"……这样的想法，认真倾听孩子们的心声，在还不太了解他们正在想什么、正在学习什么的时候，用一张纸写下他们说的话以及你的观察，你就有可能通过反复回顾自己的记录，发现孩子们到底在干什么、想要干什么。你就能更加敏锐地觉察到儿童正在经历怎样的学习过程，你可以怎样支持和跟进，并且参与其中促进儿童进一步学习和发展。无论你采用何种方法和手段去"观察和记录"，只要你肯用心倾听寻找儿童的声音，"观察和记录"就有可能帮助你找到你要寻找的东西。

想要让"观察和记录"有意义、有价值、可持续，并促进儿童的学习与发展，需要一系列的机制保障。这些机制的建立，体现的不仅是管理方法和策略的运用，更是幼儿园里人与人之间关系的建构，亦是一种文化，一种平等、支持的氛围。重视"观察和记录"与儿童、教师、家长、幼儿园环境等建立连接的目的，是让"观察和记录"能成为联结儿童、教师、家长之间情感和关系的纽带！"观察和记录"也只有在这样动态的联结中，才能让我们感受到它是有用的，并且是有价值的。

本章结语

伴随贯彻落实《指南》精神的进程，我们在幼儿园不断寻找"如何认识儿童、理解儿童"的答案，重塑自己的儿童观，做出了调整课程的选择与初步尝试。

后来，受新西兰"学习故事"理念的影响，我们努力发现身边每一个儿童的力量，进一步探寻如何在民主、开放的教育生态中构建与之相适应的幼儿园课程。在大胆进行幼儿园课程改革的同时，我们也逐步尝试构建与"基于儿童""重视关系"的幼儿园课程相匹配的"观察和记录"机制。

在我们看来，"观察和记录"是幼儿教师的一项专业技能，也是与幼儿、家长，乃至整个教育环境相连接的一种专业态度。

时至今日，我们之所以依旧选择借鉴新西兰"学习故事"的思维和行为模式对儿童进行"观察和记录"，是因为这样的实施路径得以让"观察和记录"在教师与儿童之间、教师与家长之间、儿童与儿童之间传递情感、增进关系，具备了极大的可能。这也是我们希望的除了促进儿童发展、强化课程之外，"观察和记录"所能承载的多重意义和价值。

当我们不再纠结学习故事的文本体例、篇幅长短，"观察和记录"就有可能融入教师教学的日常。我们发现真正的"观察和记录"未必需要太多的语言，未必在乎以什么样的格式、什么样的形式撰写，它应该是教师从内心出发愿意主动去做的一种行为。

因为观察，所以看见；因为看见，所以思考；因为思考，所以记录；因为记录，所以看懂；因为看懂，所以传递；因为传递，所以更愿意在一起，更有可能发生新的观察！就在这样的螺旋推进中，老师们越来越能够体会到自己进行"观察和记录"的意义，也越来越能在"观察和记录"中发现儿童巨大的能量，以及每个孩子独一无二的作为有能力、有自信、积极主动的学习者和沟通者的形象。

但是，如果仅仅做到带着欣赏的眼光看懂孩子们每天有自信、有能力的学习与发展，教师就能跟得上孩子们成长的步伐吗？

第三章　作为管理者，我们真的能帮助教师和儿童一起奔跑吗

当三义里一幼全体教师的儿童观不断得到重塑时，作为管理者，我们一直在强调：坚持对儿童进行观察（倾听），并借助非正式和正式的记录，形成多元化的叙事性评价文本，养成对儿童的学习做进一步解读的习惯，鼓励讨论和思考拓展、延伸儿童学习的多种可能，并在尊重的基础上运用多种支持策略，促进儿童螺旋上升式地学习和发展。

但是，在实践中，"静待花开"反而成了常态。比如，教师经常这样回应儿童——"你再试试看吧""这个办法不错，你接着做吧"。我们一方面惊喜于教师开始退后、等待，愿意跟随儿童的兴趣；但另一方面，我们也在思考：这样"静待花开"的背后，教师是否发挥了教育者应该发挥的作用？尊重儿童、促进儿童学习和发展，仅仅"静待花开"就够了吗？作为管理者，我们在教研管理、教师培养等方面究竟应该怎么发挥作用，引导教师深入思考和理解"等待"的含义呢？

回顾五年来的教研和教师培训管理思路，我们发现有四条主线在帮助教师改变消极等待，学习如何抱着积极期待采取适宜行动。

（1）观察—解读—建构学习者形象；

（2）创设支持主动学习的环境；

（3）构建基于儿童和关系的课程；

（4）促进教师专业发展与综合素养的提升。

过去，我们经常会组织教师进行专业技能技巧的基本功展示活动，涉及弹琴、唱歌、舞蹈、绘画、讲故事等。很长一段时间，这些侧重艺术领域的基本功都被视为幼儿园教师的专业门槛。诚然，这些技能可以通过短期强化训练获得提升。但是，年轻教师回到日常带班、回到与幼儿朝夕相处的日子，这些基本功又能发挥多大作用？教师对幼儿学习与发展水平的把握如何做到准确？如何减少教育的随意性，提高保教的科学性，提高幼儿园教育质量？

2012 年，教育部颁布《指南》，为教师架起了理念与教育实践之间的桥梁，并明确幼儿教师专业素质的核心是了解幼儿、有效帮助幼儿学习与发展，教师需要了解幼儿的知识与能力、科学保教的知识与能力，掌握各领域核心价值与关键要素。2016 年，教育部又颁布了《幼儿园教师专业标准（试行）》（以下简称

《专业标准》），其中基本理念的第三条"能力为重"主要指向保教实践能力，包括把学前教育理论与保教实践相结合；研究幼儿的能力，遵循幼儿成长规律，提升保教工作专业化水平；坚持实践、反思、再实践、再反思的工作习惯，不断提高专业能力。这些能力都不属于我们过去理解的教师基本功的范畴。通过对《指南》和《专业标准》的深入学习，我们认识到，幼儿教师专业素质的核心是：了解幼儿，有效帮助幼儿学习与发展。

因此，我们把幼儿园的教研定位在"和儿童一起奔跑"。这不仅意味着和儿童在一起的教师要懂孩子，能跟上儿童的节奏，做到"跟跑"，而且还要能调整自己的教育节奏，做到"陪跑""领跑"等不同状态的灵活切换，在"共同奔跑"和研究如何"共同奔跑"的过程中呈现出温暖、智慧、有力量的教师专业形象。

我们开展教研和培养的四条主线，涵盖儿童、幼儿园教育与教师专业发展三个方面。其中，围绕幼儿园教师专业发展方面的教研又分为两条轨道：专业素养和基本素养。前者一般通过园本研修、培训等实现阶段性的专业能力培养目标，以提升教师专业素养在不同领域的协同发展；后者需要以多种方式、多条途径来开展，长期滋养，在提升专业能力的同时关注教师能否不断丰盈自己、持续学习，能否始终对生命、生活、自然、国家、民族保有热爱。

我们思考：如何才能不只是把教师当成一份安身立命的职业，更是让教师成为爱生命、会生活、爱学习、敢创造、有思想和理想信念的生命体？我们如何通过教研、教师队伍培养的多种方式，树立新时代幼儿园教师形象，持续激发教师的成长内驱力，塑造幼儿园文化？

第一节 "基于儿童"，提升教师观察、支持、推动儿童学习与发展的能力

作为幼儿园的管理者，我们一直在思考：如何借鉴新西兰"学习故事"评价体系中"注意—识别—回应"的思维模式，去推动教师更有质量地观察、记录身边儿童的学习，尝试读懂儿童的学习与发展，激发教师跟得上儿童学习与发展的步伐，发挥教育者作用、体现教师专业素养，而不永远是那个在儿童身边说着"你真好、你真棒、我为你骄傲"的"跟跑者"。

我们借鉴新西兰"学习故事"评价体系的初衷，是希望通过撰写"学习故事"，发现每一个儿童的力量，听懂和读懂每一个儿童的心声，和他们共同建构学习过程，贯彻落实《指南》精神。一开始，我们希望通过"学习故事实验班"带动老师们自发开始写"学习故事"，并通过一系列聚焦教师撰写的"学习故事"文本的教研活动，引发教师对文本背后的保教现场的反思与研究。但当我们回

头对这些过去的教研活动进行再反思时，作为管理者，我们又在思考：我们开展这些教研活动的实际过程，究竟是起到了促进教师反思实践的作用，还是仅仅帮助教师弄清了如何写好一篇篇《学习故事》？

一、试着读懂每一个儿童的学习，寻回写"学习故事"的初心

在 2015 年，教师在模仿新西兰老师撰写的"学习故事"的框架时，常常主动询问管理者："您看看我这篇写得好吗？""有的小孩没有令人惊喜的作品，但能把自己的事情做得很好，这是他的常态，还是独特的学习状态？""为什么我写的故事结尾都差不多？""为什么我记录的故事都是偏科学领域的操作、制作、手工类的学习内容？""似乎除了提供图书、材料也没什么策略了。"

这些问题引发了我们的困惑："为什么自然探索、社会交往、情感体验类的学习故事几乎没有？""为什么令我们感觉温暖、心头一颤的学习故事越来越少？""为什么很多故事看上去都差不多？"

业务管理人员曾在 2016 年年初对全园教师的 153 篇学习故事做了仔细阅读和回复。现在，当我们回头再看给老师们的回复时不难发现，作为管理者的我们当时更关注的究竟是什么，由此才能理解老师们大量模仿的根本原因。

比如，在看完中班张莹老师撰写的学习故事后，管理者给予了这样的回复。

我认为写这样的故事根本不算难事，不是我特别爱写、爱煽情，而是我写每个字时考虑到读者——儿童、家长，所以总会尽量写得美、写得全、写得精深微妙些，因为我坚信，我们的声音是有力量、有作用的，不会只停留在此一篇彼一篇就结束了，是一定会被儿童和家长珍视的。每每想到这些我就控制不住地写出充满情义的语句来……当然我不会要求所有老师都跟我一样，我也是从每篇新西兰学习故事里一字一句一点点揣摩出来的。

管理者的回复虽然是基于文字描述中的学习内容，但却在"如何写得精深微妙"上笔墨过重，把重点放在了"写什么""怎么写"上面。诸如此类表述的回复还有很多，这些回复虽然在当时能给老师们带去一些帮助，但是某种程度上却在暗示老师们把更多精力放在"写"的上面。当时，幼儿园的老师们高度重视写，有的老师特地把写有管理者回复的观察记录文本打印出来，贴在电脑旁边，参照着这些建议继续去写。

但是，现在回头看，我们很明显地意识到，如果要提升教师读懂儿童的能力，从而实现撰写学习故事的真正目的，光靠"写"是不够的。

回顾五年来的园本研修历程，我们在初期确实潜移默化地被"写"好故事牵绊着，而忽略了通过记录故事"看懂学习、看见学习者"。再反思当时的学习、培训大多以宣讲理念、树立观念为主，大口号下的教育语境被教师转化到记录

73

儿童学习过程的描述时，也就频繁出现了口号中的儿童。

因此，当时的"学习故事"从文本体例上看显现为"倒三角"形状的记录。从"观察"到"识别"再到"回应"逐步缩水的原因，不只是文字量呈现出的回应策略少，还有教师对儿童的全方位关注和解读不够充分、翔实。我们期待从一篇篇文字记录里看到教师在努力走近、倾听、问询、关注、解读儿童的学习全过程。我们意识到，需要帮助教师缩短"刹那走近的观察记录"与"持续走近的关注记录"之间的差距。

我们要再次"狠心"地问自己：我们的教研真的能帮助教师和儿童一起奔跑吗？"倒三角"只是对文本结构的一种比喻，但透过文本篇幅看到的是：教师需要在"解读儿童学习"中有更多修为，教研管理需要由"点评故事、帮助教师写好"转向"读懂儿童、激发教师更适宜地促进儿童的学习与发展"。

我们一起行动，"就地取材"，拿文本"开刀"。请每位老师把自己一学期撰写的各种形式的观察记录罗列出来，一一识别并分类，看看体现情感、态度、能力、知识、技能五大类发展的记录各有多少篇。老师们一番自检后共同发现，偏向于操作、体验、制作、创造等的技能类学习内容占95%，体现情感、习惯、品德、交往、运动、同伴关系等学习的内容少之又少。老师们惊讶地发现，不是儿童的学习少，而是我们窄化了儿童的学习，注意力都放在有作品、有方法、有结果等当即显效的学习上，而忽视了情绪、习惯、能力等长期滋养而得的学习。

既然老师们已经从自己的记录文本里找到可以关注儿童学习的更广泛的学习内容，我们就一鼓作气，以"扬优"替换"抑错"，请教师分享自己认为最好的观察记录，互相阅读、梳理共性，探寻好《学习故事》里的学习与学习者形象之间的关系。

开展以文本为切入点的教研活动，重点并不是如何写得工整、全面、优美动人，从文本中探寻儿童的学习线索、探寻确定儿童的学习后如何给予持续呼应、用记录树立儿童学习者形象才是重点。

1. 向内研究，探究故事内涵与意义

2016年6月，我们以"分享'故事'看见学习"为题进行教研活动。让每位教师提供3篇自己认为最好的故事，互相品读，看后在文本结尾处用★标注自己的评价"让我非常欣赏、眼前一亮的内容"。再请大家根据标注★的内容提炼一句话，回答"好故事具有怎样的要素"。

徐伟老师：这种独特的学习能让孩子和老师都知道下一步做什么。

李越红老师：记录教师、幼儿、家长互相作用的关系。

韩梦楠老师：能看出当时的学习线索和更多可能。

图3-1 教师围绕"好故事的要素"进行教研

陈莉老师：能传递教师教育信念，也能连接家园。

尹秋红老师：记录主角是儿童，能看到儿童独一无二的学习过程。

张雪老师：可以图文并茂，能让儿童看懂、喜欢。

巩凡老师：记录中的教师，既跟儿童有情感的互动，也能列出可持续支持的计划。

崔雨晴老师：记录的"注意"部分里有教师的身影，能看到教师的作用及其与儿童的关系。

班鑫老师：好故事里能看到儿童的学习兴趣、意图，也能让同伴、家长欣赏。

沈佳老师：记录的故事是站在儿童的角度去观察和陪伴的过程。

汪苑老师：好故事能把文本里的学习拓展到文本外，拓展到别人身上和环境当中，以及以后的生活中。

池雨蒙老师：好故事能看到儿童享受多少机会和权利。

我们试着把老师们列出来的内容做分类、合并，提炼出"好故事"要素：

(1)让读故事的人产生情感共鸣，**建立连接**；

(2)体现儿童是怎样的**学习者形象**；

(3)激发教师对更多学习做出**预期和适宜的规划**。

这三个要素就是我们"为什么写学习故事"的最佳答案。我们再接再厉，对照文本自我检视是否体现了三个要素。

班鑫老师：我记录的学习线索很详细，但最后的规划似乎弱了下来，情感支持比较多。我可以再分析学习过程，可以有工具、环境、材料、信息方面的支持。总之，为了有效呼应孩子的学习，可以提供更多资源。

池雨蒙老师：我记录的学习过程体现出幼儿在频繁与周围事物互动，老师也赋予他/她更多选择权，激发其思考。连续的记录可以看出幼儿是怎样的学习者，他/她的持续学习有怎样的规律，这样就可以设计适宜的持续支持策略。可是在记录里没有体现跟家庭有怎样的连接，我可以试一试。

张雪老师：在注意部分描述儿童"猜想—试验—观察—判断—分析—总结"的持续探究的言语和行为，识别部分对应言行判断探究的"是什么"。回应部分可以根据"是什么"做相对应的预期和计划，就是"怎么"。不断循环持续的关注也要体现在现场和记录后的更多互动中，不只是文字中的接纳和尊重，可以有更多现场中的呼应和挑战，这样故事中的学习、现场学习都有生命了。

在教师的反思中，我们看到频繁出现的一个词——"现场"。想让教师的观察记录不只呈现文字中的情怀荡漾，也要有现实中的甜酸苦辣，我们需要一起从文字里描述的学习回到现场动态的学习，探讨教师可能从什么样的视角观察和理解儿童学习的内涵。于是，老师们列出从文字到现场需要提醒自己注意观察的几个方面：

（1）是否对学习现场的环境以及与学习者关联的人物，有所观察和记录？

（2）是否对学习者动作、语言、情绪情感的变化，有所观察和记录？

（3）是否对学习者受到怎样的影响，有所观察和记录？

（4）是否对观察者与学习者之间的互动，有所分析和记录？

这次教研活动进行及时，以探寻倒三角文本体例的记录成因为切入点，再次明确了观察记录"是什么、为什么、怎么做"的三重目标。阶段性实践研究使管理者和教师共同明确，拿文本"说事"绝不是纠缠于"写"得多么"煽情"、文字措辞多么浪漫、文本"完美"得像篇论文，而是通过研究重申借助学习故事文本的思维模式，将教师的观察视角"拽"回到生动、鲜活的学习现场，帮助教师以好奇、尊重、接纳、认同的视角来看待儿童的学习，用倾听、陪伴、互动的言行了解儿童学习的内容和过程，用对话、环境材料、持续活动等方式不断回应以促进儿童学习的持续深入。"注意—识别—回应"不应只是停留在文本体例里，而应保持在教师欣喜于儿童成长进而给予匹配支持的行动中，不断以一个理念、信念激发更有生命的学习，使独特的记录方式成为见证教师观察、支持、读懂儿童学习的有力证据。

借鉴新西兰"学习故事"理念之初，我们确实将教研和实践更多拆分为"看学习""写故事"，以为找到了能替代传统"观察记录"的文本记录方式，而相对忽略了调整教育行为。最初的模仿是学习的必经之路，无可厚非，但如果被"写"的套路所固化，对"为什么写""为谁写""写的是谁"以及"写完之后怎样"这些前因后果没有更多思考，也就无法实现推动儿童学习持续深入的发展，无法推动教师专业发展需求和专业标准的达成。

此次活动也开启了教研管理新局面，打破由管理者一人看故事、评故事的

"管"，把教师聚集起来，邀请那些被同事们认为离儿童最近、最懂儿童的教师剖析文本、提炼要素，找到意义，实现共同的"理"，通过共享教研管理让教师拥有发言权、研究权、决定权。这个过程为建构教研文化打下基础——基于相信每位教师是有能力、有自信的学习者的教研文化。这样的教师形象也渐渐在教师们所撰写的学习故事中浮现出来。

比如，韩梦楠老师撰写的系列学习故事《骏骏和他的轨道》，你会在故事里看到怎样的儿童形象和教师形象呢？

在韩梦楠老师带着情感和爱撰写的连续学习故事里，我们看到小小的骏骏如何寻找自己喜爱的事物，投入到游戏里，渐渐适应中班生活，和大家融合在一起。骏骏还用自己的想法、做法影响全班，慢慢成为班里很重要的人，也成为独特的他自己。这个过程里，老师用连续的拍照、写故事、分享实施着"持续性观察—反思—行动"的教育行为，无须多少说教和用力引导，慢慢地，老师、同伴等都被骏骏接纳并喜爱。在故事中，我们看到韩老师有两次表达"担心"，这里我们更愿意理解为这是在发挥斡旋者、计划者角色作用之前的动心！正是由于老师的动心、走心，我们才看到成为"搭建高手"的骏骏，同时，是不是也看到了"善于表达和交流""乐于分享和贡献"的骏骏呢？这些都是我们希望看到的——一篇篇故事刻画鲜明的学习者形象，但这些形象并没有就此固化。当一个孩子生动、多面、立体的学习者形象被看到，并在充满爱和尊重的关系中形成和发展，不就是向着丰盈、丰富的未来人生成长吗？

这里我们也看到一位不限于"尊重儿童、跟随儿童"，还在努力"支持推动儿童发展"的教师形象。教师没有满足于"发现儿童力量"的一时欣慰，而是以多种方式"发出教师力量"。教师一直在努力、切实有效地推动儿童发展。

2. 向外拓展，文本激发动态学习

学习故事是教师"观察—读懂"幼儿时使用的众多记录方式之一。在三义里一幼，我们之所以选择运用它、研究它，是因为它实现了《指南》倡导的"尊重个体差异、重视学习品质、理解学习方式、关注整体发展"的原则，也与幼儿园"做好有生命、有温度、有力量、有色彩的幼儿园教育"的理念完全契合。但是，儿童学习是广泛、复杂和带有情境性的，这就要求教师的观察记录不仅要把儿童学习的线索记录下来，还要为教师理解和制订支持学习的计划提供依据。

一篇学习故事的文本应该具有两个作用。

（1）向内回归：回归幼儿，让幼儿在学习故事里看到"我是这样学习的"；回归家长，让家长在学习故事里看到"孩子是这样学习的，老师是这样支持的";回归教师，让教师在学习故事里看到"孩子在怎样学习、我将给予什么样的与之匹配的支持"。

（2）**向外连接**：连接幼儿与同伴，读学习故事给幼儿听，建立同伴之间的互相了解和欣赏的关系。连接班级与家庭，把学习故事发给家长，鼓励家长看到教师的回应后利用家庭资源持续支持幼儿的学习，可以在学习故事中回复家庭学习故事。连接学习与课程，一篇或多篇学习故事中相对集中、同类的事情可以分别罗列在下周的班级计划中，如发起游戏主题、提供材料、改变环境、家园共育、集体教学等。

从学习故事切入进行的教研活动是三义里一幼教育实践与探索旅程上的一个分水岭。通过教研，我们深切体会到，在这条专业发展道路上，我们需要健硕的身心，教育情怀和专业能力也一个都不能少。有情怀的教育是创造，没有情怀的教育是制造。没有情怀的教育是不行的，但仅有情怀的教育也是不行的。既是引领者也是学习者的教研管理者认识到，教师对儿童观察后的解读出现"喊口号、下定义"现象，这有着多种原因。教育理念被内化并实践之初必然会经历"记口号、说道理"阶段，我们先被"相信儿童是有能力、有自信的学习者和沟通者"这句话震撼并影响着，而这个阶段也恰恰进行着以宣讲理念为主的教研活动，因此这在明确目标的初期是比较适宜的，教师先拥有"相信"的目标和教育情怀，再回到实践思考，进一步探讨为了实现这个目标需要哪些具体的教育行为和途径。教研活动随之也要改宣讲类教研为行动研究类教研，后者旨在倾听教师的困惑、需求、向往、经验、策略，以实践中的困惑、需求为教研主题，确定联手共跑目标，创建"每个人都重要"的教研管理文化。

二、既是看懂眼前的学习，更是规划课程的未来

经历了拿文本"开刀"并初尝成果，已经跳出舒适圈的教师需要继续探索。如果我们想要将"观察—解读"的作用发挥得更大，就要视自己为和儿童共同创造课程的伙伴教师，并把我们的"观察—解读"和儿童自己、家庭、教师、管理者的关系联结起来，思考写完故事后我们还能怎样。

1. 写完故事还能怎样

在 2016 年 12 月期末分享时，我们欣赏到小班巩凡老师记录的《银杏叶落下来以后……》案例，这是一篇集体学习的观察记录，描述幼儿看到如地毯般铺洒的银杏叶后，千姿百态的想象。当看到文中每位幼儿对银杏叶的观察描述和玩法期待时，我们迅速行动，进行了一次名为"看见儿童、看见教师"的旨在通过案例分析帮助教师将学习故事与课程建立连接的教研活动。

我们把《银杏叶落下来以后……》案例打印出来，请老师们仔细品读，然后再按照研究步骤（见表 3-1）逐一探讨。

表 3-1 围绕案例《银杏叶落下来以后……》的教师支持策略的教研讨论

研究形式	个人研究			三人讨论		全体研讨
研究内容	品读案例，按事件发生顺序，记录看到的学习内容	对应这些学习内容，逐一列出可以支持的具体策略	将支持策略按需要等级排序	把支持策略按学习方式和活动内容分类	对应周计划内容，将支持策略的分类罗列其中	每级代表分享，共同梳理
研究目的	对关键经验解读的能力	进一步支持学习的教育技能	尊重需求、重视最近发展区的适宜性	推进学习内容归类的能力	设计活动、建构课程的能力	表达、思考、与调整的能力

在剖析案例中发生了哪些学习时，老师们能迅速列出"点数""1 和许多""辨识色彩""叶子结构""按形状分类""借形想象"等关键经验。到第二步"对应学习内容列出支持策略"时，老师们会详细列出对应支持的学习活动，如有"每位幼儿把叶子从左向右摆好并点数—点数后得出总数—比比谁捡到的叶子多"，有"用叶子进行'1 和许多'的教学活动"，还有"收集更多叶子辨识色彩并按颜色分类""用叶子做想象添画""参观植物园"等学习活动，也有"叶子拓印画""叶子粘贴""叶脉大集合"等不同领域的集体教学活动。老师在尽可能地把与叶子有关的教学活动罗列出来，但随着预设活动的增多，我们也发现，极尽教育发展价值的活动正在远离"儿童想怎样玩叶子"的内驱学习，所谓支持学习的教育技能普遍体现在设计集体教学活动上，创设环境、丰富游戏内容等在继续玩叶子的"做中学"内容比较少。

于是到第三步"将支持策略按需要等级排序"时，教研组织者希望通过这一步把教师的设想"拽"回来，拽回到儿童身边来以及儿童视角下对"叶子可以怎么玩"的期待中去。我们听到教师边列边说："这个活动太高级了，似乎小班用不上？""其实孩子还在好奇和喜欢收集上，还没到创造呢！""孩子收集回来很多叶子，先设计怎么玩这些叶子吧？""是不是可以继续回到操场上，由银杏叶激发出对别的落叶的关注和兴趣？"老师们已经发现有些设想离儿童的经验远，或者不是当时、当下儿童最期待的，所以自然将支持策略按"最感兴趣—最想做—最能做"排列出来。这一步的教研设计意图十分突显地指向"引导幼儿在游戏活动中获得身体、认知、语言和社会性等多方面的发展"，帮助教师在计划、实施、讨论、反思教学活动设计时将精力集中在幼儿兴趣上，以此为基点解读儿童、切实有效推动儿童发展。

紧接着的第四步教研设计，是让教师把儿童的兴趣和期待与日常工作和一日生活建立联系。我们看到教师把支持策略归类为"环境创设""区域游戏""集体教学""家园亲子""参观欣赏"等几大类，而这几类恰好就是周计划中的重要版块，于是自然衔接到下一步"对应周计划将支持策略罗列其中"。教师将内容填写到周计划的相关版块里，我们也继续讨论。如果没有罗列出"银杏叶落下来以后"相关内容的版块可以做什么？老师们表示："不必生拉硬拽，按周计划相应内容继续延续上周的学习即可。"这是把儿童兴趣生成的学习与教师预设期待的发展建立连接的重要一步。最后的分享又帮助教师反思、检视自己的设计与周课程建构是否遵循儿童发展需求。

在这次"情感"与"理智"相结合的教研旅程中，我们群策群力为"写完故事还能怎样"寻找答案，初步探究了基于儿童兴趣生成以周为单位的阶段课程。对于教师专业发展而言，这又是一次提升教师"以学定教"能力的教研活动，帮助教师依据观察儿童表现和需要而调整活动，并给予适宜指导，提升教育活动设计与实施能力。

教研组织者也体会到了教研形式的转变对教师参与教研主动性的影响。在接受、理解教育理念阶段，"宣讲式教研"是一种主要方式，但是，如果没有深层次的引导，没有结合教师工作实际和教育经验，再好的理念也很难激发教师学习的主动性。如果说"宣讲式教研"是帮助教师发现儿童的力量，那么"参与式教研"就是激发教师内驱力，使之成为教学反思与再实践的主体，这些教研开始帮助教师和儿童一起成长了。

2. 解析案例，探寻课程资源

在基于日常实践的参与式教研阶段，我们继续回顾、反思：教研该如何支持教师和儿童一起成长？支持的效果怎样？我们在对教师的访谈中听到这样的声音：

巩凡老师：教研是我认识自己工作、认识幼儿园以及认识儿童的一个途径。教研对我而言是一个发现问题、解决问题的途径。教研也是一个总结回顾，剖析自我的过程。教研同样还是一个资源共享的过程。

汪苑老师：书写帮我重构对儿童学习及主动学习的认识，重构之后，我更加坚定了自己的教育行为，不再把写的故事理解为评价，而只是将其当成我认识儿童的一种方式、转变观念的一个中介。

....

管理者在更多教师的感悟中获得力量，进一步思考：要如何充分挖掘蕴藏在教师身上巨大的学习与研究资源，如何使教师在平凡的付出中体验成功、成长的快乐，如何使教师自觉追求向更高层次发展的教育思想。基于这样的思考，我们的教研形式也进入到"促成发展阶段"，我们期待以剖析案例、经验分享、话题讨论、解析困惑、实践应用、技能习得等多种内容汇成的"柔性"管理，将教师力量融合起来享受"流"体验，使教师发挥能动性，共同创建专业而富有活力的教研文化。

在前期"拓展学习—生成课程"的基础上，我们再次抓住教师实践资源，围绕沈佳老师期末分享的"从学习故事到科技周"微课程（微课程定义及实践研究过程，见本书第四章相关内容），探寻"基于儿童学习与发展建构课程"的资源。

在名为"亮出思想—展现专业"的教研活动开场时，我们从"可以从哪些视角分析微课程"出发，老师们罗列出活动内容、主要步骤、互动资源、儿童发展、教师角色作用、课程资源六个方面，接着由六位教师分别承担每个方面的记录分析任务，带领组员做不同视角的层层剖析（见表3-2）。

表 3-2　微课程记录分析框架

教师观察	各种互动	图书支持	话题、总结
陪伴游戏，记录，交流，确定兴趣点	师师、师幼、家园，各有分类记录单，记录展示	原有及新购图片，确定兴趣后自带书，班级购买图书，科学老师推荐用书	游戏后的讨论、分享、讲解等形式，集中对儿童感兴趣的沉浮、速度、射程、滑行、平衡、压力等科学现象进行讨论，形成儿童语言的定义
环境展示	科学老师	梳理原理	围绕共性知识
学习故事，齿轮秘密，光影DIY，神奇电路，百变玩具，各种房子……	每周两次小组学习，根据幼儿需要调整内容，包括实验、操作，原理	透光性、支撑、承重、一二级分享器、失重、串联并联、光敏电阻探讨等粗浅科学现象	科学老师、家长进课堂、视频、周末科技展览馆等途径获得相关科学知识
学习形式	陪伴策略	新问题、新资源	表达与表现
自主游戏，小组学习，分享课堂，科技馆，集体学习	尊重支持幼儿想法，多种媒介，图文资源，挑战问题	幼儿探究问题＋科学老师＋科技馆＋图书等，不断互相激发	从兴趣到乐趣到志趣；多种个性表达方式，独特学习方法，共性学习规律

何伟老师带领组员从微课程活动的人、事、物阶段性丰富方面做记录分析。

张雪老师带领组员从微课程的主要发展阶段及内容方面做记录和分析。

发生阶段：来自儿童"我知道的武器"，来自教师"怎样支持幼儿认识更多武器"。

教师的支持：倾听、记录儿童最初对武器的认知，组织分享会，记录儿童对哪些新武器感兴趣，观察自主游戏中儿童阅读图书、玩玩具、模拟制作的过程，记录撰写学习故事，参与话题讨论，提供图书、图片、模型，和儿童一起分类整理作品，听取儿童建议，为作品命名并分类展示，邀请家长陪伴游戏，家长进课堂。

发展阶段：来自儿童"武器的奥秘"分享会，来自幼儿园请来科学游戏指导教师。

韩梦楠老师带领组员从互动资源方面做记录和分析。

表 3-3　互动资源及效果分析

互动方式	互动资源	效果
同伴间互动	共同关注的话题，集体学习讨论，共同总结	激发更多元的表达方式，继续发起挑战，幼儿提出学习需求，共同梳理经验
家园互动	周末休息日，家长从周计划、幼儿读写本、教师小提示等渠道了解幼儿的兴趣需求，发挥家庭教育灵活便捷、更具针对性的优势，采用适宜方式	对博物馆、科技馆、生活中趣事等资源更加感兴趣，也使科学探究学习回归生活
环境互动	随时将学习故事、活动照片、问题卡、挑战问题、经验描述等展示出来。随时调整空间、用具及材料	便于幼儿回顾以往的学习和经验，有利于从行为到语言到思维的梳理、提升、概括、总结，有利于形成下一步行动和支持策略

班鑫老师带领组员从儿童发展方面做记录分析。

经验分享能力：讨论、交流制作"武器"的经验。

操作探索能力：会筛选自己的兴趣，确定目标，探索齿轮转动的原理，会向科学老师求助。

使用工具能力：能看懂科学玩具说明书，把自己的操作步骤画出来，会选择粘连物、锤子、扳手等组装工具。

言语表达能力：会用自己的语言描述科学现象，经过讨论、整理，形成科学定义。如上浮下沉、连接力等。

徐伟老师带领组员就教师角色作用方面做记录分析。

鼓励者＋观察者：给儿童更多按自己想法持续探究的空间后，了解其学习方式和操作能力，因人施教、以学定教，再次确定自己的观察是否准确。

　　思考者＋反思者：用不同方式记录儿童言行并做出分析、判断，增强全面解读儿童学习的能力，也促使教师提供与儿童需求相匹配的支持的能力提高。

　　学习者＋引导者：与儿童共同学习，掌握科学领域特点和基本知识。

　　参与者＋激励者：了解幼儿在发展水平、速度与优势领域等方面的个体差异，掌握对应的策略与方法。

　　角色转换：从赞赏者到参与者，从同行者到挑战者，从激励者到学习者，共同创造精深奥妙的学习。

　　巩凡老师带领组员从有效学习所需课程资源方面做整体记录分析。

表 3-4　有效学习所需课程资源分析

阶段	儿童言行	涉及经验、技能	所用资源	资源线索
好奇阶段	问题多，急于实验	对武器种类的收集、分类、操作愿望大，喜欢美工制作，会提出具体问题	向家长分享"学习故事"，使家长了解近阶段幼儿好奇的事物，帮助收集相关资料，回园分享	（1）人：教师，家长，科学老师，幼儿，同伴 （2）事：集体活动，家长进课堂，过渡环节的话题讨论，游戏分享，围圈时间里的经验分享及交流 （3）物：相关图书、图片、视频资料，沉浮科学小实验配套仪器等
关注阶段	话题讨论，对科学现象进行描述	共享科学玩具，了解负重轮，交流制作技能	科学老师小组教学，相关图片、图书	
探究阶段	对齿轮好奇，对负重轮好奇，开始精细制作	了解科学原理，制作潜水艇，了解重力	持续观察、记录儿童的兴趣、需要、行为表现，调整环境，提供科学书籍、图片，家长进课堂，科学老师组织小组学习	
		发现上浮和下沉现象	家长进课堂，讲"降落伞"中的重力	
创造阶段	设计并制作自己的科学玩具	画出制作图，科学老师讲解垂直稳定翼、水平稳定仪等	把设计制作图带回家，根据需要自带材料和工具，班级设置"问题墙"，展示设计图、"学习故事"、个人小妙招	

由六位教师领衔六个研究小组，围绕微课程中的活动内容、主要步骤、互动资源、儿童发展、教师角色作用、课程资源做详细记录和分析，如剥茧抽丝般提炼出微课程资源。我们继续将所有资源罗列出来，分类、归纳、合并同类项后，共同探究出推进儿童持续学习和微课程发展的课程资源，即"游戏生活—话题讨论—自然资源—文化传统—环境材料—知识技能—家园社区—节日庆典"。

通过讨论，再次把八项资源合并为四个课程来源：

（1）把幼儿的原有经验视为课程来源，包括幼儿兴趣、需要以及已经具备的知识、技能。可以从幼儿的一日生活中体现。

（2）把幼儿园的培养目标和环境材料视为课程来源。

（3）把家、园、社区的资源视为课程来源。

（4）把社会文化传统资源视为课程来源。

教研活动结束之时，也是开启教师"开发课程资源""强化课程意识"之始。在《〈3—6岁儿童学习与发展指南〉解读》中提出，一个好教师应该具备两个意识。第一，发展意识，教师对幼儿的日常行为所体现出的发展水平和发展需要，能够做出准确的分析和判断。第二，课程意识，教师在日常生活中，能够随时发现和利用可以影响幼儿发展的教育因素。

当教师更广泛地盘活课程资源时，我们也欣慰地看到，教师努力将探索、交往等实践活动作为儿童最重要的学习方式，重视幼儿园、家庭和社区的合作，综合利用各种资源，引发和支持主动活动。这正是《专业标准》中对教师专业理念、师德和专业能力的要求。

探索课程资源之时也是澄清理念、坚定目标之时，我们既看到教师重视个性与共性学习线索从而推进微课程，也看到教师在"鼓励对话与反思"的教研文化中迅速成长、成为教研主力的过程。这个过程让我们欣喜并享受的是"幼儿＋教师＋管理＝在一起"的状态。作为案例提供者的沈佳老师更是最大受益人。沈佳老师在教研后动情表示：

回归幼儿园团队后，我以为自己错过了实践、成长、学习的最佳时间，错过了改革的高峰期。我也曾经因迷茫而失去目标，曾经也困惑于"现在不用上课、都玩了"。但看到老师们跟孩子们在一起倾听、共情、成长的状态时，我备受激励，也开始追随儿童、观察儿童、贴近儿童，从观察入手，在迷茫期沉下心来多看多想多写，由此打开解读儿童学习的大门。

3. 从看懂现在到预期未来

2017年3月，当管理者在离园前走进中一班时，听到班鑫老师与幼儿发生了一段这样的对话："现在是故事时间，你们想听谁的故事？"令人惊喜的是竟然有七名幼儿举手说道："听我的!"

这说明班中幼儿已经很熟悉老师为自己记录学习故事的这件事，并且他们似乎很期待老师在集体中分享关于自己的学习故事。

这时，班鑫老师又问："你们选择一位小朋友的故事吧，"幼儿说道："听小鱼的吧。"班老师对小鱼说："小鱼你自己去拿你的《儿童成长册》吧。"小鱼十分快速地从教室图书区找到自己的《儿童成长册》回到卧室，回到班老师身边，老师问小鱼："你想让大家听你的哪篇故事?"小鱼翻找了几页，选择了一篇《我会扫沙子》的故事。

这个过程令教师十分惊喜，幼儿对自己的《儿童成长册》很熟悉。当老师用自然的声音读起故事时，第三个惊喜出现了：天一、牛牛、皮皮竟然悄悄向小鱼伸出大拇指，天一还小声说："小鱼你真棒!"看到幼儿间通过听故事这件事建立起互相欣赏、认可、鼓励且彼此温暖的氛围，这就是我们期待中的从关注学习故事文本到关注用"学习故事"理念调整实践、回归幼儿的画面啊!

读故事结束后，管理者问班鑫老师："你们班写完故事除了读给幼儿听还有哪些做法?"班老师分享了若干做法：

(1)如果幼儿愿意也可以自己讲故事给大家听。

(2)把《儿童成长册》装在筐里，放在图书区供幼儿阅读。

(3)定期在家长园地展示家庭学习故事文本。

(4)把学习故事打印贴在相应的学习环境现场中。

(5)每周五把《儿童成长册》发给家长，供家长阅读或写家庭学习故事。

(6)不常接送幼儿的父母会收到教师用微信发来的故事。

(7)每个月举行家庭故事分享会。

这些做法不仅使故事回归幼儿，而且能跟每个读者建立连接，在更加亲密和温暖的关系里，幼儿更自信，教师也用更柔软、更有力的情感，继续支持幼儿的学习与发展。在"学习故事"滋养下成长的幼儿会有怎样美好的一生啊!

图 3-2 家长参加"为故事的小主人点赞"活动

如果说以"观察—解读"形成对独一无二学习者形象的认识，是幼儿生成主动学习、持续探究、学习发展的生成课程的起点，那么以教师预期预设、发起领域学习、话题讨论、大型活动等为主的预成课程，就是帮助幼儿成为奋力生长的自然人和具有节律生长的社会人。时间进入 2021 年，现在的幼儿终究要走出幼儿园、进入小学、中学、社会，成为社会人、国家人、民族人，终究要承担社会角色、为社会和国家做出贡献，那么现在，我们还可以做什么？

我们可以在品读刁羽老师撰写的故事时，看到儿童成长的勃勃生机。这篇集体学习故事给我们带来诸多感动，感动于幼儿的心灵美好，感动于教师心中有大爱、有未来、有担当、有理想、有家国情怀，感动于教师、幼儿园努力为社区、社会带来积极影响，更感动于小小儿童也可以做社会实践活动，在幼儿园内积累的分享、担当、合作等等学习品质，在走出幼儿园、投入社会环境后就会自然释放，成为责任、贡献。这不正是为成长为一个美好的社会人奠定基础吗？

在围绕"看见儿童、看见学习"进行的系列教研活动中，我们尽力回归儿童、回归教师，引领教师以"观察—解读"为途径与儿童建立连接，激发每位教师的力量，勇敢奔跑，一面作为儿童成长中的"重要他人"在"促进儿童积极自我认知概念发展"的评价过程中发挥作用，一面也要作为奔跑者努力提升，既为给儿童缔造"独特个性＋共性发展＋积极自我评价＝美好人生"而前进，也为自己"拥有专业能力、享受职业幸福"的美好人生而奔跑。

学习故事只是承载儿童学习与发展的一种文本形式，视频、对话、作品、微信分享等形式，也都起着还原现场、理解学习、塑造学习者形象、持续拓展更多可能的作用。读懂儿童不仅体现在以幼儿为本、以儿童发展为核心的理念上，而且体现在对教师角色的自我认知、体验，和对职业幸福的追求中。

第二节　走进现场，激发教师专业成长的内驱力

当教师成为教研主题的发起人、行动研究的探究者、回归实践的反思者、记录分析的研究者时，教师的形象就更加立体、鲜活，主动发展的内驱力也渐渐强大。

同时，我们常常听到青年教师发出这样的感慨："看骨干教师带班似乎很轻松，也没说多少话就把半日活动组织下来了。我们怎么跟打仗似的，嘴

不停地说却似乎没什么作用?"同样是一日生活那些事，到底是哪里不顺畅呢？教研这个大平台再次为青年教师提供了走进骨干教师的班级一探究竟的机会。

一、在教研中发挥骨干教师的专业引领作用

在管理人员的工作手记里，曾记录了这样一个时刻。

中二班传来哇哇大哭的声音："我要当第一名……"爷爷怎样安慰都无济于事。陈莉老师轻声说："浩浩你没当成进班第一名，但咱们班有洗手第一名、排队第一名、脱衣服第一名、收玩具第一名、做计划第一名……有好多个第一名你都是有机会得到的!"哭闹声立刻停止，随后浩浩迅速搬起椅子，做起晨间的各种事情。

这篇管理人员的工作手记里，富有情感、智慧的专业教师形象令人佩服，教师的三言两语起到了四两拨千斤的作用。说话，真是门艺术，而教育语言更是艺中精粹。管理者迅速想到：各自沉浸于本班事物的教师们，可以借此机会联起手来、以共同需要的"师幼对话"为主题，互赏互学，享受"走进现场——听骨干教师的师幼对话"行动教研。

(一)听骨干教师如何与幼儿对话

我们选择让陈莉老师、张莹老师的班级向大家开放，请教师自填《自选进班学习时间安排》表，并按时进班学习。

走进班级听骨干教师与儿童师幼对话的教研活动持续一周，教研活动结束后，我们收到11位青年教师的教研收获：

巩凡老师写道：聆听陈莉老师组织游戏分享时的师幼互动语言，我感受到教师作为倾听者、建议者的作用。再借助明确、清晰的《日观察表》记录教师的问题和幼儿的对话，显得十分高效。所以说一些资源、工具的作用必须得到发挥。虽然是一位教师面对全班幼儿，但仍然能从师幼对话中听到适合每一位幼儿需要的具体回应，这就特别考验老师听和识别的能力。看骨干教师与幼儿互动特别享受，因为老师的状态、情感就是一种语言，一些小激动、小质疑、小好奇特别调动幼儿愿意分享的积极性。

陈征老师则在总结里说：两位老师的语言都有针对性，让孩子得到启发，使用最多的语言是鼓励性语言。给我最大的感受就是：教师的语言应该是尊重幼儿、平等交谈、因人而语。教师的语言还应该具有趣味性和激励性、富有诗意、具有韵律美、节奏明快、简化不烦琐。语言是一门具有无穷魅力的艺术，作为幼儿教师，语言要做到人性化、艺术化、合理化，充分发挥语言的作用，促进孩子的发展！

张雪老师的总结：教师互动有11种策略——提问、反馈、建构、示范、

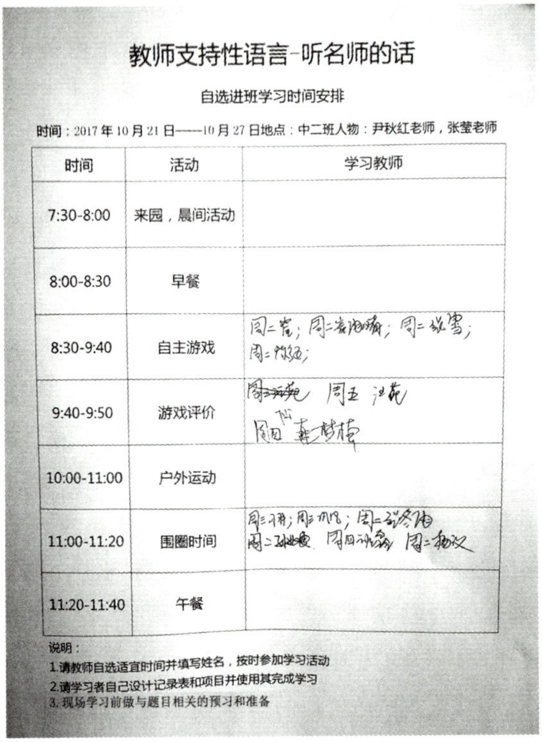

图 3-3　教研记录表《教师支持性语言——听名师的话》

描述、鼓励表扬和帮助、促进、倾听、榜样、回忆、建议。第一类支架：间接影响儿童认知过程的支架类型（提问、激发、帮助、提醒类语言）。第二类支架：直接影响儿童认知过程的支架类型（解释、建议、策略、示范类语言）。

组织这样的联手教研，管理者犹如中介，架起骨干教师与发展中的青年教师之间的连接，其目的不是说明"骨干教师多强大、青年教师有点弱"，而是发现、发挥、共享双方经验与智慧。因此，在联手共跑的教研现场，管理者秉持"激发教师专业成长内驱动力"的信念，更加关注青年教师的主动学习状态，从青年教师详细的记录中看到独特的观察视角和思考角度，也看到每位成长者根据观摩把学习带回实践后的策略，更看到进一步激励青年教师行动研究的方向。

教师分享、交流、倾听彼此学习收获的过程，也是支持教师建立"学习—思考—研究"思维习惯的过程，更是教研管理者和教师一起确定需求与发展的文化共建过程。

(二)看骨干教师如何与幼儿游戏

以下片段来自管理者的另一篇工作手记。

在大二班，张莹老师坐在搭建区一角，边看幼儿搭建军舰边在纸上记录幼儿的对话和状态。管理者被邀请到"军舰微课程墙饰"进行讨论时，提出了一个建议："旗语说明需要贴在大网络图里？"张莹老师却说："还是贴在卧室的搭建区小墙上吧，因为他们总要看说明里的符号然后自己编密码。"这正是教师采用对话记录法倾听幼儿想法后给予的最贴心的支持，也让我们重新审视：墙饰到底是谁的？一面看上去丰富、全面、脉络清晰的主题墙饰，如果它对儿童的兴趣、需要没有进行再支持、拓展的呼应作用，也是没有意义的。

在这篇管理者的工作手记里，我们看到教师的实践智慧在为教研提供资源，也看到管理者为教师搭建的联手教研使教师享受合作、互惠的融洽关系。这种氛围让我们确定，从教师揣摩管理者思想，转变为一切围绕"是否推进幼儿持续学习"为目的的研讨已经成为主旋律，这正是所有人共同创建的教研文化。

在走进张莹老师的班级后，也激励了骨干教师总结经验，在期末分享中我们看到老师梳理的极具价值的《如何成为儿童学习的有力推手》中的一些方法策略。

(1)材料推进法——让主动学习看得见。

(2)问题推进法——让主动学习在生长。

(3)记录推进法——让主动学习留印迹。

(4)知识技能推进法——让主动学习结硕果。

(5)合作共育推进法——让学习资源当关节。

(6)情境推进法——让学习环境发力量。

(7)任务推进法——让主动学习耐推敲。

(8)墙示推进法——让学习氛围更浓烈。

表3-5 如何成为儿童学习的有力推手

发现问题推进法	→	收集问题推进法	→	连环追问推进法	→	挑战问题推进法
当儿童没有发现问题，但教师敏锐地判断发现了问题时	→	当儿童发现问题并且探究形成经验、情感、习惯、能力时	→	当儿童感知操作形成兴趣但没有形成知识、技能时	→	当儿童充分感知、积累经验、提升能力、获得认知但稍不全面，还能拓展时

不过，这些方法策略的具体运用与师幼关系密切相关。张莹老师用她对师幼关系的诠释结束了这次专题分享。

我在和孩子们朝夕相处的日子里时刻被他们的"可爱、可怕"感动着，可爱的是他们真实、自然的本真样子，可怕的是他们总有新的问题、想法、做法、说法，让我应接不暇、招架不住，只有不停地学习、实践、求知才不会"输给"孩子，才当得起"智慧大玩伴"！和孩子建立起这种微妙关系后我也是受益人。在小班相互依存的关系中，我的收获是开心、快乐；在中班的玩伴型的关系中，我收获的是想法和创造力；到大班，我们的关系是相互成就型的，我收获的是爱学习、会研究。在不同的关系中，度的把握很重要，选择适当时机参与、利用适宜环境材料做媒介，通过各种角色与孩子们同行，就会让我们彼此都感到舒服、共同发展。

走进现场系列教研带来了令我们激动的"学习推进法、现场教研有效性、对话课题深入性"等成果，也让我们见证了教师学习者形象的鲜活、可敬。教研文化的核心，是通过解决问题的各种"事"成就专业发展的每个"人"。因而，我们更加确信，激发每位教师学习者的主动学习、与儿童联手同行、与儿童一起奔跑，是我们要一直守护的根本。

二、在多样的教研平台中看见和促进每位教师的学习和发展

教研活动是我们逐渐建构教研文化的平台、载体和基地。做好教研，就如同不能只靠武功盖世的将军率领他的忠实部队奋勇争战，只凭管理者头脑中的旌旗招展而没有团队成员胸中的千军万马，这个团队会越走越累。教研组织者应该树立"教研不只是教研，教研要起到保障保教工作顺畅、教师专业发展的凝聚、推动作用"的理念。因此，激发每位教师的力量、树立教师形象、提高反思研究能力，是教研工作下一步的目标。

（一）看见和呼应不同教师的不同学习方式

在一篇管理者的工作手记里看到这样的描述：

我在中二班美工区被当当仔细工作的样子吸引了，他把打孔器打出来的小星星粘贴在硬纸板圆圈上，小手的动作十分流畅。显然当当粘贴星星已经有了经验了，这也让我好奇地问："当当为什么要粘贴这个星星圈呢？"当当一边继续粘贴一边语气坚定地说："我要给我妹妹做个王冠，她肯定喜欢！我妈妈说，哥哥给妹妹做的什么她都喜欢！"我激动地说："当当做得对啊！你做的王冠是全世界独一无二的，又精致又漂亮也一定合适。妹妹喜欢王冠，也会喜欢你的，因为妹妹知道哥哥会用很多本事来让她开心！""嗯！"这时当当抬头了，看着我说："我还有其他本事的！"……当我站起来要去看看别的孩子时，身边的崔老师也随着我站起来，我才注意到她一直在听我们的对话。接下来我去搭建区、图书区跟孩子玩时，崔老师也在悄悄跟着听我们的对话，有时还在本子里写着什么。游戏结束后，我问崔老师对我和孩子的对话、互动过程有什么想

法。她告诉我："您先是观察了一会儿当当的动作，知道他做事很流畅不会有困难后才提问的，问的是他的想法，然后您的回应是在帮助他树立哥哥形象，也让当当知道，这就是爱和责任，我打算也试着这样跟孩子说话。"老师的解读让我非常惊讶，这难道不是一种独特的学习方式吗？我的一言一行就是在给教师一个示范啊，不用说教、不用宣讲、不用要求的"管理"方式所起到的作用是让教师学会如何观察—倾听—支持，也让教研管理者认识到教师也可以是模仿型学习者。

在这篇工作手记里，一位"模仿型"的教师学习者形象跃然而出。在我们眼里，模仿行为是在好奇、喜爱和向往的情感动力下自然而然发生的学习行为，一点都不"初级"。快速捕捉到对话中的精要并愿意亲身实践，正是模仿型学习的关键。这次走进班级近身欣赏教师成长的过程，也让管理者对"现场教研"有了新的认识：现场教研不只是字面意义表达的"在现场"的形式，更注重"随机灵活、迅速组合"，以追随教师，凸显管理者的支持作用，注重在实践中具体指导，进行细节化点拨，强调技术层面和精神层面的双重支持，契合教师的自身发展需求。走近教师——探寻"因需而研"的现场，使我们的教研文化向"既研教学也培养人"的阶段发展，从而开启"倾听每位教师的内心'脉动'"的人文管理方式。

走进更多班级、走近更多教师后，管理者发现了教师的不同学习方式。班鑫老师会说："您什么时候到我们班来看看？我们班孩子正在搭建大船，特别精细，您看看还有什么需要激励的？"这是主动发出的邀请，希望管理者能有的放矢给予支持，是主动型学习方式。走进巩凡老师的班级，看到美工区琳琅满目的陶泥作品种类繁多却拥挤地被摆放在一个展台上时，管理者提出建议：让孩子们讨论，这么多作品怎么摆放才好看、能让大家都看到。第二天管理者再进班时，教师已经做好了三个展台，透明罩展台摆放精致的饰品类作品；黑盒子多宝阁放数量最多的食品类，便于幼儿拿起来讨论，桌子中间的展台放礼物类陶泥作品，因为幼儿说边看边做会有新主意……由此，管理者也认识了接受型教师，这类教师理解、转化建议的能力很强，还能激发自己的想象力、创造力，并事半功倍地付诸实践。

随着管理者越来越频繁地走进现场，走近老师，我们又认识了"互动型""挑战型"教师。我们根据老师们不同的学习方式，做出分析，并在与老师们一对一互动教研的过程中，逐渐形成有针对性的支持策略。

表 3-6 管理者对不同类型教师的专业支持策略

教师	模仿型	主动型	互动型	挑战型	接受型
管理者支持策略	(1)管理者以教师身份参与游戏，请带班教师关注管理者不同游戏方式。 (2)游戏结束时与教师交流"看到怎样的师幼互动？为什么这样？如果是你还可以怎样做？"	(1)以一周为单位进班欣赏记录。 (2)帮助教师提炼方法、策略。 (3)鼓励教师在教研中分享	(1)从双方视角和经验寻找可以讨论的话题。 (2)听取教师实践经验，以反问句式供教师对自己的经验做分析、判断、总结。 (3)激励教师将提炼方法再拓展	(1)持续关注，定期互动。 (2)在班级活动关键期或重要节点，给出稍高要求、具挑战性的目标，由教师在一段时间内自己实践后，再看成果。 (3)观察教师基础专业能力，给予有挑战性的具体期待	(1)在教师具备良好的工作状态的基础上，阶段性询问工作方法和个人收获。 (2)帮助教师将经验排序、分类，罗列出自己的策略，使教师理论学习以及与实践对接的能力不断提升

管理者频繁地"在现场、近教师"的行动让灵活教研机制良性运转起来。这样的教研既是管理者为教师的"私人定制"，又是随时发生的共同学习，它让管理者继续了解、关注教师的学习方式和成长状态，也倾听教师"脉动"、清晰发展需求。管理者也在与教师的互动中，不断拓展倾听教师的途径，如通过参与班级教研、年龄班组自命题教研、一对一互动指导、师带徒、为教师写成长故事、青年教师承担园级任务等等方式，迅速使教师在三义里一幼建立归属感，获得自信，树立主动学习与发展意识，各自奔跑、异彩纷呈。

在中一班，我们看到入职两个月的张冬雨老师，举办了"制作各种各样的花"系列活动，推进了幼儿对纸的质地的探究，主动创设操作环境的探究，如何展示不同类别的花的探究以及怎样表达分享的探究。在大班，我们看到池雨蒙老师与幼儿共同搭建长城八大关，激发了幼儿对军事、历史、诗词的热爱。在小班，我们看到沈佳老师与幼儿边游戏边用视频记录一言一行，以此引领大家分析师幼对话有效性，为教科研发展提供重要实践案例。

（二）发现和支持不同教师各自的兴趣和专长

如同成长茂盛的花草需要"间苗""分盆"以便让植物获取更多营养、苗壮成长，当青年教师队伍人数增多、专业能力渐渐成长，把她们推向舞台中央的时机也成熟了。幼儿园成立了"青年会"，经过日常观察与了解，通过青年教师技能与素养考核，由具有优势领域特长（音乐、舞蹈、美术、摄影等）的教师承担青年会的各分会长。我们对分会长的期待是，既能在此专项上分享经验、技能给全体教师丰富大家的文化素养，也能将此项特长运用于日常教学对幼儿做艺术熏陶，这样使教师个人兴趣和专长成为教育技能的基础，形成独特教育风范，不断积累教育经验。同时我们也鼓励教师尝试以个人专项命题做行动研究。

分会长走马上任三年，我们欣喜地看到她们在不同层面的活动中展现风采。担任音乐分会长的韩梦楠老师不仅在音乐集体教学活动屡有建树，还把自己擅长的尤克里里、葫芦丝、架子鼓等乐器用于日常音乐游戏和大型活动中。担任摄影分会长的池雨蒙老师常常用精准的镜头留下儿童学习的精彩时刻，还开创性地在大班发起"我为幼儿园拍下美好瞬间"的毕业季活动。擅长美术的崔雨晴老师喜欢研究手工、剪纸，在中班和幼儿一起，用无稿剪纸方式表达想法。担任文化分会长的巩凡老师带领老师们欣赏书法、品读古诗，更重视对儿童绘本教学作用的开发，已经申报个人课题"情绪绘本对小班幼儿情绪理解能力的影响及效果研究"，并且立项为北京市西城区教育规划办重点课题。

"新时代幼儿园教师的职业素养"不仅仅是"弹唱跳画"，如果视"弹唱跳画"为教师的文化素养，那么，理念与师德、专业知识、专业能力就是我们更推崇的专业素养。我们希望教师以专业素养为核心、以文化素养为辅助丰盈自己，成为具有综合素养的新时代幼儿教师。

第三节　实现两个"一体化"，培养教师的研究素养

当教研经历"观念理念宣讲阶段""解读儿童学习阶段"实现发现儿童的力量，进入"促进学习发展阶段"后，更需要发现和发挥教师的力量。我们清晰地认识到，儿童在奔跑，教师如果只能跟跑、陪跑，不能促跑、领跑，那么教师自身的专业发展如何看见？如本章开篇所说，不断"观察—解读"以促进独特的儿童学习者持续发展，是幼儿教师职业生涯不断修炼的专业基本功，那么我们为什么不可以继续激发和整合教师的力量，从实践中生发教研主题、生发科研课题，以教研为载体，和教师一起围绕课题深入反思教育实践，形成教育研究的意识，并带着这种意识回到实践，不断升华专业能力？

我们共同期待的、可以继续激发和整合教师力量的途径，就是教科研一体化。我们期待着，教师能在扎扎实实搞教研的过程中，产生进行科学研究的热望，并借助课题研究开启教育智慧。

一、实践激发研究，提升教师"理论促实践"的科研课题活动

走进中一班时，我看到老师正在关注涵涵的磁铁游戏。涵涵拿着磁铁吸引

着小汽车来回走动，无论朝向哪里，小汽车都不会跑开。涵涵惊喜地说道："磁铁的力量真大啊，它吸住小铁车了。"老师说道："是啊，你愿意把这个发现画出来吗？"涵涵没有回应，继续拿着磁铁吸引着小铁车开心地玩着。突然涵涵把手里的 U 形磁铁换了面吸向小铁车，小铁车却向着反方向"开"走了。涵涵对老师激动地说："看啊，车又被推走了……"老师高兴地说："真是有趣啊，把这个画下来好吗？"涵涵笑着，继续用磁铁"推"小车，没有接受老师的建议……

在这一则管理者手记中，我们从师幼对话中看到，教师在理解儿童行为后的言语回应似乎没有起到拓展学习的作用。我们当即与教师一起分析：

管理者：第一次你向孩子提出"请你把它画出来"是基于什么思考？

教师：我认为是很好的"玩中学"，希望把认知经验留下来。

管理者：涵涵在探究"磁铁可以吸引含铁的金属(小汽车)"特性初期，需要沉浸在有趣的现象里，和需要把认知画出来，哪个更贴切？

教师：当然是再多玩一会儿，充分感知磁铁的这个特性，如果愿意画也能画时再画，会更好。

在管理者与教师一对一的研讨中，我们看到，儿童的发现需要不断重复验证后，经过语言描述、简化、总结，才能形成对科学概念的粗浅认知，有了认知，用什么样的方式来表达，又需要儿童在一定时间里酝酿。但教师的问话和建议显然超越了儿童发现、理解、形成思维的认知规律和节奏，所以儿童对教师的建议才会没有反应。

回顾以往的教研，我们曾经组织"听骨干教师与幼儿对话"的现场观摩，教师认真记录着骨干教师与幼儿的每一句对话，用心揣摩问答与呼应的作用，也回到本班尝试用激发、挑战、质疑、激励等句式去促进儿童学习，但是效果总是不太理想，影响师幼互动有效性的因素是什么？如何借助骨干教师的资源带动和提升幼儿园教师的师幼对话质量？我们可以通过命题教研引领教师，但我们更期待借助科研课题，与教师一起寻找理论、科学的依据，挑战专业、促进反思与研究能力提升。于是我们申报了"师幼对话有效性现状研究"课题，旨在提升师幼对话的质量、有效促进教师专业成长。我们相信，如百花齐放般的教师的发展状态不仅能呈现清晰鲜活的教师形象，而且会使教研、科研更聚焦于提升教师反思、探索、研究的专业发展需要上。

在研究初期，我们首先走进骨干教师班级，收集一日生活中的师幼对话。当我们仔细分析，并按意图、作用、效果将对话分类时，发现几位教师的师幼对话并不带有普遍性，现场其他因素的干扰也影响采集案例的普遍适用性。我们还需要采集大量案例，从中提取线索。于是我们在第二阶段，以走进每位教师的班级为主，在收集师幼互动片段的同时也通过访谈了解到，教师对"什么是有效师幼互动"的已有认知和经验是怎样的。由此梳理形成前期调研报告，在此基础上继续做文献综述，向教师澄清我们的课题到底研究什么。第三阶段，我们请教师参与到录自己、录同伴，再转换为文本、进行自己分析的科研过程中。这个过程对教师而言是激发内省、反思教育实践的重要契机。第四阶段通过教研进行，用一个案例逐句分析，发现有效对话的具体表现后，再次寻找理论中对师幼对话有效性的界定，如此往复、建立理论与实践的对接。

我们在收集师幼对话片段并做分析的过程中，始终没有脱离《纲要》和《指南》精神的引领，对话中的每一个因果关系以及目标的查找都要回到《指南》中去寻找和对接。我们一直在探讨如何在《指南》背景下，对外来的学习故事理念、方法进行"礼之、师之、纳之、化之"的过程。这次课题研究帮助我们找到了有效的方法，就是对儿童行为以及教师回应的分析随时回归到《指南》的立场和目标中去对接、去理解。回归本源，这是课题研究带给我们的意外之喜。

有效的师幼对话能对幼儿的学习和发展产生一定的影响，但是有效并不等同于高质量。在高质量的师幼对话中，教师是幼儿能够获得引导、支持、合作的资源，幼儿及其兴趣、需要和意图也是教师理解幼儿、支持幼儿并推进课程的资源。通过观察，我们发现，在幼儿园一日生活中，师幼对话发生频率最高的情境不是集体教育活动，而是发生在自然状态下的生活活动、游戏活动等环节，这些环节中发生的师幼对话往往在教师与个体或几个小朋友间发生，不仅自然而且对话的质量对幼儿影响大。但同时，教师在这些环节与幼儿发生的对话常常是无意识、潜意识的状态，如果教师自身缺乏对师幼对话意义、内涵、方法、策略的深入了解与研究，教师与幼儿的对话就会出现质量不高以及对幼儿学习与发展产生不良影响的情况。这也成为制约幼儿园教师专业发展的因素，影响着幼儿园课程建构的深入，所以这个问题是我们现阶段必须研究解决的。

理解儿童言行表现中的经验、能力、认知，给予匹配的适宜的支持，一直是我们重视和研究的话题。《纲要》指出："关注幼儿在活动中的表现和反应，敏感地观察他们的需要，及时以适当的方式应答，形成合作探究式的师幼互动。"可见，形成合作探究式的师幼互动是当前教育改革的方向与要求。这种合作探究式的师幼互动主要是通过师幼间积极与及时的应答和对话产生的，教师是否具有对话意识和精神，是否能够与幼儿保持持续的共同思考，是否与幼儿之间存在平等交往和相互尊重的对话关系，都会在师幼互动中有意、无意地表现出来并且时刻影响着幼儿的学习与发展。师幼这种互动式的"对话"关系，决定了师幼互动的效果和质量。

"如何看待儿童（也就是在师生关系、教与学关系中把儿童放在何种位置）？如何才能更好地理解与支持儿童的学习与发展？"这些问题都是我们几年来一直在思考的问题。经过两年师幼对话研究，我们在理性认识幼儿园师幼互动现状的基础上，愈发坚定我们相信儿童、发现儿童的信念。研究让我们认识到，我们对儿童的敬畏与尊重不仅仅止步于一篇篇观察记录之中，我们可以通过自己与儿童互动的一言一行夯实我们对儿童的尊重、理解与爱护。

科研课题经过两年研究、全园参与，教师在这场行动研究过程中获得认知层面、理性思考的转变，更重要的是当教师知道自己是基于怎样的价值观以及怎样的目的在与儿童互动和对话时，便会谨言慎行，会在对话中设身处地地为儿童着想，尝试从儿童的视角看待、理解和支持儿童的兴趣和需要。建立在这样一种基础上的师幼互动、师生关系，对儿童来说才是有价值、有意义的陪伴和守护。

研究带给我们很多的收获，但其中最为珍贵的是，在后期访谈中老师们谈到的研究带给自己的启示：

张莹老师：通过参与这个研究，我更加明白什么是"一言一行中的智慧"，我们平时不知道哪句话会对孩子发生作用、产生影响。在我们通过教研逐字逐句地分析一个老师对话案例的时候，我突然发现原来每句话虽然是不经意地说出来的，但是背后反映的是我们自己最真实的价值观、教育观。

崔雨晴老师：通过参与研究，我更了解了我和孩子们之间的关系与状态。我必须更了解儿童的想法，才能更好地通过对话促进我和他们之间形成亲密信赖的关系。

池雨蒙老师：以前我更注重对话对孩子丰富认知、拓展经验的作用，但经历了这两年不断的研究与反思过程，现在我认为对话对孩子的影响不仅仅是认知方面的，情感方面的支持可能更加重要。在对话的过程中，我们不断帮助幼儿清晰其对自己的了解，当一个孩子知道自己是谁、能做什么、有何种力量，这个孩子就会充满自信地成长……

课题研究似乎没有结果和终点，但经验和认识会随时转化为教研、回归到实践，园所发展、教研助力等都是围绕"幼儿—教师"这一核心，缔造"幼儿—教师—管理"在一起的紧密关系。教研文化发展至"教师专业提升阶段"，其带给我们的温暖有力不仅体现在教科研成果丰硕，更体现在被文化滋养成就的每个人身上。逐渐立体的青年教师探索者形象，发光发热的骨干教师研究者形象，互惠同行的专业教育者形象，都在三义里一幼大家园里有力生长。

二、研究成果回归实践，激发教师"行动出真知"的系列教研活动

当教研经历"观念理念宣讲阶段—解读儿童学习阶段—促进学习发展阶

段—教师专业提升阶段"，教师专业能力在迅速发展。让我们再看一下《幼儿园教师专业标准》中对"能力为重"的基本理念解读，我们欣慰地看到，教师在遵循幼儿成长规律、提升保教工作专业化水平方面有显著发展，教师"坚持实践、反思、再实践、再反思"的专业能力在教科研平台上得到修炼，我们是否可以再放权、赋权，把"科研回归实践阶段"的行动研究交由教师主持，是否可以选择一个教师们经常实践与研究的话题成为教研线索，激发教师成为研究主力？

以关于环境的系列教研为例。9月开学，我们不急于对班级开学环境做常规检查，而是由教师和教研管理者组成"参观团"走进每个班级，坐下来用儿童视角寻找、想象、描绘"我希望在一个什么样的环境里生活"？老师开始畅想"希望有我熟悉的事物（喜欢的玩具图书或与好朋友家人的合影）""希望有我好奇的玩具和材料""希望有个地方让我放松安静地待着""希望有和老师，伙伴在一起做事的地方""希望有花草小动物""希望有漂亮衣服可以穿上扮演妈妈""希望有大桌子让我做东西"……我们一起把喜欢的环境记录下来，分类、归纳，出现了四个主要环境：产生连接的环境，形成文化的环境，激发学习的环境，建立规则的环境。我们把这一总结命名为"学期初——有准备的环境"，并立刻打印出表格分发给大家，供教师"按图索骥"，回到班级，边寻找边做自我检核，看是否已经创设相应的环境（见表3-7）。

表3-7　创设有准备环境的教研记录单

时间：	记录者：
产生连接的环境	
形成文化的环境	
激发学习的环境	
建立规则的环境	

当老师们拿着记录单回班时，管理者听到巩凡老师边看边自语："我们可以按着这个分类去创设，也可以一段时间以后用这个标准自己检查。"这是多么好的实践调整计划啊。我们当即采用教师的设想，在两周过后，再次走进现场，由教师围绕"学期初——有准备的环境"进行介绍、分享和研讨。

张莹老师：《学期初——有准备的环境》这份环境评价标准为我们提供了一个环境创设的基础参考，让我们知道了开学初班级环境的创设可以按四个方向去思考，不仅不能用教师的目标代替幼儿的目标，而且要给幼儿留有观察体验、操作感知以及想象拓展的空间。

崔雨晴老师：《学期初——有准备的环境》中的四条标准说得很清楚，对于

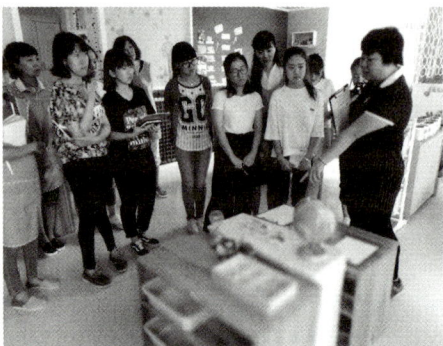

图 3-4　教师围绕"环境中的支架"在现场教研

我们年轻教师来说，班级环境创设可以有规律遵循了。我们首先创设了与幼儿经验产生连接的环境，明示出班级环境中规则与约定的墙饰，然后再思考如何创设激发幼儿学习的环境，前三项积累起来，我们班尊重儿童主体地位，支持儿童主动学习的班级文化也同时显现出来了。

班鑫老师：我们班用《学期初——有准备的环境》这份评价标准自我检验班级环境对幼儿学习发展支持的作用，让我们看到了，我们为幼儿创设的环境是否起到连接经验、建立规则、激发学习的作用，促进我们反思和改进。

巩凡老师：我们班用此标准做班级工作的方向引领，创设环境的过程就像是跟儿童不断呼应的一种学习。到第四周时，我们拿着表格在班里一项项查找，每项都有标准中强调的内容，我们感到自己竟然做到了，特别高兴。

沈佳老师：在学习这份标准的过程中，围绕"创设激发学习的环境"我们大班对图书区进行了重新调整，不仅丰富了与幼儿经验、兴趣相关的各类图书，还创设了舒适温馨的读写区，我们在环境中布置了桌椅，投放了笔和纸，为幼儿"读、写、画、说"等多元表达提供了支持。现在图书区的孩子比以前多了，孩子们很喜欢在这样的环境中放松自在地读读画画。

韩梦楠老师：我们小班有一个"我爱我家"的墙饰，我们在孩子们摸得到的地方布置了每个孩子和家人的照片，我觉得这就是一个产生连接的环境，孩子很喜欢这个环境，他们会聚在这里聊聊自己的爸爸妈妈，聊聊自己在家里喜欢玩的游戏，我们也会在孩子们的对话中收集有用的信息，进而在环境中提供支持，不断拓展孩子们的兴趣与经验。

我们也听到这样的描述："有些环境精心创设了却使用率不高！""一些我们认为有激发作用的材料却没有派上用场。""有的环境我们是有预期的，但却没有发生学习。""有点矛盾，老师认为有激发作用，如果没有起作用，就要撤掉吗？"……

主持人根据大家描述的问题，迅速列出新的记录单（见表3-9）：

表3-9　环境中的学习支架教研记录单

环境中的学习支架			
预设起到支架作用的环境（空间、材料、展示、墙饰）	预期可能发生的学习是什么	是否发生	预期学习没有发生的原因是什么

老师们认可这个新的记录单后，提议："我们就拿着这个记录单去班里看环境吧。"于是我们再次享用教研主力们的设想，对应现场寻找答案，检验环境支架效果。两位教师一组，一共八组，分别进入中一班、中二班，每班四组，每个组领一个环境（空间、材料、展示、墙饰）。

（1）分享发现。

池雨蒙老师：我们组寻找展示环境的支架作用，有表格里的几个问题引领着，特别高效。中一班美工区里有三个展台，玻璃罩子、箱子做的多宝阁，还有柜子。我们发现每个展台对展示物都是有引导作用的，什么作品适合放在哪个展台的分类启发特别清楚，不用老师说大家也知道怎么放。这里的预期支架作用是实现了的。

尹秋红老师：我们看的是材料，有个筷子夹豆区，可能想激发幼儿练习使用筷子，但投放的是成人用的筷子和芸豆、蚕豆、花生。这些豆子很滑，不是很好夹的，比实际食物还要小，因此更不好夹。所以这里的练习没有人来，环境的支架学习作用还没有发挥。

张莹老师：我们组主要看墙饰。在"做风筝"的主题墙饰中看到两个小孩在家里放风筝的照片，和全班一起看放风筝视频的照片，屋顶上挂了很多实物风筝，如果作为激发就不要挂这么多当摆设，如果想激发制作，墙饰中的线索显然是缺失了一环。

（2）集中讨论。

刘婷老师：大家找到了还没有支持学习发生的支架，班里这类支架约占五分之一。再请大家思考，我们预设但实际没有发生的学习有没有必要发生？我们围绕"筷子夹豆"环境讨论。

尹秋红老师：中班幼儿要学习使用筷子吃饭了，创设夹豆的环境是适宜的，这里的学习应该发生。

刘婷老师：大家顺着再想，这个学习是应该发生的，这个环境支架也就有存在的价值，那么可以怎么改进？

大家：提供大、中、小三类体积的物品，海绵块、小插片吸管段等不同质地的物品，可以先放大些的材料，让孩子感受到成功，就愿意继续练了。普遍成功再换更细小些的物品。

刘婷老师：我们的记录表是否要加两列？没有发生的学习有必要发生吗？如果有必要发生，可以怎样调整环境？

大家：这个表格还可以无限使用。学期初创设有准备的环境后，让幼儿享受、探索一段时间，大约以两星期为一个周期，用这个表格项目检测，环境支架学习的作用是否发挥，效果如何。

大家：我们有《学期初——有准备的环境》了，这个表格就可以做学期中的班级自主检查。

结论：形成《学期中——环境中的学习支架》自评标准，并作用于班级日常，随着对儿童享用环境的观察做记录、再调整，随时帮助教师自主检视。

走近现场帮助教师形成了"创设—预期—验证—调整"的不断循环的自我评价思维方式和行为方式，为学期初教师创设支持幼儿主动学习的环境提供了依据。在"基于支持幼儿主动学习的环境创设"系列园本教研活动中，教研组织者轻松地把教师们变为设计、主持、讨论、总结的教研主体，围绕关键问题的讨论，将大的教研主题拆分成小主题，循序渐进启发教师多思考、出经验、找规律，做到"尊重教师、启发为主"。几次教研形成的涉及保教质量评价的各种表格帮助教师建立了"观察—分析—提炼—判断"的思维模式，实现"表格辅助，建立思维支架"的效果。

历经数月，教师的实践反思能力在"环境支架主动学习"系列教研里迅速提高，2017年11月23日是一个令人激动的日子，一场以教师为主角的别开生面的教研活动开始了。

环节一：经验分享

陈莉老师以严谨的行动研究态度解读"环境·支架"。崔雨晴老师分析了《学期初——有准备的环境》《学期中——环境支架作用自评》，阐述《神奇的宇宙》微课程的发展过程。工作仅一年的张冬雨老师借助案例，还原了第一次行动研究的全过程，还用生动有趣的形容词对环境支架策略进行了有趣而便于理解的描述。徐伟老师用表格记录法对每个阶段的支架成因及作用做出分析，详细介绍运用教研成果《学期初——有准备的环境》《学期中——环境中的学习支架》，实现因兴趣需求而支架、因学习发展而支架的经验和见解。张莹老师智慧地将"注意—识别—回应"运用到创设支持主动学习的环境的行动研究中，随阶段进展提炼方法规律和创设环境的策略。班鑫老师针对幼儿"生成活动—微课程"和"教师发起活动—预设课程"两条线索，梳理环境支架在其中产生的不同作用。

环节二：策略总结

第一，形成"预设—推测—发现—支持—思考—反思与调整—推进—发现新的发展区—延续—提高难度促新经验"的环境支架。

第二，确定《学期末——环境支架主动学习效果评估》的文本。在每位教师的分享中，我们都观察到了儿童在环境中学习、学习又促进环境改变的过程，于是再次决定，汇集"环境支架主动学习行动研究"成果，落实实践，形成一整套独特的《支架主动学习的环境评价标准》。

第三，形成以《支架主动学习的环境评价标准》为核心的自主评价机制。以班为单位运用《学期初——有准备的环境》，列举本班环境内容，对应标准，自查自检、不断进行适宜性创设和调整。学期中按五个维度运用《学期中——环境支架作用自评》，检视班级环境持续支架主动学习的效果。学期末走进班级，观察儿童主动学习的情绪状态，发现评价儿童参与话题讨论、解决问题的环境，儿童尝试操作探究使用材料策略的环境，儿童交流讨论、分享经验的环境，并使用《学期末——环境支架主动学习要素》做自评。

"教研"之意为教育教学研究，是个名词。但我们更愿意视它为动词，因为教研永远发源于教学实践现场、因需而研、与时俱进、推陈出新，学前人永远在路上。从管理领跑到联手共跑，最后到教师奔跑，研教育与成就人始终同行、谱写教研文化。

五年中，我们的幼儿园发生了很大的变化：在思维模式上"去权威"，从以教师为中心转变为"以共同体为中心"；在行为模式上改变过去以"教"为中心，转向"以共同学习"为中心；对教师身份的认知，从传统的传道授业解惑，到"智慧大玩伴"，再到"多种身份的重要他人"。教师角色转变和与之匹配的教育行为的转变，都在诠释一个核心——基于儿童。促使教师在转变中专业成长的教研活动，也在发生巨大改变。教研主题的改变体现在：来源于幼儿园课程、前期教研基础之外，更注重教师专业发展需求。教研空间的改变体现在：由聚焦在会议室主题研讨形式，转化为走进实践现场、同年龄班、不同话题组、一对一式等。教研组织者的改变体现在：由保教主任和教研组长主持，转变为教师根据主题报名承担。当教师成为教研主题发起人、行动研究探究者、回归实践的反思者、记录分析研究者时，教师形象更加立体、鲜活，主动发展的内驱力也越发强大。我们的教研，正在助力教师与儿童共同奔跑。

作为管理者，我们继续秉持"相信每位教师的力量、激发反思实践研究能力"的教研宗旨，激发教师内驱动力，提升其专业能力。时至 2020 年 10 月，我们就"你如何理解园本教研、你实际参与教研活动的感受等"问题对全园教师做访谈，了解他们对参与教研活动的理解。

曹梦缘老师：教研有着平等、和谐的研究氛围，教研的内容从实际出发，最终目的也是解决教师工作中的难点、困惑，具有很强的应用价值和实际意义。

巩凡老师：幼儿园教研不仅针对教师的疑惑和需要做进一步探讨、交流，而且会结合当下国家的教育方针，以及园级课程等进行相应的讨论，在大家共同思考和交流中得到相互促进。

班鑫老师：教研是老师们共同研学、提升教师专业发展的过程。

何伟老师：教研帮助教师提升专业能力，针对不同年龄段、不同发展水平的教师需求，给予提升教师专业素养的指导。

崔雨晴老师：教研对我这样的青年教师来说就是另一种成长环境，在教研中，我会吸纳和聆听，激励我自发地、主动地思考实际工作，思考孩子的发展，思考自己的职业追求。教研在帮助青年教师快速成长。

张莹老师：我们的教研从聆听到参与；从被动接受到主动接受；从教师的内需出发更多激发教师的积极思考。组织形式更是多变，分组讨论、进班现场教研、专家讲座、体验式教研、分享式教研等，既满足不同的需求又能实现共性发展。我认为教研活动线索主要是传达的理念系列教研、促进幼儿发展系列教研、提升教师专业水平系列教研。

陈莉老师：在教研中，老师们最开始是在边缘的，教研主持人会把控教研整体，老师们跟着主持人的思维走，再发展到教研把老师往前推，一个话题引发更多思考，教研组织者会从中提取有价值的信息，让每个老师有所收获。

尹秋红老师：最初教研围绕学习故事开展，园长、刘婷老师介绍理念。后来教研内容围绕课程开展，老师们一起谈论课程的框架、内容，老师怎样支持孩子游戏、激发深度学习。这个阶段对我影响比较大，追踪孩子兴趣、参与孩子活动、延伸课程，最后自然地积累实践经验，做出分享和贡献。

沈佳老师：教研形式的变化从大教研到小教研，还有班组教研、同年龄班教研。有针对青年教师的教研，也有青年教师与老教师的混合教研，有经验的老教师为青年教师答疑解惑。还有专题教研。哪种形式都很重要，因为教师的学习方式是不同的，教研形式会由此灵活转换，根据不同的事件、问题、重点进行相应的计划与调整。

习羽老师：原来很多教研活动的来源或线索更多是为了幼儿园、课程服务；但是现在我们幼儿园的教研更多为教师服务，角度不一样。所以我觉得现在我们幼儿园教研的线索是以教师的发展、日常困惑为出发点。

李越红老师：现在幼儿园的教研活动能真正聚焦到孩子的发展和需要，不是为了教研而教研。最根本的线索还是孩子，我们的教研活动真正聚焦的是孩子们的发展需要，让孩子们能够健康、快乐、发展。比如，正在进行的"劳动日"教研，不是教师执行什么观念，而是观念化于日常，促进幼儿自我服务意识和为他人服务意识的增强。

在大家的回答里，我们看到教师对教研形式变化的欣然接受和融入，对教研内容适宜性的认可，对教研促进自身发展的满足。我们的教研正在激发与促进教师成为主体，由知识劳动者成长为专业创造者，使教师在一种天然的研究状态中体会研究的价值和职业的成就感，支持教师与儿童共同奔跑的同时，让教师们由普通走向卓越，由平淡走向更幸福。对于这样的教研，崔雨晴老师有话说。

五年来，我一直参与幼儿园的各种教研活动。开始是倾听园长、主任等带回来的先进教育理念、国际幼儿园参观体会等，主要是听和记。后来，教研中加入了互动，我们有机会参与和展示，除了倾听还有思考和经验分享。教研活动的形式，从最初的集体讲座式教研，到老师围绕话题在一起的讨论式教研，我们可以提出自己的需要，园里会有相应的计划和调整，从教师出发设计教研活动。还有为青年教师专设的教研活动，如青年教师大讲堂、集体学习、读书会、观摩骨干教师活动、青年教师当代班主任、与老教师围坐在一起访谈家长沟通经验等，还有与参观者共同教研。我有越来越多的机会思考、分享经验。虽然我会紧张，但是也很激动。这个享受成长的过程特别有意义，让我变得更自信。我们的教研更加因人而异、以人为本。幼儿园教研，就像另一位母亲在精神上慢慢滋养我们，我们特别享受。

第四节　重视幼儿园中的每个人，提升全体教职工的综合素养

在教师的专业素养和基本素养都得到迅速发展后，各种机制、规划、文本成为管理者和教师共同奔跑的保障，教师内心的自我形象逐渐清晰鲜明。作为管理者，一方面，我们需要再赋权赋能，进一步激发教师专业能力的自主提升；另一方面，我们还需要把幼儿园教育工作者的定义放宽，看见更多元的教育者形象。

幼儿园中，既有作为先锋模范的党员、团员，经验丰富的骨干教师，也有积极敢为、个性独特的"00后"青年教师，还有保育员，更有保安、财务、厨师等后勤人员。当进入幼儿园课程的场域，与孩子们发生有教育意义的互动，幼儿园里的每一个人的价值都值得被激发、被看见。幼儿园不是只有教师需要提升综合素养，每一个教职工都享有平等的发展权。

一、面向青年教师，重视政治、文化素养的培养

提到青年教师，似乎总是让我们联想到"有热情但经验不足""有业务学习

热情，少政治学习觉悟"等等。当我们需要共同奔跑在幼儿园课程建构、教师共同体发展的轨道上，这些围绕"青年教师"的刻板印象亟须被打破，就像我们更新自己的儿童观一样，我们需要创设更多给青年教师发出声音的机会。

比如，在中国共产党第十九次全国代表大会召开当日，幼儿园组织所有教师观看实况直播。我们认为，具有国际影响力的国家大事也可以是培养教师树立家国情怀的好资源。之后，我们抓住契机，让党的十九大报告与幼儿教师的日常工作建立联系，设计了主题为"坚定信念、做志存高远的青年教师"的体验式政治学习活动。

当教师从党的十九大报告中找出与教育有关的信息时，纷纷意识到，原来伟大的目标与我们的工作是有紧密关系的。当被主持人问到"这些与教育相关的目标能否在你们的班级里实现"，很多老师坚定地表示"完全可以"。

于是，我们请每组教师选择两条目标设计成班级课程和教育方案。小班教师选择"法治建国"，设计的活动方案有"学会排队、先举手再说话、认识红绿灯、自己的事情自己做、我会劳动"等。大班教师选择"传统文化"，设计的活动方案有"剪纸、中国之最、小脚走中国、中国古建筑、有趣的汉字、学做再生纸、神奇的毛笔"等。这样的课程设计与之前学习的《关于实施中华优秀传统文化传承发展工程的意见》完全吻合，有了"创造性转化和创新性发展"的初步意识与能力，青年教师也惊喜地发现，自己的工作就是伟大目标的基础；原来自己平常平凡的工作就是基础教育的重要部分，是影响国家未来、民族命运的重要阶段！

青年教师的热情一直持续，到晚上"青年会"的微信群里还在热议。

中一班的班鑫老师：今天中午，我觉得从 20 页的报告里找重点简直"烧脑"，但是大家都乐在其中，找到了那么多教育的金子，这都是我们的责任啊！前两天看十九大有关学前教育的摘要时，我注意到：完善幼儿园评估体系，加强教研指导，以游戏为基本活动，促进幼儿身心健康成长。这些内容都是我们现在正在做的事情啊！清晰了、明确了、坚定了！（对教育、对目标、对未来、对自己）党的十九大已经闭幕，我们的三年规划才刚刚开始。2035 年不求我们带的孩子们有多么大的成就，只希望那时的他们还能有一丝坚持和任性，追求着所有未完成的梦想。未来属于我们每一个人。

大一班的汪苑老师：这是多么有创意又接地气的学习模式呀。在一片欢声笑语又考验观察阅读理解和提炼回顾反思能力的过程中，我把 3 万多字的报告读完了，找到了突破的方法。作为年轻人尤其是年轻的幼儿教师，祖国花朵的启蒙者，我突然觉得任重而道远，也只有踏实钻研、孜孜不倦的求索过程，才能实现自我成长，才能实现为国家培育有用人才的教育使命。我们一起共勉，一起加油吧!

幼儿园教育的根本任务是培养社会主义建设者和接班人,要强调以"立德树人"作为核心,重视创新实践能力的培养。我们在政治学习中尝试把解决"为谁培养人""培养什么人""怎样培养人"的问题与学科教学的改进融合推进。

同时,具有政治高度的认识、理念不仅要贯彻在政治学习中,更要通过教研、培训、工会活动渗透进青年教师的思想意识。于是,2016年9月19日,幼儿园成立了青年会——30岁以下的青年教师组成志愿者团体,初步按照各自的兴趣特长分成5个小组。会员们也会自嘲:"已经二十几岁,再补文化基础知识,哪还有条件?"那么,我们何不借助北京强大的文化资源让老师在体验中学习呢?当工会组织教师参观故宫时,青年会立刻设计了"我当导游走故宫"的活动方案。在确定时间和路线后,每位青年教师承担一处古迹的讲解工作,自己备稿、设计导游词、现场讲解。

娓娓道来的讲述不仅吸引了全园教师,而且吸引了不断加入跟随的游客。保健医王丽在跟随"青年教师导游"参观结束时,特地找到位于神武门东侧的故宫书店购买了《故宫传说》一书,并感慨赞叹:"最好的文化学习就是这样,在现场啊!""我当导游走故宫"活动锻炼了青年教师,促使她们主动学习中华优秀传统文化,创造性地转化知识,而且增强了其文化参与感、获得感和认同感,形成了向上向善的园所文化。

二、面向保育员,激发课程建设的潜力

在儿童的重要他人中,保育员老师的角色作用绝不是搞卫生而已,保教配合发挥实效,就必须珍视有经验的保育员资源,充分提供机会和赋予权利,激发保育员老师参与课程、承担教育的热情。

习近平总书记在全国教育大会上指出,"我国是中国共产党领导的社会主义国家,这就决定了我们的教育必须把培养社会主义建设者和接班人作为根本任务"。"要在学生中弘扬劳动精神,教育引领学生崇尚劳动、尊重劳动,懂得劳动最光荣、劳动最崇高、劳动最伟大、劳动最美丽的道理,长大后能够辛勤劳动、诚实劳动、创造性劳动。"习近平总书记对劳动教育的高度重视,准确揭示了当前劳动教育被淡化、弱化的弊端。

于是,在2019年3月,保教管理者与保育员共同商量,以"爱劳动"为主题,以"五一劳动节"为节点,以"五一劳动奖章"为活动内容,开展了持续一个学期的生活课程,承担课程建构的是保育员老师。每位老师带领幼儿制订劳动计划,分为"为自己劳动、为班级劳动、为幼儿园劳动、为家庭劳动"四个递进式题目,落实到每月每周。如大班幼儿,在确定"为自己劳动"时充分被尊重和倾听,可以制订个性化的自我服务项目,"为班级劳动"中可以结伴选择某个区域、环境、空间、设施，以一周为单位为班级劳动。在"为幼儿园劳动"项目中，各班教师与幼儿讨论，可以承担幼儿园的哪个区域、空间、设施，然后由六个班包干，每个月进行一次劳动活动。在"为家庭劳动"中更是体现激发爱劳动热情，很好提升计划性，家长为幼儿记录在家劳动时的学习故事。劳动课程的逐步推进，全部由保育员老师担纲完成。我们惊喜地听到保育员老师的反馈。

力喜梅老师：看到和孩子一起讨论的劳动计划顺利进行时，我觉得自己也是优秀的教育者。

李越红老师：作为小班老师，看到每一周、每一次孩子为自己劳动时的状态，我特别自豪。

耿淑霞老师：没想到我们也可以制订教学计划，承担保教共育，特别开心……

三、面向全体教职工，一个都不落下

"相约星期二"一词来自美国作家米奇·阿尔博姆的著作《相约星期二》。在书中，年逾七旬的社会心理学教授莫里先生在人生将尽之时，毅然决定每个周二与自己的得意门生米奇约见，相谈预定话题，传递相关的经验和人生感悟。身为美国作家、广播电视主持人的米奇·阿尔博姆把这段与恩师的经历汇集成文，著书名为《相约星期二》。此书在全美各大图书畅销排行榜上停留四年之久，被译成包括中文在内的三十一种文字。当此书传颂到中国时，更被作家余秋雨推荐为成长必读书目。

一本好书传递出来的不仅是人、事、物，更是精神、力量、创造性思想。当幼儿园教师忙于观察儿童、创设环境、记录学习、建构课程之时，专业技能、知识、素养在不断提高。但同时，我们也发现，促进教师终身学习的文化知识、艺术知识、科学知识却在随着学生到教师的角色转换而日渐弱化了。幼儿园园所文化和教育理念提示管理者：必须发挥教师主动学习、自我成长的内驱力，明确目标不断修习，才能使教师获得职业认同感和职业幸福感。而激发教师内驱力量就需要管理者搭建舞台，为教师成长提供机会和空间。因此，《相约星期二》中的元素被幼儿园创造性地开发成以"命题讲坛、人人风采、分享知识、共同成长"为核心的"相约星期二——青年讲堂"活动，确定每周二由一位青年教师自报专题为全园做讲师，旨在为青年教师搭建属于自己的平台，供教师展示自己多年积累和一直热爱的事物、知识、长久坚持的兴趣、学习，教师们为大家认识与工作中不一样的自己。

于是，我们在张雪老师带领下一步步做出呈现民族古老工艺的扎染作品而欣喜，沉浸在崔雨晴老师组织的别致典雅的茶道里，对带我们做印章的厨房的

栾春龙师傅刮目相看……我们认识到每位讲师除教师身份之外的独特气质和品德，同时，也被这些德才兼优的教师引领着，丰富自己、立德树人、共享发展。还有訾连君老师亲授泡菜技艺，刁羽老师教声乐，池雨蒙老师讲摄影，汪苑老师带大家品徽式文化……每位老师带领全园教师学习技艺的同时，让我们认识不一样的、另一个角色的"自我"。"相约星期二——青年讲堂"的活动自2017年3月开始实施，由教师自主报名、自选题目、自定方式组织实施，全园教师参与活动支持青年教师，共同为实现"班班进步、人人精彩"的教师发展观做出应有贡献。

图3-5　参与"相约星期二"讲堂的教师合影

　　中华人民共和国成立七十周年大庆又是一个升华教师道德情操、理想信念的强大契机。延用"相约星期二"的模式，我们开启了"我和我的祖国"青年讲堂。每位青年自报一个自己曾经去过的中国的地方，讲解它的历史发展和文化传统。随着曹梦缘老师，走进神秘敦煌，领略伟大魅力；听蔡春阳老师给我们讲解天津的近代发展史……每次讲堂都让我们达成一个共识——培养社会主义建设者和接班人，首先要认识社会主义中国、热爱中国、为这片国土自豪，有了这样的情感和认知，才能在潜移默化中影响和教育幼儿，继续滋养新一代接班人。

　　所有教职工各展其长，不断形成更具成长型思维特点的自我身份认知。2019年，在"园长讲党课"活动中，全园教师纷纷表达了自己对于"新时代教师形象"的认识和理解。我们摘取了部分如下。

　　孙艳老师：随时保持一种拥抱新时代的开放心态，不断学习，有韧性。

　　汪苑老师：随时放空自己，愿意放低姿态，向儿童学习；愿意思考，敢于表达自己的观点；愿意倾听、接纳别人和自己不同的声音。

　　班鑫老师：要与时俱进有政治思想觉悟。要有一个健全的人格和有趣的灵魂。要有扎实的专业知识和对职业的独到见解。要有丰富的情感和对事物的洞察能力。要了解每一名幼儿的特点，创造性地因材施教。要善于问自己"为什么"，及时反思教育中的得与失。要与儿童建立平等舒服的关系，能随时变换自己的角色。

陈征老师：做有素养的、有担当的、自信阳光的、善良的老师，有理想信念、有道德情操、有扎实学识、有仁爱之心的老师。要不断地学习，学会利用现代的网络。

韩梦楠老师：有新思想，能够与时俱进，懂得换位思考问题，能够多角度、多维度地去衡量，并提出自己的想法。有新态度，幼儿做有精神的中国人，我们则是有力量的教师。有新理念，做有思维、有格局的人。

杨议老师：不断更新自己的教育观念，汲取新知，才能做好新时期幼儿的教育工作，成为孩子的好老师。

蔡春阳老师：具备专业能力并不断实践。具备教育敏锐度。具备良好的道德品格。还应该拥有良好的仪容仪表"行为示范"。最后应该掌握先进的信息技术手段，与时俱进。

张雪老师：有教师职业道德素养；有教师专业学识；有海纳百川的胸怀；有保持童趣的孩子心；有跟进时代的创新意识；有独立思考的能力。

…………

这些既是我们心中的新时代教师形象，又是我们每一个人在个人全面发展上的努力方向。五年以来，三义里一幼的每一位教职工都在茁壮成长，不论是专业素养，还是基本素养。这一切皆源于始终坚定的信念——"相信过往的成长学习经历，相信一直保有的好奇心与求知欲，相信只有努力实现国家的大发展才能成就更好的自己！"

同时，作为管理者，我们向往通过教研激发教师学习和反思的力量，重视管理者和教师在一起共思共研的工作状态。管理者要向教师观察、读懂幼儿那样，走近教师、解读教师的专业发展状态和需要，因需而研，发挥适宜的作用。管理者决不能靠"管"来打造教师，而是靠"理"来成就教师，要倾听教师、体察教师、关注教师的身体心理状态，更要加强政治敏感度、善于把握资源、创造性地开展工作。实现幼儿园干部教师协同发展是一个复杂又有趣的过程，我们愿继续探索、研究、贡献智慧，成就更多志存高远的幼儿教师。

本章结语

我们越来越意识到，教师要重塑儿童观，管理者更要重塑教师观——看到每个教师都是独一无二的，重视倾听教师的心声、与教师对话，兼顾教师的基本素养和专业素养，了解和呼应教师的需求与困惑，尊重教师成长过程中呈现出的发展状态，并适时适力地给予相匹配的支持和推动。教师队伍培养也开始从由管理者"自上而下"地制定培养目标，进行统一、标准化的专业技能培养，转变为更重视"自下而上"地激发教师的内在发展需求，主动成就教师的全面素养提升。

回顾三义里一幼的教职工队伍建设历程，我们不妨将管理者与教师的整体比喻为一个奔向职业幸福彼岸的旅行团。这个团队既要凝心聚力，奔向成就幼儿园中每一个教职工职业幸福的终点，享受旅途中的种种愉悦和各自精彩，更要能接纳种种不确定和暂时的挫折。在这样的愿景下，我们携手前行，走过五年三个阶段——"管理领跑—联手助跑—共同奔跑"，既重视专业领域的园本教研，又强调成就全人发展的培训、培养。

不论是幼儿园的园长、教师、还是保育员、厨师、保安等，教职工虽然分工不同，但都是幼儿一日生活中的重要人物，都在和幼儿一起"奔跑"，都在助力儿童奔跑，都在与儿童一起奔跑在路上，发挥各自的专业价值。

第四章 基于儿童、重视关系的幼儿园课程构建

我们借鉴新西兰"学习故事"评价体系中"注意—识别—回应"的思维模式，改进对儿童学习的观察和记录，促进儿童学习与发展的过程，既是教师不断重塑儿童观的过程，又是幼儿园课程不断发展和形成的过程。《发现儿童的力量："学习故事"在中国幼儿园的实践》一书所记录的 2013—2014 年发生在我们幼儿园的故事，开启了我们将视角从关注课程里教师的教学转向聚焦课程里儿童的学习课程重构历程。

在重构幼儿园课程的初期，教师主要是在区域活动、户外活动中进行观察和记录，转变视角，尝试从"相信儿童是有能力、有自信、积极主动学习者"的角度欣赏和理解儿童在自主游戏活动中的学习与发展。教师不再带着先入为主的认识走近儿童，班级里开始出现由个别孩子兴趣生发的持续探究式的主题活动，我们习惯上称之为"微课程"。

微课程大多源于儿童的兴趣，基于教师对儿童的观察，在教师和儿童持续倾听、对话和呼应的过程中生成教与学。这一时期，教师们以为，基于儿童兴趣生发的微课程最接近于幼儿园课程的理想状态。

然而，在微课程推进过程中，教师们发现，如果教师只是一味地观察和记录儿童的游戏与学习，没有及时呼应，那么基于儿童兴趣的主题探究活动也可能因没有持续不断的激发和呼应，使得儿童的学习无法拓展和延伸。微课程的发生和发展，似乎不能仅仅靠儿童本身的力量或等待儿童表现出某种兴趣，还需要教师主动发力，连接一切可能的资源，激发和推动儿童的学习。

这几年来，我们不断自问：改变以教师为中心的幼儿园课程难道仅仅追随儿童就可以了吗？教师又可以做什么呢？微课程就是课程吗？在反反复复的自问自答中，我们越来越清晰地认识到：要以儿童发展为本，就要沿着基于儿童和重视关系的方向，在不断反思中重构幼儿园的课程。

所谓"基于儿童"，不仅要基于独一无二的儿童、基于整体发展的儿童、基于具体鲜活的儿童、基于身处关系中的儿童；更要基于儿童的学习特点，包括儿童的好奇与兴趣、经验与能力、需要与权利，以及体验、经历、经验……

所谓"重视关系"，主要指重视儿童与周围人、事、物、地方之间的关系；重视师幼在幼儿园相遇后，持续倾听、呼应、彼此温暖、彼此成就的关系；重

视与儿童学习和发展相关的各种人事物、社会、文化资源之间相互连接、不断扩展编织，促进有意义学习发生的互利互惠的教育关系。

可是，基于儿童、重视关系的幼儿园课程在实践中是什么样的呢？从微课程到基于儿童、重视关系的课程，我们都经历了些什么呢？除了微课程，基于儿童、重视关系的幼儿园课程还包括些什么？如何让课程管理对每一位教师真正产生助力？如何让课程文档更好地服务于课程的规划、实施与发展？

第一节　幼儿园课程仅仅追随儿童就可以了吗

以往，我们园在课程的目标、内容、组织实施过程中过度强调教师的作用，课程中多以教师预设为主，教师在选择实施什么样的课程时也多依赖于教材。即便我们以主题活动形式推进幼儿园课程，也更多强调主题活动的全面性、整体性，而忽视对儿童兴趣、需要的关注和了解。当我们经过一段时间尝试借鉴新西兰"学习故事"的理念之后，教师建构课程的起点开始向重视儿童的兴趣方面转变，逐渐倾向于选择生成呼应式的课程模式。我们在2013—2014年也通过调整班级师幼比、一日生活安排、环境材料等，迈出了课程实践变革的第一步——教师后退，为更适宜地促进儿童学习与发展提供保障。一段时间里，只要是儿童感兴趣的、需要的，我们就会想办法支持儿童的想法，让儿童的兴趣得到延展。在这样一种情况下，班级里开始出现一系列强调儿童主动探究的主题活动，我们称之为"微课程"，也由此开启了三轮园本课程改革的历程。

一、第一轮园本课程改革：发展基于儿童的兴趣和需要的"微课程"

微课程"微"在课程的生发点，虽然小却是聚焦儿童感兴趣的点，这个点有可能激发出令我们意想不到的学习事件。这个学习过程就像一个细胞，虽然微小但它是从一个点变成无数个点。儿童在这样一种学习过程中很容易被带入，内心的需求和兴趣被关注、被调动、被重视，具有内驱力的学习也就随之发生了。不仅如此，微课程的学习进程既可以根据孩子们的兴趣情况持续不断加强，也可以适时调整结束，有弹性、灵活的特点，在给孩子们学习空间的同时也给教师的"教"留出了空间。

在一个微课程推进的过程中，老师会根据观察到的儿童兴趣点或是想法、意图进行选择，将有价值的内容、方向作为整个课程的生发点。与之相伴的是，教师在环境中、活动中提供相关的激发性材料，以此推动儿童的兴趣及相应的学习进一步发展。教师把更多的关注点放在对个体或小组成员的学习探究过程的观察记录中，从记录中寻找儿童的关键经验，确定课程推进的线索。教师辨识和认同孩子们的想法，及时呼应和支持儿童的新想法、新创造，并为儿童的学习发展提供阶段性贡献与分享的机会和平台，不断激发和支持儿童学习的兴趣与专注力得到深入的发展。

这一时期，班级涌现出了很多追随孩子兴趣的微课程，这些微课程体现了教师支持儿童学习的课程意识，通过观察和记录不断发现儿童的力量，识别儿童的兴趣和需要，并以此为依据讨论、回应、支持，推动儿童不断学习，很多精彩的微课程案例也在这样的持续呼应中应运而生。

(一)基于群体儿童的共同兴趣，发展微课程

有些时候，微课程是基于老师发现了班里一些孩子的共同兴趣而引发的。比如，大班的张莹老师在发现孩子们升入大班后，对搭建游戏的热情依旧很高。"十一"长假后，她在建筑区里听到了几个小朋友的对话。莫莫说："我这个搭建的是青岛火车站！我去那里玩了。"轩轩说："我搭建的是北京站。"(是另一座火车站)卓卓说："我这个是北京西站，我从这里上车和爸爸妈妈去奶奶家。"这几个小朋友不约而同地搭建起了北京城里不同的火车站。在分享环节，他们搭建的建筑引起了很多孩子的共鸣，大家说出了自己知道的很多火车站的名称——青岛站、上海站等，以及坐火车去旅行的经历。就这样，有主题的搭建开始了！

在接下来的搭建中，大家都想搭火车站。但是，火车站怎么搭？搭建哪个火车站呢？在讨论中有很多小朋友提到了北京西站，因为它是我们最熟悉的火车站。北京西站的造型独特，特别壮观，最重要的是，孩子们每天都可以看到它。于是，主题搭建就从北京西站开始了。张老师也在一系列学习故事文本中记录了孩子们这段学习旅程。

在这些学习故事文本背后，是老师们对孩子们学习的一系列支持，如为他们打印出网上搜索到的北京西站的图片，并鼓励孩子们利用班里的平板电脑自主搜索；一起观察北京西站的建筑特点。不仅如此，家长们也加入了进来。他们特意利用晚离园后的时间带孩子到北京西站的周边去观察它的建筑特点。当然还有一轮轮的大讨论，如北京西站的特点是什么。大家纷纷表示，北京西站最大的特点就是"主体结构中间有一个大大的洞"。那么，在我们的搭建中，怎么才能搭出这个洞呢？于是如何"用小积木搭建北京西站"的挑战活动开始了！老师们鼓励孩子们几人一组来完成挑战——用小积木搭建起北京西站的两座主楼，再各自想办法，到班上寻找合适的辅材，把两座主楼连起来。每一组幼儿都有自己的智慧，有的小朋友寻找到了纸板；有的小朋友寻找到了玩具板等辅助材料，用找到的辅材架在两座主楼上，搭出了主楼中间的镂空结构。就这样，我们的北京西站越来越精致，而这种搭建方法孩子们也运用得越来越熟练。

在搭建一段时间后，老师又向孩子们提出了一个挑战：火车站里还有什么呢？只有这一座主楼吗？于是，一场有趣的小组讨论又开始了。元一说："火车站有候车大厅，大家可以坐在那里休息。"紫嫣说："火车站要有检票的地方，不检票不能上车。"知周说："火车站还有安检处，要把行李放在传送带上安检。"讨论过后，大家还一起观看了关于火车站的幻灯片，在幻灯片里看到了孩子们提到的地方，丰富了相关的知识经验。有了前期经验和讨论，建筑区有了变化，不再是只有车站的主楼，开始出现很多小的细节，四通八达的火车站也逐渐呈现出来。老师惊喜地发现，在搭建区出现了轨道、月台、进站口，轨道和进站口还有了连接，乘客可以从月台上车。而在材料的运用上出现了新的辅材：小椅子，孩子们会用小椅子作支撑和造型。而车站也不再只有北京西站，陆续出现了北京站、青岛站等，由于掌握了搭建的方法，孩子们搭建的每一个车站都有自己不同的特点。

与此同时，建筑区的经验也被孩子们迁移到了益智区的多米诺小积木片搭建中，有的孩子尝试用小积木片铺设轨道，并能够让自己的轨道有跨越，还可以从桌面延伸到地面。

在孩子们搭建了一段时间后，教师又开展了一次绘本集体教学活动，和孩子们分享了绘本《火车带我去旅行》。借助共读绘本，从中了解到关于火车和火车站的很多新知识，比如，火车站除了始发站和终点站，还有经停站（停靠站），以及跟火车密切相关的还有火车轨道、高架桥、隧道等。有的小朋友说，自己回奶奶家时火车就停了好几次，路过了很多站；还有的小朋友说，自己坐的火车还钻过黑黑的山洞！就这样，他们兴奋地讨论着明天的搭建内容。

当更多的课程资源被引入后，孩子们在搭建上又有了新的变化，再一次给了老师不断的惊喜。老师发现他们铺设的轨道出现了变道和转弯，使轨道真正地通向了各个方向。同时，在搭建中还出现了高架桥，孩子们用纸杯作为立柱架起桥面，上面用长板铺设了轨道，火车可以从高架桥上通过。他们还用上了睡眠室的小床，将小椅子连接起来从床下面穿过，就像穿过了黑黑的山洞。由于孩子们搭建的热情高涨，到了周末，很多家长带领孩子参观了位于前门的中国铁道博物馆（正阳门展馆），满足了孩子们的兴趣，丰富了孩子们的相关经验。

又搭建了一段时间后，有的小朋友开始自己设计火车站，他们会先画好图纸，再按照图纸来搭建。一天，有一个小朋友用纸片画了一个圆盘，上面歪歪扭扭地写着数字，他把这个圆盘剪下来粘贴在小朋友搭建的火车站主楼楼顶，小朋友们都很开心，纷纷说：我们在坐火车时，就知道时间了。但很快，小朋友又发现，这个钟表上的数字和真正的钟表并不一样，表盘上到底都有哪些数字呢？我们怎么通过这个钟表知道几点了呢？于是一次有关"认识钟表"的系列活动又伴随着孩子们的好奇产生了。

在张莹老师的案例"四通八达的火车站"中，我们看到的是教师从追随儿童的兴趣出发，不断调整环境材料、通过发起挑战性问题、及时梳理和丰富孩子的经验。我们还看到，张老师在表述时用了很多"一起""共同"，将自己和儿童放在平等的位置上，充分肯定了孩子们对"微课程"的贡献；她还能借助倾听、对话，拓展对儿童经验、想法和兴趣的了解，并在努力理解儿童游戏的基础上，推动探究活动的深入，并做好总结、梳理，帮助儿童形成新的经验，在师生的共同努力下持续深入探究。

但是，我们的老师受传统主题活动的影响，在开展"微课程"的过程中仍然会慢慢回到"以教师为中心"，局限在教师视角下的领域目标的达成，有时甚至可能"绑架"学习线索和课程发展的走向。比如，最后孩子们画出钟表，可能是因为孩子们开始发现火车和时间之间的关系，但是张老师似乎更关注她听到的孩子的语言"我还不认识时间"，因而安排了认识钟表的集体教学活动。如果她继续引导孩子们发现火车和时间之间的关系，如果她还能投放更多支持游戏延续的材料，如火车票、火车时刻表，如果她能继续关注孩子们的游戏——画出火车出发时间表，就像她之前做到的那样，跟孩子们一起讨论、发现、探究，也许这个"微课程"还会带来新的学习机会。

（二）基于个体儿童的兴趣，发展微课程

有的时候，微课程是基于老师发现了某一个孩子的兴趣之后，在支持这一个体儿童的兴趣时，激发了越来越多其他个体参与，从而发展出的。比如，小班的张冬雨老师在发现一个小女孩在美工区创作的"我自己"的作品之后，在与个体对话以及在与小朋友分享讨论之后，激发了其他小朋友也参与创作"独一无二的我"，从而引发了美工区里一场关于"我"的微课程。张老师通过一系列的学习故事记录了小班孩子的这段学习旅程。

案例中，在教师持续观察、倾听、对话和呼应中，不一样的儿童形象不断走进教师的心里，儿童也在这样的连接中，扩展自己与自己、自己与周围更多人的联系。

（三）微课程引发的思考

无论是由群体儿童的共同兴趣引发，抑或是个体儿童的兴趣引发，紧紧追随儿童兴趣的微课程的实施都无一例外地让老师们不断看见专注于游戏、活动的儿童，这种参与状态的转变又进一步强化了儿童的学习、促进了他们的发展。

与此同时，老师们也逐渐意识到，如果要基于对儿童的兴趣、需要、经验等的解读，持续呼应，持续深入探究，对教师自身专业能力的挑战很大。最让老师们感到困难的是，因为微课程中的不确定性比传统的主题活动大得多，所以带来了一系列的挑战，她们常常纠结自己是否能准确识别儿童的兴趣需要，识别到了之后，如何才能不断支持推进课程的深入。

这些挑战不可避免地会让微课程在探索时常进入这样的瓶颈。有时微课程好似昙花一现，一开始轰轰烈烈，但到最后逐渐凋零；有时微课程流于形式上的尊重儿童兴趣需要，而实际上整个课程的发展进程依旧沿袭了教师主导和把控一切的传统课程探究模式。

在对老师们的访谈中，我们了解了老师在开展微课程时遭遇的一些困惑：

"微课程强调尊重孩子的兴趣，基于儿童生成支持的策略，在推动课程时，我变得比之前更瞻前顾后，生怕自己的支持破坏了活动尊重儿童兴趣需要的特质，又变成了以我（教师）为中心，让孩子参与到我设计的一系列活动中。"

"我觉得推动微课程太难了，如何权衡自己的角色，怎么基于孩子的需要，又让孩子获得学习与发展？"

"如果某个活动一开始并不是基于儿童的兴趣，如国庆节这样的活动，但是在活动过程中，我们也倾听孩子的声音、兴趣需要，然后给予支持，这样的课程算微课程吗？如果不是，它跟微课程是什么关系呢？……"

这些瓶颈和困惑让我们反思，以儿童发展为本的课程，仅仅追随儿童是不够的。老师们的困惑指引我们进一步反思课程中教师与儿童的角色、角色之间的关系，以及到底什么样的课程才是好的课程。微课程让我们始终聚焦儿童兴趣需要，那么，只有微课程这一条课程发展路径是需要开展的吗？教师发起的主题活动就必须被抛弃吗？教师发起的主题活动和微课程的区别到底是什么？教师发起的主题活动中，怎么做到教师也能在持续不断识别、支持、呼应儿童的兴趣需要中促进儿童的学习和发展呢？

二、第二轮园本课程改革：教师发起的学习活动也很重要

微课程最鲜明的特点莫过于课程的起点是儿童的兴趣点。对于微课程的关注，让我们幼儿园的部分教师一度认为，微课程才是尊重儿童的兴趣、需要的课程，老师们更愿意开展微课程，甚至管理者也更重视体现生成性的班级微课程。真的是这样吗？2016年，新西兰的莉萨老师发起了一个"中国和新西兰幼儿园的跨文化探究项目"，我们有幸参与其中。正是这次探究让我们意识到，教师并非只有在推动微课程发展时，才能做到尊重儿童的兴趣和需要，有意义的幼儿园课程并不只有微课程这唯一的实践路径。

案 例

一个跨文化探究项目带来的启示

2016年9月，周菁老师邀请我们参与了与"龙"有关的跨文化探究项目。它始于莉萨老师自编的一个有开放性结尾的故事——《阿娃露阿和中国龙》。

故事的大意是这样的：

新西兰有一条叫阿娃露阿的塔尼法（新西兰毛利文化中的龙被称为"塔尼法"，和中国龙不一样）。一天，阿娃露阿正开心地在波里鲁阿港的海水里游泳。突然，一个亮闪闪、像火一样的东西飞过了他的头顶，阿娃露阿从来没有见过这样的东西。他们都慢慢站了起来，揉揉眼睛，然后好奇地看着对方。这个时候，中国龙说话了："你是谁？"

阿娃露阿说："我是一条塔尼法。你又是谁？"

中国龙说："我是一条中国龙。可是，塔尼法是什么？"

阿娃露阿说："我可以请我的好朋友们告诉你塔尼法是什么。那么，你呢，中国龙又是什么？"

中国龙说："我也可以请我的好朋友们告诉你中国龙是什么。"

莉萨老师编的这个故事留下了一个开放性结尾，她邀请三义里一幼的小朋友和新西兰惠灵顿普利姆顿幼儿园的小朋友各自对自己文化中的龙进行探究，然后彼此分享他们的认识和故事，从而促进孩子在艺术表达、语言沟通、文化认同等方面的学习和发展。

当我们把这个研究项目介绍给老师后，老师们纷纷表达了担忧："龙"这个抽象的图腾，特别是对小班孩子来说，能理解吗？既定的主题探究与我们之前一直坚持和强调的以儿童兴趣入手"生成课程"才是好课程的认识矛盾吗？于是，我们首先和周老师一起展开了讨论，并形成共识，即要尝试将对"龙"的探究建立在与儿童的对话、倾听基础上，环境先行，在与孩子们的持续呼应中帮助儿童建立与龙的各种连接。由此让我们看到了各班孩子和老师带来的各不相同的学习体验和旅程。

1. 龙在小班——隐龙于环境，龙和恐龙同探究

小班老师从环境入手，隐龙于环境中，把龙介绍给孩子们。她们在幼儿每天可见的喝水牌上贴上龙的小图片，每当孩子们喝水的时候就能看到龙，每天晚上通过数小龙头知道自己喝了几杯水。同时，老师收集了一些与龙有关的图画书，但发现很多图书与恐龙有关，于是一并投放到了图书区。老师们还在美

工区投放了一些龙和恐龙的图片。在环境的激发下，有一天，一名幼儿拿来一张画给班上的老师："老师你看，我给恐龙画了两条血管，一条是红色，一条是蓝色，恐龙和人一样都有两条血管，一条是静脉，一条是动脉。"他这一连串对恐龙、对人体知识的了解让老师好惊讶。

老师跟全部孩子们分享了《血管和水管》这个学习故事后（了解该故事），引发了孩子们的大讨论，老师也发现了班上很多的"恐龙专家"。孩子们表现出的对恐龙的浓厚兴趣，以及已经拥有的非常丰富的经验储备，让老师们面临一个选择，那就是继续支持幼儿对"恐龙"探究的兴趣，还是回归"中国龙"呢？老师们决定暂时将"中国龙"的话题放一放，追随孩子们对恐龙的各种好奇和相关游戏。

老师们请幼儿将自己家里的衣服、书、模型、图片等与恐龙有关的玩具带到幼儿园，开展了一次集体教学活动，以了解每一名幼儿的原有经验：你知道什么类型的恐龙？你能模仿一下它的样子吗？有的小朋友用动作模仿恐龙的样子，有的小朋友用声音模仿恐龙的叫声，从外形、感官上对不同的恐龙建立了具体的认识。然后老师将图片、模型投放在美工区，幼儿利用纸、盘子、纸盒、各种工具制作龙的头饰、衣服、模型，还有的小朋友带来了很大的恐龙模型。孩子们提出要为恐龙在建筑区搭家，同时教师也融入幼儿的游戏中，在图书区和幼儿一起共读有关恐龙的绘本。就这样，在认识、经验不断丰富的同时，孩子们也提出新的问题："世界上真的有恐龙吗？""恐龙灭绝了吗？""哪里有恐龙化石？"

面对孩子们的好奇，老师邀请家长和孩子们一起走出幼儿园，到自然博物馆寻找问题的答案。在长达两个月关于恐龙的探索中，小一班孩子们了解和探究着恐龙，也在和老师、同伴共同探究的过程中慢慢了解和信任彼此，建立着归属感和安全感，慢慢缓解了入园焦虑，兴趣得到满足。于是老师们开始思考：是不是可以再一次提起中国龙这个话题了呢？这会不会引发全班幼儿再次思考、好奇，从恐龙拓展到中国龙呢？

这一次，老师们问了孩子们一个问题"恐龙和龙一样吗？"孩子们各抒己见。

睿桐：龙是属于我们中国的。

熙涵：龙是弯弯曲曲的。

湛卿：龙很神奇，因为我没见过。

嘉晟：我听过关于龙的歌曲《小龙人》。

江跃：龙的身体很长，扁扁的。

煜琳：龙生活在中国，有的在天上，有的在地上，有的在海里。

孩子们的回答让老师惊讶，没想到老师们认为深奥难懂的中国龙文化，小班孩子们也已经有了一定的了解。这让老师再次确认自己当初追随幼儿兴趣的选择是正确的。于是，老师们决定再一次邀请家长参与进来，期望他们能带幼儿去寻找一下身边的龙元素，比如，图画书中和建筑物中的龙，生肖龙的故事，与"龙"相关的食物——龙须面，等等，以帮助孩子建立和龙、和自己的生活、和自己生活的这片土地的连接。而孩子们这些与龙相关的体验，也在孩子们的绘画中和游戏中不断被激发和丰富着。

2. 龙在中班——"收集""感受"和"游戏"

中班老师们发现班里有多一半的幼儿是属龙的，他们和龙其实在隐形地发生关系。于是老师们决定从幼儿已有经验出发，组织一次讨论活动，想知道中班的小朋友对"龙"的了解有多少，没想到孩子们却带来了很多惊喜！

问题一：关于龙你都知道些什么呢？

瑶瑶：我是属龙的。

龙龙：我的小名叫龙龙。因为我属龙。

潇龙：我的名字里有龙。

问题二：我们身边还有龙吗？

祁晨：我在书上、玩具上都找到了龙。

洋洋：我在博物馆里看见过恐龙，恐龙是龙吗？

桐桐：妈妈在故宫工作，我在故宫的墙上看到过龙！

老师们从孩子们的话语中了解到中班幼儿对"龙"有一定的了解，多从生活中能看到、能摸到的东西及与自己有关的经验中来，因此决定进行一次"龙的大收集"活动。老师们请孩子们在"十一"假期中搜集一些龙的资料，假期回来后，"龙"成了孩子们在班里最常讨论的话题，他们每一个人都表达着自己对龙的理解。

静怡：北京有龙！

一泓：龙会喷火，所以是红色的。

婉钦：龙是一个传说。

滢冰：龙已经消失了。

子牧：龙是很早以前有的，现在埋在地下了。

元一：我听过龙喷火的故事。

漪萌：龙是一种动物。

韫卓：我见过恐龙的骨头。

翊搏：恐龙的骨头是化石。

爱多：别的国家也有龙。

子嫣：有的龙还会喷水。

睿睿：有的龙鼻子会冒烟。

倚文：龙是会飞的。

昊远：有的龙嘴很大。

敬炜：龙有大脚印。

紫雯：湖南有舞龙表演。

在短短的半个月时间里，小朋友们常常谈论龙，在彼此交流中，经过相互思维的碰撞，小朋友们对龙的本领有了一定了解：能喷火，会吐水，还会飞，还了解了我们中国人都很喜欢龙。那个时候，每天都有孩子在游戏时间用各种材料创造他们心目中的龙。

龙也开始出现在孩子们的各种游戏中，即便是搭建完纸杯城堡后，收拾纸杯时，我们也能看到龙的身影。

3. 龙在大班——理解、创造与文化

和小班与中班的孩子们一样，当大班老师们与幼儿一起分享《阿娃露阿和中国龙》的故事时，发现大班小朋友对"龙"也有自己的理解。

蔡子：老师，我觉得那条小红龙应该是一条水龙！

皮皮：老师，我知道龙从云里飞出来之后，云就变成了灰色，（为什么呢？）因为龙喷了火之后，把云烧成了灰色！

泽远：老师，我告诉你，这是一个神话，这个世界上没有龙！

恩楠：古时候有龙，现在没有了！

于是，大班教师建议孩子们将自己对龙的了解用不同的形式呈现出来。于是就有了大班的墙上挂着的六本关于"龙"的书，其中《古代建筑中的龙》是由老师们打印制作而成，而其他五本《画出来的龙》《我设计的龙》《我的超能龙》《剪出来的龙》《玩出来的龙》均是由不同时期小朋友们根据自己的理解绘画、制作而成的！这其中渗透着每一名儿童对"龙"独一无二的理解。在这些书籍中，有他们自己理解的龙，有他们想象创造的龙，有他们艺术表达中的龙。有的小朋友认为龙能喷火，有的小朋友觉得龙是弯弯曲曲的，有的小朋友认为龙是神变出来的！孩子们就在日常翻阅这些书籍中，在彼此的对话和交流中，不断丰富和拓展着自己对龙的理解！

孩子们对龙的理解和创造，不仅在自制图书中呈现出来，还在各种游戏中不断拓展和延伸。如在光影区里，孩子们通过光影表现龙舟的有趣游戏也引发了老师们的关注（了解孩子们和龙的故事），老师们在学习故事中记录下了孩子们各自与龙建立的连接和探究。

随着孩子们对龙了解的不断深入，龙常常出现在孩子们的游戏世界里。《秦始皇的龙座》里记录了泽远在搭建长城时与秦始皇、秦始皇的龙椅穿越时空的连接；悠悠用纸卷、靖航用多种材料制作了一条龙；文畅和瑞骞画了一幅龙的长卷；剪纸、泥塑都成了孩子们制作龙的材料；还有的小朋友开始搭建龙宫……表演区里因为凡凡带来了新音乐《小龙人》，孩子们一起共同创编舞蹈，舞蹈《小龙人》成为新年音乐会亮点节目；老师还和孩子们一起欣赏了各式各样的龙文字，孩子们纷纷拿起毛笔，跃跃欲试地写起了"龙"文字。

大班的孩子们还与新西兰的小朋友视频连线，介绍我们与中国龙的故事。

在与新西兰小朋友连线中，孩子们很兴奋，虽然语言不通却互相用歌声问候，在老师的帮助下相互分享着彼此的收获。孩子们对"龙"这个话题的探索热情被进一步激发了。

4. 龙于教师而言——与孩子们一起学习

自"龙"主题活动开展以来，教师和小朋友一样越来越对中国"龙"文化产生了浓厚的兴趣，通过寻找、查找龙，听有关"龙"的讲座，感受到中国龙虽然在很长一段时间里是皇权的象征，但是龙的精神被中国人传承下来，还渗透在各种艺术作品之中，也激发了教师对我国传统文化的热爱！

汪苑老师：教师发起的主题活动也能成为儿童主导的活动。

何伟老师：小朋友从感兴趣到主动参与；从听别人讲到主动扮演；从简单操作到系列操作；从关注自己到关心他人。

陈莉老师：区域的融合，在我看来不是孩子可以拿着美工区的材料去建筑区玩，更不是简单的人的流动，而应是真正的人、事、物的交互流动。

班鑫老师：无论是由儿童引发的兴趣还是教师发起的兴趣，都需要听孩子们在说什么，他们的兴趣点是什么！都需要尝试他们正在做的事情，和他们体会着同样的感受。都要提供丰富的材料、丰富的体验、教师丰富的知识储备，这一切对儿童、教师来说都很重要！

虽然围绕龙的探究一开始是由教师发起的，但是整个过程中，教师没有急着安排一系列的主题活动，而是环境先行，在倾听、发现兴趣的基础上，从幼儿的兴趣出发，利用玩具、材料、游戏、活动、资源帮助幼儿去建立自己与龙之间的连接、理解、认知、情感和表达。在这里，我们虽然只分享了一部分发生在孩子们与龙之间的故事，但是我们也能够看到，各个年龄班的孩子们与龙的连接有各自的特点，老师们在取舍、判断，并且基于对幼儿的尊重、年龄特点、已有经验的分析回应儿童的兴趣和需求。

和孩子们一起探究龙的过程，引发教师更多思考的不是如何开展好一个有关龙的主题活动，而是引发了教师对向孩子们介绍中国传统文化这一主题的再认识。老师们开始思考和讨论：在幼儿园里，应不应该涉及一些传统文化？了解传统文化对幼儿来讲有哪些意义？如何把传统文化融入幼儿园生活和课程中？

持续了一年的有关"龙"的探究项目让我们反思：忽视成人发起的课程是否有所偏颇？同时也给老师们带来很多启示，如教师发起的学习活动和主题探究同样重要；教师发起的学习活动和主题探究应如何在对话、倾听和持续呼应中追随和支持儿童的兴趣；中国传统文化应如何融入幼儿园课程；等等。

随着对龙的探究顺利开展，园方开始在每学期初都发起一个探究话题，如为了从小培养幼儿的民族意识，幼儿园在2017年春季学期初首次提出"园级微课程"——"英雄"，每个班级可以自主选择是否开展。大二班的池老师在集体学习故事《一段关于英雄的故事》中记录、回顾了与孩子们共同参与和建构的这段学习旅程。

"英雄"虽然是教师发起的主题探究，但对于工作才一年多的新手教师池老师来说，她已经开始有意识地在倾听和解读孩子声音的基础上，建构各自对"英雄"的理解。而教师发起的主题探究，还有可能激发出孩子们新的好奇，将主题与他们自己和他们生活中的人、事、物建立连接，发展出新的课程线索。例如，围绕"英雄"这个话题的探讨，因为女英雄花木兰和一个小朋友从家里带来的《我是花木兰》绘本，而衍生出了与"花木兰"和《木兰辞》相关的大讨论。

过了几天，活动区游戏时，池老师听到图书区班中有三四个孩子背起了《木兰辞》，碧宁说："我回家让妈妈给我搜的，听着听着就会啦！"渐渐地，班上越来越多的小朋友背会了《木兰辞》的前几句。于是，池老师找来了木兰诗的原文，组织了一次诗歌赏析活动。当池老师读到"不闻爷娘唤女声，但闻黄河流水鸣溅溅"时，一名小朋友问："池老师，这是不是就是那天我们讲的故事里花木兰把大地为床，天为棉被的那一页？"就这样，池老师每读一句原诗，孩子们都会根据《我是花木兰》绘本里的情节进行自己的阐述与理解。有的孩子还用自己的画笔绘制自己心中花木兰的故事。

"池老师你看！这是我画的花木兰在拿着兵器打仗呢！"

"哇！你画的花木兰看上去就很美丽又勇敢嘛！那她最后打仗打赢了吗？"

"赢了啊！我接下来还要再画一个花木兰回家的画面！"

孩子们跃跃欲试。渐渐地，班中越来越多的小朋友来到美工区制作自己的《花木兰》故事书……孩子们的艺术表现形式不尽相同，有的小朋友采取剪纸辅助画画的方式，有的小朋友采取碎纸拼贴的方式，还有的小朋友来到了光影区创编花木兰的光影故事。帐篷中的花木兰，骑着马的花木兰，一个个鲜活的花木兰出现在了大二班……

和孩子们讨论了一段时间自己知道的英雄之后，池老师思考着该如何将"英雄"与孩子们自己建立连接。于是她提出了一个新话题："小朋友可以成为英雄吗？需要怎么做才能成为英雄呢？我们小朋友怎么做才能成为大二班的小英雄呢？"孩子们说："自己的事情自己做！独立完成！""多帮爸爸妈妈做家务！""当小朋友遇到困难时主动帮忙。""当老师的小助手！""爱护班集体，多为班级做贡献！""节约用水，不浪费！""不乱扔垃圾，看到地上有垃圾捡起来！"

自然而然地，结合4月22日的世界地球日，大二班发起了"保护地球"英雄计划，孩子们讨论了应该如何保护地球，并画下来张贴到了幼儿园的墙壁上，让更多的小朋友加入到我们的队伍中来！孩子们还走出幼儿园，鼓足勇气将他们精心设计的"保护地球，从我做起"的宣传单让更多人看见！他们是不是也算地球上的小"英雄"呢？

池雨蒙老师说："一开始听说要发起'英雄'这个探究主题时，我心中有很多疑问，例如，孩子们对于离他们生活看似遥远的'英雄'会感兴趣吗？又有着怎样的理解呢？但是，通过'英雄'这一园级微课程，孩子们给了我很多很多的惊喜与力量，从他们的话语之中我感受到他们已经初步地认识并理解'英雄'一词的真正含义。在6岁这样一个小小的年纪，喜欢动画片里的公主、金刚狼等等人物再正常不过了！可是到最后他们却愿意喜欢上我们中国的英雄！这多么可贵啊！此次活动也让我体会到，幼儿园的爱国主义教育，不是一朝一夕的事，更不是通过一次或几次大的主题活动就能立竿见影的，它始终贯穿在幼儿的整个教育阶段。只有这些具体的、点点滴滴逐渐聚集起来的爱伴随孩子成长，才能建立起强烈的民族自尊心、自信心，才能使爱国主义情感融入每个孩子的心田。"

"英雄"虽然是老师发起的一条课程线索，却是个因为孩子和老师的共同关注，在持续的对话、倾听和呼应中彼此激发和拓展延伸着的学习旅程。在这个过程中，生成和预成的学习自然而然地交织在一起。我们发现，幼儿园课程本就不该被二元地分割成生成和预成，幼儿园课程的质量也不应该以课程来源作为评价标准，而应关注课程如何体现教师基于儿童兴趣、需要、想法持续呼应推进儿童学习与发展的过程。值得一提的是，"英雄"并不是当时班里唯一的课程线索，孩子们对"春天"的感知、有些孩子的"百变小舞台"以及"世界地球日"的系列探究，与"英雄"或并行或交织地成为孩子们的学习内容和老师们支持的课程线索。

现在，我们认为，基于儿童、重视关系的幼儿园课程，不等于教师仅仅追随儿童，也不等于仅仅以儿童为中心，而是一个基于教师对儿童的持续观察、倾听，以及对儿童兴趣、需要的持续解读；基于教师对幼儿发展的合理期望，以及所受到的国家发展、文化历史的影响，对儿童的学习与发展进行持续呼应的课程建构过程。由此，我们沿着"基于儿童、重视关系"这个方向，朝着建构以儿童发展为本的幼儿园课程实践又迈出了一大步。

三、第三轮园本课程改革：平衡预设和生成的关系，逐步调整课程计划

在"基于儿童、重视关系"的生成呼应式课程实践中，教师努力在对儿童的兴趣、需要及经验的注意和识别中寻找课程发生发展的线索，逐渐形成不断生成和延展的课程样态。这样的转变也促使我们反思现有保教管理中的问题——相关计划是否能体现教学和课程是"基于儿童"（特别是独一无二的个体儿童）的，是否给课程的生成和延伸留有空间，是否能包容不确定性和不可预测性？最重要的是，各类计划是不是"活"计划、是"属于"教师的计划、是能与儿童每天的生活和教师的教学实践紧密连接的吗？基于对这些问题的不断思考，我们

这些年对日计划、周计划、月计划等先后进行了一系列改变和调整。

(一)大胆"留白"实现文本管理与课程实践的连接

周计划是教师对于班级一周课程的整体规划，是有效实施班级课程/园本课程的重要一环。随着微课程实践越来越深入，班级中的课程线索由原先偏重教师预设，开始向关注儿童兴趣生发的线索转变。但是，周计划文本中却没有为教师根据孩子兴趣推进微课程留有空间和时间。为此，我们首先调整的是原有集体教学活动的时间安排，每周有两个集体教学活动时间在文本表格中"留白"，供教师自主结合班级微课程安排。

2015年之前周计划里的集体教学是这样呈现的：

表4-1　2015年之前周计划中的集体教学文本样式

	周一	周二	周三	周四	周五
教育活动	体育：绕圈接力	主题：我知道的中国	数学：制作表	综合：大一班之最	主题：祖国的标志
	歌曲：值日生歌	数学：蜗牛找家，添图形	折纸：小白船	数学：观察和比较——比大小	古诗精读：《游子吟》

现在的周计划中的集体教学是这样呈现的：

表4-2　调整之后周计划中的集体教学文本样式

	周一	周二	周三	周四	周五
集体学习	健康：我会打喷嚏	社会：甜甜话语	安全：我认识安全标志	德育：我是这样的小朋友	劳动日
	数学：高矮比较	微课程：我长大了	音乐：《蜗牛与黄鹂鸟》	语言：《急匆匆的救护车》	艺术与表达：各种各样的大船

与此同时，为了让孩子们的学习内容更加均衡，我们还在自主游戏时间内增设了教师发起的"小组学习"这种形式。当游戏时间调整之后，幼儿拥有很长时间可以自主选择游戏内容，我们通过观察发现，幼儿游戏内容多以兴趣自由生发，幼儿活动方式多是停留在操作、体验、感知层面，我们希望可以通过开设小组活动发挥教师的引领、启发作用，通过小组化合作式学习，在数学、科学游戏中，引发幼儿深入探究，使幼儿获得思维的挑战。为此，我们汇集不同年龄班幼儿喜爱的数学、科学游戏内容，提供给教师选用，同时把组织小组学习这项工作交给班级助教负责，以周为单位，幼儿可自选时间在《小组学习安

排表》中报名，每天以 5～8 名幼儿为一组，和教师共同探究科学、数学游戏。小组学习的环境更像是班里的定制游戏区，小组学习既丰富了班级游戏内容，又为幼儿深入探究挑战思维的学习开辟空间，助教老师也在这项工作中得到对科学、数学领域探究学习的实践研究机会，可谓一石三鸟。小组学习活动得到了幼儿喜爱，他们很喜欢在小组中跟同伴、老师共同学习的氛围，老师们也觉得小组学习的方式进一步增加了幼儿在科学领域的学习和探究热情，老师可以针对小组中的每一个幼儿需求做互动指导，孩子们进步很快。唯一不足的是，小组学习对师生比要求较高，如果班级中有助教教师存在，小组学习可以实行，如果教师紧缺，班级教师则会以关注指导整体游戏发展为重点。小组教学这一内容也在周计划文本中呈现。

表 4-3　2015 年之前的游戏活动计划

游戏活动	1. 激励幼儿尝试不同区域和游戏，学习记录 美劳区"瓶子变身"；建筑区学搭城市交通；棋牌屋设计棋类游戏 2. 熟练使用图书，棋、玩具，工具材料，能根据需要取用物品，并物归原处 3. 学习讲评区域活动，乐于展示自己的作品

表 4-4　2015 年之后的游戏活动计划

游戏活动	1. 幼儿自发游戏：威武大船 2. 教师指导游戏：棋类游戏、有趣浮力 3. 小组游戏：数学——1～5 的数字分解与组合

（二）试着将对儿童的观察纳入周计划

从学习故事到微课程，我们用了很长一段时间探究如何将对儿童的观察和记录与儿童持续的学习进行连接，形成微课程。那个时间段的观察主要是围绕着微课程的学习而记录的。然而，儿童的学习在一日生活中无处不在，教师需要拓宽观察的视野，从方方面面去观察和记录儿童的学习。于是，我们尝试在周计划左侧增加"上周观察"版块，以此体现周计划对教师观察和记录的重视。

经过几周的实践，老师们反映在"上周观察"中罗列的观察和记录内容越来越多，这些个体学习很珍贵，但是它们跟周计划中的课程内容有什么关系呢？为什么要把观察和记录罗列在周计划里呢？通过对现有周计划文本的剖析，我们发现"上周观察"中看上去零散的个体学习其实是可以提炼出共性线索的，而这些共性线索就可以成为周计划中不同课程内容的来源。

（三）尝试建立日观察、日计划和周计划的连接

我们试着建立一种班级教师相互沟通的机制，将各自观察的内容汇总，梳理出共性线索，在"上周观察"中呈现，这样就为周计划课程内容的制定提供了与儿童兴趣相连接的依据。同时，大家也认为融入日常的观察和记录很重要，不能仅仅在"周计划"的一个小格子里呈现。于是，我们设计了"日观察记录表"（见表4-5），供老师记录每日观察的儿童学习线索。

表4-5　日观察记录表

日观察表：　　　班级：　　　教师：　　　日期：			
时间	教师注意到的…… （重点关注孩子能做的、感兴趣的、热切专注投入的学习过程）	可能的学习线索	明日或近期回应的机会和可能

"日观察记录表"的制定也促使我们重新反思日计划的制订。日计划中原有的对生活活动、游戏活动、家园共育、环境创设等活动内容的设计具有阶段性、周期性，比如生活习惯培养是在一定周期内完成的，如果把它在日计划中呈现，就会重复，因此这些内容就放在周计划中进行整体规划和落实。而日计划呈现的内容应该体现以教师预设为主，所以我们保留了集体活动和户外活动两项内容。

表4-6　2015年之前的日计划

时间：　　年　　月　　日　　周　　　班级：　　　　教师：	
生活活动	目标： 指导重点：
区域活动	区域名称： 目标： 材料： 指导重点： 区域名称： 目标： 材料： 指导重点：

教学活动	活动名称： 活动目标： 活动准备： 物质准备： 经验准备： 活动重难点： 活动过程：
户外游戏	集体游戏： 游戏名称： 游戏目标： 游戏玩法： 准备： 玩法： 规则： 注意事项：集体游戏： 游戏名称： 游戏目标： 游戏玩法： 规则： 注意事项： 分散游戏：
反思	

表 4-7　2015 年及之后的日计划

集体教学： 活动类型及名称： 活动目标： 活动准备： 活动过程： 户外活动安排： 集体游戏名称： 集体游戏目标： 分散游戏名称： 分散游戏目标：
我的反思：

经历了以上对于计划调整的曲折过程，我们逐渐明确了日观察、日计划、周计划三者之间的关系，也逐渐理解了它们在课程计划中发挥的不同功能。从时间线上，日观察的文本记录是伴随教师实际教育行为发生而呈现的；日计划、周计划是先于教育行为而预设的。借助日观察和日计划，周计划实现了教师预设的课程线索和基于儿童兴趣需要的生成课程线索的以周为单位的整合与规划。

日观察、日计划、周计划的制订实现了课程自下而上的规划思路，但是，如何将幼儿园、国家对儿童整体发展的期待落实到班级课程规划里呢？于是，我们对月计划的制订进行了反思调整，将月计划中围绕的五大领域罗列出来的众多目标凝练成教师对近期本班儿童发展期待的几个核心词，使教师更加聚焦课程实施的重点和方向。将保教计划中需要在班级课程逐月落实的内容，如健康安全教育、节日节庆活动、亲子活动等内容在月计划中呈现。相对简练又清晰的月计划受到了老师们的欢迎，月计划不仅班级课程管理重点清晰，还与园级整体课程的要求实现了紧密连接，进而实现了课程自下而上和自上而下相结合的以月为单位的课程规划思路。

表 4-8　2015 年之前的月计划

本月目标	
本月重点	
常规教育活动重点	

主题活动及主题环境创设			
游戏活动及区角环境材料投放			
家长工作			
幼儿发展要求	领域	活动名称	目标
	健康		
	语言		
	艺术		
	科学		
	社会		

表 4-9　2015 年及之后的月计划

学情分析： 月关键词：	
重点工作	
家园或节日	
挑战活动	
健康教育	
安全教育	
开学活动	
劳动教育	
德育教育	
体育教育	

我们对课程计划文本的管理随着课程实践探索不断调整和完善，这是一个动态持续的过程，也在帮助我们不断描绘和清晰我们理想中教师和孩子们一起学习和教学的模样，以及我们理想中课程的模样。

我们理想中的教学和课程基于教师对孩子每天的观察。

表4-10　三义里第一幼儿园某中班周计划

上周观察： (1)在开学典礼中，每个幼儿都能大胆表现自己，能主动认识新的朋友 (2)嘉益在家学会了魔尺变球，回到班里主动当小老师教其他小朋友 (3)幼儿在假期中有很多新本领和发现，在老师号召下和家长一起制作了《我的假期故事》PPT，用来在每周"我的故事"时间里，向全班小朋友讲述自己的趣事 (4)心翼玩游戏的时候很有计划性，用积木搭建好大船，再去看图折纸船，已经有很多纸船作品 (5)靖航在积木区搭建了一个三层高的大船，还告诉我魔尺可以当楼梯，方便游客上下楼 (6)在学期初体检测身高体重时，小朋友知道自己长高了、长重了，为自己的变化而高兴 (7)新开的棋区受到喜爱，子睿、骞骞、泽远每天都能研究出新的玩棋方法	上周分析： (1)有假期生活与开学活动的衔接，幼儿情绪很好，很快地投入新游戏 (2)第一学期"搭建大船"游戏仍然受幼儿喜爱，继续搭建中幼儿加入了角色、情境，很快搭建好后，就开始玩航海角色游戏，形成"大船"主题游戏 (3)每周分享"我的假期故事"时间里，讲的内容有趣、生动，语言流畅，还在结束时回答听者的问题，整个过程像故事会，很受大家喜爱
	本周重点： (1)回顾漱口、擦嘴常规，养成餐后卫生习惯 (2)关注"大船"主题游戏，提供材料、道具等资源 (3)关注并了解幼儿对飞行棋、动物棋的经验 (4)在"我长大了"主题活动里，预留时间保证分享、讨论，体验成长快乐
	游戏活动： (1)幼儿自主游戏：威武大船要出海 (2)教师指导游戏：棋类游戏、有趣的浮力 (3)小组学习：1~5的数字分解和组合
	户外活动： 运动习惯培养：运动前的准备活动，运动中的安全，运动后的放松整理 体能专项锻炼：10米往返跑 本周集体游戏：巴巴变、接力赛 自由自选：利用圈、墩、拱形门自主游戏

集体活动

周一	周二	周三	周四	周五
分享阅读：《沙滩上》	微课程主题活动：假期趣事	微课程主题活动：我长大了	数学：高矮比较对应	妙事多音乐活动：棒棒糖

续表

环境材料支持：
(1)投放数学比较类探索玩具、教具
(2)提供折纸书和纸张
(3)为搭建区提供《揭秘船舶》
(4)按照小组学习计划，在班里收集材料，为浮力试验做准备
家长工作：
(1)养成习惯类：入园时主动问好，离园时向老师鞠躬说再见
(2)配合教育类：父母帮助幼儿做"假期趣事"的准备

每天，班里的几位教师都会找时间分享和聊聊自己对孩子的观察、分析，然后在周五共同探讨、寻找进一步拓展和延伸学习的机会和可能，并融入本班的下周计划中。

表4-11　三义里第一幼儿园某中班日观察

时间	教师注意到的…… (重点关注孩子能做的、感兴趣的、热切专注投入的学习过程)	可能的学习线索	明日或近期回应的机会和可能 环境、材料、图书、小组或集体活动、家园互动
周一	孩子们通过测量身高、体重，每个人都发现了自己外在的变化和成长	1. 进行身高排一排的游戏，通过观察、比较，全班小朋友按照从高到矮、从矮到高排列 2. 观察自己除了身高体重的变化，还有哪些变化代表着长大	1. 进行一次关于"我长大了"的集体活动 2. 为自己制定一个关于"我长大了"的小目标，如我要学会某个本领、在班里承担哪些小任务等
周二	航航在积木区搭建了一个三层高的客船，还告诉我魔尺可以当楼梯，方便游客上下楼	了解客船还有哪些功能和设施，比如，餐厅、游乐场、游泳池等	1. 在游戏分享时将他的游戏进行分享 2. 和孩子们一起讨论，积木区还需要哪些材料
周三	几个男孩子很喜欢在棋区游戏，他们尤其喜欢飞行棋和蛇形棋	熟悉、了解飞行棋、蛇形棋的玩法和规则	和孩子们共同讨论玩棋的方法，将棋类游戏的规则以图示的方式贴在墙上

周四	珈珈主动和班里的老师分享了她假期里的新本领——魔尺变球	1. 将魔尺变球的方法用自己的话讲出来，促进语言表达能力的提升 2. 将方法交给班中其他对魔尺变球感兴趣的小朋友，促进合作学习	1. 利用围圈环节，请珈珈和大家分享魔尺变球的方法 2. 建立魔尺变球的学习小组
周五	心翼在积木区搭建了一艘大船之后，从美工区拿来了几张正方形的纸，专注地折起了纸船，并和我分享说这是大船的护卫船	1. 认识各种各样的船，了解哪些船有护卫船、有什么作用 2. 认识正方形，探索正方形的纸还能折出什么造型	1. 和他一起聊一聊相关知识，如搭船前期经验 2. 将他的发现和游戏过程写成一篇《学习故事》，和小朋友们一起分享

每个月的月末，班里几位老师又会基于本月对孩子们的观察和分析，结合幼儿园的整体工作安排，提出本班下个月学习和生活的关键词，并制订月计划。

不断反思和调整各类计划表的过程让我们意识到，建构基于儿童、重视关系的幼儿园课程，教师的努力虽然很重要，但更重要的是业务管理者在课程管理中的导向和支持。不同的表格，传递着不同的儿童观/教师观、学习观/教学观、课程观和评价观，影响着教师的思维和行为。因此，我们要继续探索的，不仅仅是儿童、教师在幼儿园课程中的位置、关系，还有幼儿园课程和教学管理可能如何促进或桎梏儿童的学习和教师的教学。

表4-12　三义里第一幼儿园某中班月计划

三月情况分析：

　　每位幼儿都开心返园，能礼貌问好，社会适应能力有很大提高。三月第二周孩子们开始使用筷子进餐，大家都很好奇，也愿意使用筷子。

　　在"假期趣事"分享活动中，幼儿十分享受其中，用独一无二的表达方式讲述自己的故事。家园生活衔接很好，在分享活动的保障下，幼儿互相欣赏和学习的情感更加积极。比如，向嘉益学习"魔尺变球"的幼儿越来越多，已经出现挑战、自命名变魔尺的新游戏。

　　"搭建大船"主题游戏里出现新事物——护卫船，幼儿通过分工知道自己的搭建任务，一起完成后，继续用纸和废旧材料制作客船里面的设施，开始角色表演、创编情景剧。

　　在三月的共同生活里，幼儿养成较好习惯。进餐、盥洗、运动中的自我保护等习惯和能力，正在养成。关于生活中的趣味数学、奇妙的科学现象，通过开展共同探索学习，帮助幼儿获得相关经验。

相信每个人的力量

四月关键词：发现　游戏　运动

重点工作	1. 情感品德类：在观察季节变化中，感受自然、环境、生活的美好，愿意把自己的发现和感受跟大家交流 2. 自主游戏：搭建能动起来的大船，创编《我们要出海》剧情 3. 知识技能类：在数学、科学、绘本语言学习中积极探索，乐于把学到的经验和技能在生活、游戏中分享和运用
落实措施	1. 户外寻找春天的变化，把收集物或幼儿多种方式表现的作品逐渐积累、展示 2. 自主游戏后通过小组分享、话题分享、自主分享方式，为更多幼儿大胆表达创造机会 3. 开展"怎样搭建能动起来的大船"系列集体活动，鼓励幼儿提出猜想、制订计划、寻找材料、操作探索，获得相关认知经验 4. 和家长一起收集自然物，做"我看到的春天"创意表达 5. 在户外运动中，积累动作练习和竞赛游戏，为设计春季运动会做准备
挑战活动	挑战 1：1 分钟内的魔尺百变秀 挑战 2：魔尺变球
安全教育	快速排队的好习惯
健康教育	使用筷子；运动中的自我保护
劳动教育	我为班级服务： 1. 擦玩具柜 2. 擦积木
节日活动	清明节的传说

第二节　幼儿园课程仅仅关注儿童和教师就够了吗

在《〈3－6 岁儿童学习和发展指南〉解读》中，李季湄老师把幼儿的学习定义为"幼儿通过自己特有的方式与周围环境互动的过程，是幼儿主动地探索周围的社会环境、自然环境和物质环境的过程"。在上一节中，我们也提到，基于儿童、重视关系的幼儿园课程是从儿童的生活（生成性）和教师的教学（呼应性）中浮现出来的，重视儿童的体验、经验和经历。因此，在这样的课程背景下，教师需要重视儿童与周围环境的互动方式和关系，需要在与儿童的相互倾听和对话中对儿童的学习过程进行持续解读，努力与儿童保持持续共享思维，并基于儿童视角、教师视角和国家的培养目标对儿童的合理期待呼应儿童的学习和发展，共同建构幼儿园课程。在上一节所分享的课程实例中，我们可以看到老师们尝试将自己的教学和对孩子的解读和呼应建立在对每一个孩子的"倾听、观察和对话"基础上。事实上，"倾听、观察和对话"不只发生在教师和孩子之间、孩子与孩子之间，还发生在孩子、教师、家长……之间，"倾听、观察和对话"也不仅仅发生在幼儿园内，促进儿童学习和发展的人也不仅仅是老师。

事实上，在建构幼儿园课程的过程中，基于对微课程的探究历程、重视教师发起的活动、对课程计划调整的不断反思，在与理论不断对接的过程中，我们也逐渐意识到幼儿园课程不仅仅有儿童和教师，还应允许更多元的主体参与进来，给幼儿园课程以更大的构建空间。同时，环境对幼儿的发展有着不可忽视的影响，根据美国心理学家布朗芬布伦纳提出的人类发展生态学理论，我们不能忽视人与人、人与生活的环境相互作用而产生的各种关系影响儿童发展的重要性。基于人类发展生态学理论，环境包含有机体本身以外的、影响人的发展或受人的发展影响的任何事件或条件。个体在与其所处的环境的相互适应过程中，受到环境中各种事件、各种事件的关系以及更大环境的影响，而这些影响相较于心理的、物理的和社会的环境更为复杂。这个环境是由各种不同层次、不同性质的环境相互交织在一起而构成的，是具有一个中心又向四处扩散的网络，布朗芬布伦纳将其总结为包括小系统、中间系统、外系统和大系统的生态环境。针对幼儿发展来说，小系统是指幼儿直接参与的、与其生活密切相关的空间环境，如家庭、幼儿园；中间系统是指幼儿直接生活、参与的多个情境之间的相互关系所构成的系统，包括幼儿园与家庭之间的关系等；外系统主要指教师未直接参与但却对教师产生影响的一个或多个环境，如家长的工作环境、社区等；大系统则是指上述对幼儿发展产生影响的各系统在一定的政治、经济、文化背景下的相互关联。可见，布朗芬布伦纳为我们描绘的儿童发展生态系统模型，无疑是一幅儿童置身复杂的关系网中学习的图景。

基于此，我们认为幼儿园教育也不是简单地传递知识、技能的过程（知识也不只是固定不变的），而是儿童所处的整个社会文化系统共同参与、合作、交流，积极互动，共同建构"意义"，获得发展的过程。在实施幼儿园课程的过程中，教师与儿童之间互相尊重的关系才是教育的基础。不仅如此，幼儿直接生活、参与的多个环境之间的相互关系，同样在幼儿园教育中发挥着重要的作用。

因此，在课程建构中，我们重视儿童—教师—家长之间的多元对话，重视幼儿园围墙内外儿童生活和学习的连接，重视多元对话和连接中儿童的立场，并努力在多元对话和连接中审视和全面强化幼儿园课程。

一、在儿童—教师—家长的多元对话和连接中促进学习和发展

在幼儿园里，儿童—儿童、儿童—教师间的对话随时可能发生。但如何邀请家长参与对话，让学习和教学跨越围墙，让儿童、家长以及更多的人成为教育的共同建构者呢？在逐步建立教师在日常生活中观察和记录、交流和分享儿童学习的机制后，我们尝试了一种新的家园沟通路径——将呈现幼儿精彩学习与发展过程的记录"学习故事"通过微信、"儿童成长档案"和幼儿园专门的家园通信社交软件等途径与家长分享，以期邀请和激发家长参与对话、回应和反馈。这让我们所提出的"对话"，不再是狭义的"口头交流"和"书面交流"，而是把重点放在相互倾听和对话，共同识别和达成促进儿童学习和发展共识这一核心上的"家园沟通"。这样的家园沟通强化了家长和我们幼儿园课程的连接，越来越多的家长不再是被动配合，而是主动卷入课程的建构中，更积极地提供多样的课程资源，从而拓展出了更大的幼儿园课程实施空间。

2018 年，大一班的池雨蒙老师发现了孩子们的共同兴趣，引发家长作为课程的共同建构者，一起建构和经历了一段与长城有关的学习旅程——"我们班的长城建造队"，了解了更多长城的故事的细节。

在这个案例中，池老师通过观察和记录，借助学习故事文本在家园间的传递，将家长带入到以"长城"为主题的儿童学习与探究历程中。教师通过对话，帮助家长更好地了解孩子，了解孩子的学习，共同建构能够支持孩子发展的课程。

通过案例，我们还感受到"关系"在幼儿园课程的构建中起着至关重要的作用。幼儿、教师、家长之间不断建立起的密切关系，让每一个人都投入到主动的学习中。这种相互理解、尊重，合作共建的班级氛围，帮助幼儿不断认清自己，建构积极的自我认知。在这样连接、激发、支持的"关系网"中，孩子们获得了更有力的支持，一点一滴的学习都充满了乐趣与意义。

二、跨越幼儿园围墙的多元对话和连接

共同参与课程的体验让幼儿、家长、教师、管理者，以及更多与课程密切相关的主体，不断连接和加入课程的共建中，跨越幼儿园教育的边界，孩子们的学习与探究从园内到园外，从家庭到社区，甚至到更大的社会空间，让幼儿园课程在更大范围内以更开放的形态开展成为可能。

多元的课程主体、更大的课程实施空间也让我们在面对突发性事件，遇到各种各样的问题和困难，需要改变传统幼儿园教育形态的时候，能更加灵活、从容。

比如，2020 年暴发的疫情，将我们"困"在家中。孩子们在家，不能外出、

不能见到朋友，影响了课程的正常实施。这对我们来说既是挑战，又是机遇，让我们可以把幼儿园教育从线下变为线上，去探索另一种可能。

为了给孩子们提供面对面交流的机会，老师们设计了"线上聊吧，快乐云见面"的活动，孩子们约定时间，云上见面聊一聊各自感兴趣的事情。教师提前和爸爸妈妈沟通，了解孩子们在家的情况，为孩子们搭建分组交流的平台，不限定谈话的主题，鼓励小朋友们与小伙伴开心畅聊自己想说的话题。

"线上聊吧，快乐云见面"活动定期开展，让孩子们充满了期待。小伙伴们在视频连线中欢乐畅聊，激发了家长间相互切磋育儿经验的热情。一次，家长们围绕孩子们在家一日生活的安排进行了经验分享。

涵涵爸爸：除了在线上进行一些学习的内容，为了激发和提升小祁的主动性和自我规划能力，我们设计了"代币"计划，每天有加分项和减分项，积极向上的活动加分，费眼睛、伤精力的事情减分。还有财务专业出身的姥姥帮忙记账、对账。一家人玩得不亦乐乎，小祁的规划性也有明显的提高。

彦熙妈妈：在家里给他足够施展的空间，这个年龄段的小朋友们喜欢画画、涂鸦，但是我又觉得在一张纸上绘画限制了他们的想法和创意，所以就在家里提供更大的空间，比如，一整个墙面、门、玻璃上等，支持他去创造、绘画。

梓晗妈妈：我们和大萱约定好每天要做计划完成一件事，从她感兴趣的事情开始，如画画，其实小朋友对做计划很感兴趣，最重要的是家长要和小朋友一起坚持，才能培养她自主管理、做计划的好习惯。

钰菡妈妈：钰菡喜欢听故事，我们就买了很多故事书，从我们先给她讲故事，到她自己认读故事书，在她感兴趣的事情中挖掘可以学习、发展的内容。她看了很多故事书，她就愿意和我们分享她看到的故事，从而提升了她的表达能力。喜欢表达了，她也就更自信了。

家长们在分享各自的教育经验中，互相启发、彼此激励，"线上聊吧，快乐云见面"的热情还延续到了幼儿园专门的家园共育社交平台（以下简称平台），家长们越发积极主动地在平台分享自己和孩子在家里共同游戏学习的精彩时刻。一天，大一班景瑜小朋友的妈妈就在平台分享了景瑜和爸爸共同探究好玩的科学小游戏的故事：

疫情期间，大班老师通过视频的形式在班级群中分享了一个科学小游戏，本着根据各家庭情况自愿参与的原则，鼓励孩子们一起来试一试！这个游戏很简单，只需要把三个碗摆放成等距离的三角形，把筷子细的一端互相搭起来形成一个有三个支点的三角形，最后试一试三根筷子可以支撑多少重物。

这一视频发出后，很多小朋友开始动手尝试，还纷纷交流自己的感受和发现。让人意想不到的是，家长们也积极主动地加入进来，景瑜小朋友的爸爸在陪伴孩子游戏的同时，通过实物操作、对比、抛出问题、启发提问、提炼知识点、自我验证，一步一步有层次地引导幼儿深入思考，这样高质量的对话让老师们都感到惊讶不已。以下是景瑜和爸爸对话的片段：

爸爸：假设这三个碗是三座城市，三根筷子是桥梁，那你现在怎么把他们连接起来？

（景瑜开始动脑筋操作）

爸爸：那可以互相连通了对不对？那现在这三个城市随着时间发展离得越来越远了，现在怎么办呢？

（景瑜利用崔老师的小实验成功将三个城市连接）

爸爸：这是怎么架起来的？给我讲讲！

景瑜：三根筷子彼此支撑，一起托着对方，就好了。

爸爸：那我们这样搭建的桥稳定吗？

景瑜：当然稳啊！你看，我把书放上去。

妈妈：看看还能放些什么呢？

爸爸：你觉得为什么会这么稳定呢？

景瑜：这是利用了三角形的稳定性！

爸爸：三角形有几个支点呀？

景瑜：三个支点。

爸爸：对，三个支点，像三脚架就特别稳定！

景瑜：爸爸，我觉得搭帐篷时候也需要利用到三角形……

简单的游戏与分享竟然可以在家长的陪伴与支持下变得意义非凡，这启发了班级中更多家长的思考。家长们纷纷改变以往和孩子们互动的方式，在游戏中承担起教育者的角色。在此之后从家长们分享的视频中我们更多地看到了亲子互动过程中家长耐心倾听、巧妙启发、大胆支持孩子们连接和拓展游戏的经验。孩子们也在享受与伙伴共同快乐学习的同时增强了自信。

只有用心付出、相互促进、彼此总结、提升思考，才能为幼儿的全面发展提供有力的支持。疫情期间家长在教育孩子上发挥出了不亚于甚至高于教师的力量。作为老师，隔着距离，因此只有我们在线上与幼儿、家长一起形成合力，打破时间、空间以及环境的限制，才能形成教师、家长和幼儿紧密联系在一起的良好氛围。大家彼此激发、主动分享，让疫情期间的教育充盈而有意义。

这些生动的案例一次次地强化我们在幼儿园课程实施过程中给家长赋权的可能和价值，让我们看到教学资源超越幼儿园本身的界限，在更多家庭、更多儿童中流动和共享，实现了家庭教育经验取长补短、互通有无，推动了更广阔平台的教与学。

疫情期间居家陪伴幼儿的主体是家长，我们打破幼儿园的围墙，通过"线上幼儿园"彻底改变了传统幼儿园课程的实施空间，站在家长的角度，唤醒他们的灵感，赋予他们力量，让他们能够更加轻松、自主、有质量地开展居家亲子活动，丰富"线上幼儿园"的课程。

三、坚持赋权儿童，重视多元对话和连接中儿童的立场

我们借助对话、合作、不断强化幼儿园课程与更多主体之间的连接，使课程内容越来越丰富、形式越来越多样。但是，我们在实践中认识到，课程内容和形式无论多么丰富，如果脱离儿童直接或间接的经验，也都是徒劳的。我们需要在课程中不断回归儿童，基于儿童视角去思考如何在课程中为儿童放权赋权，激发儿童内在生长的力量，让儿童成为一日生活的主人。

也就是说，不断丰富和扩展儿童这一微观系统与所处的整个生态系统之间的连接，强化课程中的儿童立场，最终以促进儿童学习与发展为目的，是幼儿园课程建构的核心。

(一)赋权儿童，让儿童成为一日生活的主人

教师在一日生活的组织与实施中积极建构与儿童一起生活、一起工作、一起学习的思维模式和行动方式，可以更好地促进儿童越来越深入参与学习的状态。儿童是一日生活的主人，儿童在一日生活中、在课程中获得的不仅仅是知识、经验的拓展，而且是自信与学习内驱力的促进和形成。

大班的班鑫老师做了这样的尝试，在一日生活中为儿童创造享有特权的机会，打破常规，大胆放权，让我们看到了儿童内在生长力量不断被激发。

案　例

神奇的"特权"卡

升入大班的幼儿，逐渐具备管理自己的能力，偶尔也会对老师提出的一些规则表示质疑。比如，考虑到小桐的力气比较大，所以他是班里午饭前负责拉床的小朋友，但是很多小朋友也想承担这项工作，并提出："为什么小桐可以帮老师拉床，我们能不能拉呢？"在孩子们看来，老师安排的这些小任务竟是一种无比光荣的"特权"。

如何借助这个契机，满足孩子们的愿望，同时激发他们积极主动参与游戏和学习的热情呢？于是我们和孩子进行了一次对话。

老师："如果你有一个特权，你最想做什么？"

孩子们的回答：

"我想在建筑区玩五天。"

"我想去户外小木屋上吃饭。"

"我想爸爸妈妈来园陪我。"

"我想吃一次老师们吃的那种饭。"

…………

从孩子们的话语中我们感受到了他们非常希望能突破常规，做一些平时没有决定权的事情。于是，我们又跟孩子们一起讨论到底什么是"特权"、怎么才能获得这些"特权"。

孩子们回答谁可以获得"特权"：

"为班里做贡献的小朋友。"

"每天都完成小任务的小朋友。"

"不迟到的小朋友。"

"做值日做得特别好的小朋友。"

"每次游戏都有收获的小朋友。"

"上课经常回答问题的小朋友。"

…………

经过两次讨论，我们共同制定了我们班的"特权"规则，比如，每天早上来园第一名，可以积攒一颗小星星；在一次集体活动中，回答三次问题，可以积攒一颗小星星；每天完成回家的小任务，第二天可以获得一颗小星星；等等。攒齐10颗小星星可以抽一次特权箱。为班里做出重大贡献，可以直接获得一次抽取"特权"卡的机会。

把孩子们的愿望做成了特权卡，布置在班级的一角，时时刻刻激励着小朋友们为实现自己的愿望努力。因为有了特权的激励，原来总是迟到的小朋友不再迟到了，原来不爱在集体面前表达的小朋友也变得积极勇敢了，还有的小朋友因为获得了和好朋友在一张床上一起午睡的特权，逐渐适应了幼儿园的午睡安排。

当孩子们都纷纷实现了自己的愿望之后，我们和孩子们一起聊了聊获得特权后的感受，孩子们说很开心，要继续努力争取下一次获得特权的机会。

（班鑫）

"特权"卡的小故事让我们看到了教师在为儿童赋权的过程中所做的努力，它不同于简单的物质奖励和外部刺激，而是从儿童自身的愿望出发，倾听儿童的想法，尊重儿童的意愿，让儿童自己的愿望和想法成为激励自己进步成长的刺激物。尽管我们也在思考：赋予儿童"特权"能够成为幼儿园一日生活的常态吗？儿童可以天天拥有这样的权利吗？……虽然这其中还有进一步思考和调整的空间，但是，我们也必须肯定老师在为儿童赋权方面所做出的努力与创造。

在课程实施过程中，为儿童赋权不是一朝一夕的事，一日生活中对儿童的赋权不仅仅是游戏权、表达权，还可以有参与权、决定权、选择权等各种权利。教师如何在一日生活中，抓住每个环节的契机，基于儿童视角，坚持儿童立场，大胆地为儿童赋权，让每个环节、每个时刻都成为对孩子们来说充实而有意义的学习过程呢？在幼儿园工作了三十多年的陈莉老师对此做了很多有益的探索和尝试。

案 例

幼儿园里的每一个时刻都很重要

孩子们清晨离开自己的家来到幼儿园，他们的一天应当是怎样的？一日活动的组织与实施的质量影响着孩子的学习，安安静静是一天，吵吵闹闹是一天，充实而有意义也是一天。所谓充实，即充溢而实在、丰富而有趣，每个时间段都有事可做，每个时间点都知道怎么做、做什么；有意义即对于每个孩子来说一日生活应该是有条理、有规则、有规划、有期待、有专属、有不同、有挑战、有收获的。我们应努力做到在生活中少控制管理孩子，给孩子更多的自由自主，尊重孩子的需要，尽量地放权，鼓励孩子自己的事情自己做。

升入大班后的幼儿自我管理的意识与日俱增，他们希望更多地参与其中，我们在班级中为他们创造机会管理自己的"事"，比如，自己整理自己的小桌洞，比一比谁的桌洞最整齐，渐渐地从自我管理物品的条理性过渡到生活中的条理性。

不一样的值日生，赋予儿童选择权

值日生活动既是培养幼儿条理性的好方式，同时也是培养幼儿集体意识、责任感与劳动能力的有效途径。有趣的值日生工作让孩子们可以在享受劳动快乐的同时，还可以灵活地与其他学科进行相互渗透，在实践中增强任务意识与自我价值感，学习与自身生活密切相关的简单劳动技能，增强生活意识。

我们班的值日生是孩子们最喜欢做的事情，每天来园后他们就会选择自己喜欢的值日牌佩戴在自己的身上。值日牌分为三种颜色，分别代表早、中、晚三个值日时段，每个时段有相同的事，如拉椅子、检查手，更有不一样的工作。不一样的值日生工作，赋予孩子们选择的权利。他们可以根据自己的喜好选择不同的值日生工作，更重要的一点是，我班的值日生工作会根据孩子的不断成长增加工作量，比如，在每次小朋友洗手后，两个值日生相互协商，一个值日生可以用小拖把拖地，这个小环节虽然只是一个小调整，但却为两个值日生创造了协商与谦让的情景。比如，早餐值日生小红增加在上午户外锻炼时倒垃圾的工作；中餐的值日生小橘增加下午起床后为同伴清洗午点盘的工作；晚上的值日生小蓝增加协助保育老师刷水杯，去厨房送餐具的工作……虽然工作量增加了，但更激发起了孩子们的热情，大大提升了孩子们为集体服务的责任感与劳动意识。

不一样的游戏收纳，赋予儿童参与权

区域收纳是一日生活环节过渡中的重要一环，教师要在短时间内自然地调动孩子本身的自主性，主动性、参与性，帮助孩子建立与集体之间的关系，使其获得存在感，有被认可、被赞美的机会，获得更大的自信。与此同时，动静相宜的设计，为孩子创造了更多自由自主的空间，减少了教师的工作量。

当如火如荼的游戏结束后，教师们都要面临一个头疼的问题——游戏收纳。一开音乐，教室里立刻变成了一个战场："收玩具啦！收玩具啦!"激动地相互告知的声音、玩具倒塌的声音、告状的声音，各个区域一片狼藉，收得快的无事可做，要么不停地游走，要么会不停地问"咱们干什么呢"，收得慢的还在做自己的事……游戏收纳需要在教师不断的催促中完成。针对这些现象，我班采用动静结合、小榜样、讨论定规则等方法帮助孩子们逐渐改善游戏收纳的状况。现实情景再现：第一步，收与玩。听到收玩具的音乐信号后，孩子们开始收纳自己的游戏材料，先收完的小朋友在同伴允许的情况下可以帮助他人继续收纳或者直接去做自己的事情，"如厕—洗手—喝奶—漱口"，完成后直接进入律动环节或进行创造小游戏。过程中先收完的孩子有事做，教师则自然地去提示、帮助还没有收纳完成的孩子，保育教师关注进行生活常规的孩子，当班级半数孩子投入律动环节时，教师则加入其中。第二步，做做眼保健操。班级自创的头不动眼睛随手指前后、上下、左右运动的保健操，再配合优美舒缓的音乐，自然而然地使孩子们的情绪由动转向静。第三步，快乐分享。三个分享名额，为愿意在集体面前主动分享的孩子提供机会；"我问你答"是讲述者与倾听者相互交流的桥梁；邀请好朋友参观自己的成果，现场介绍是建筑区小朋友的专利。

不一样的睡前时光，赋予儿童表达权

上午区域结束后的分享时间有限，一个一个地讲既耽误时间，也达不到自始至终专注分享的效果，而充分利用睡前的时间，给更多的孩子分享的机会，更便于同伴间相互交流学习。

我班在孩子们的睡前时光除保持自选玩具以及集体散步的基础常规外，加入了让小朋友期待的"5 分钟分享时光"，请上午游戏时间里玩投影区、拼摆区、小制作区、灯箱区游戏的小朋友在睡前 5 分钟时间内找到心仪的 3～4 名小伙伴分享他的作品和创意。

不一样的小天宇，赋予儿童获得被平等关注和支持的权利

每个孩子都是独一无二的个体，每个孩子都值得被关注，尤其对于处在游戏边缘的孩子，教师应更多走进他的世界。教师只要投入情感，一定可以让孩子接纳你，喜欢你。一起聊聊喜欢的话题，听他想说的话。一个动作，一个眼神就会让他获得极大的幸福感，这样他就愿意与你一同游戏，一同学习。给每个孩子专属的支持让每个孩子都可以按照自己的节奏成长，教师的教育魅力就在于此。

天宇是班里最小的孩子，每天游戏计划时间，他总是一副愁眉不展的样子，"不知道玩什么"是他总挂在嘴边的话。一天他突然对我说"想去画车"，我故意用夸张的语气给了他一个大大的赞，不仅有意识地关注他，还鼓励他把画好的车剪下来，很郑重地帮他写好小标签"天宇设计的小汽车"和日期。就这样，一辆小汽车拉近了我和小天宇之间的关系。在以后的日子里，天宇每天都去画各式各样的车，而且都会主动邀请我给车子写标签，为我讲述关于车的故事，消防车、小轿车、救援车、双层巴士……为了进一步激发天宇的兴趣，我为他准备了一块透明的桌垫，请天宇把他的车子放在垫子底下，这样各式各样的车子就更加一目了然。渐渐地，小天宇不仅画汽车，还开始设计飞机和船，绘画的内容更广泛，绘画的能力在提高，由独立的小作品到可以完成一幅A3 纸上的大作。他变得更加自信、主动、爱说爱笑了，一切的发展都是那么自然。

不一样的环节游戏，赋予儿童决定权

我关注到原本"很充实"的用玩玩具填补一日中短小的环节过渡时间已无法满足孩子们的需求时，决定把这个时间交给孩子们。我们一起展开了讨论：你想在短短的时间里做什么？"我想给小朋友表演魔术""可以和好伙伴一起干事""唱歌""猜谜语"……渐渐地，我们的环节游戏发生了变化，通过几大类满足不同孩子的需求："游戏时间送给有准备的你"为个体小朋友提供展示的平台，使参与者获得自信与成就感；"能干的小组长"以小组为单位，由每周的小组长组织本组成员做一些可以实现的事情，如折纸、翻绳、小组阅读等，使小组长更

好地发挥作用，体验组长、组员的相互关系，发展社会交往能力；"好玩的节奏游戏"开展与提升音乐能力相关的小活动，如"节奏儿歌""唱玩游戏""九宫格""跳房子""纱巾舞""音响师"等，建立起音乐与孩子的桥梁，发展孩子身体的协调性、节奏的稳定性，表现力和大胆的想象力、创造力；"智慧大挑战"结合孩子的年龄特点，在环节时间通过思维游戏开展数学及语言活动，如数字魔法加减组合分解的游戏、说说反义词量词的游戏、词语接龙的游戏、续编故事的游戏，使孩子在快乐的过程中积极思考，积累经验；"超级变变变"通过四人合作造型游戏，创造孩子与最好伙伴交往合作、共同迎接挑战、共同学习、相互协作的机会，发展社会交往能力以及大胆的创造表现力。

（陈莉）

幼儿园里的每一个时刻都很重要，充分给儿童赋权，意味着尊重儿童自发、自由的空间，培养自主的能力、让儿童享受被尊重、被重视的感觉。

（二）让每一个孩子都有公平的机会成为一日生活的主人

在区域游戏中，我们不仅要把握幼儿的兴趣，满足他们的需要，而且要真正看到每一个幼儿，发现每一个鲜活个体身上的闪光点，并给予他们不同的支持。学习故事、讨论分享、师幼对话、墙面创设，都是游戏中记录与支持幼儿奇思妙想的载体。很多幼儿从游戏的旁观者变成参与者，从边缘走到中心；每一个幼儿在游戏中都扮演着不同的角色，并且这些角色在相互转换中推动着他们更加深入地了解游戏主题。因此，"基于儿童"让我们真正看到了儿童的形象、儿童的理论、儿童的力量。2018年，大班的汪苑老师和孩子一起探索脸谱的故事，让我们感受到基于儿童的幼儿园课程应该让尊重儿童随处可见，应该让每一个儿童都能得到尊重，得到应有的支持。

七年的课程实践改革历程，让我们越来越清楚，我们要培养什么样的人，以及怎样培养人：尊重个性，培养未来的社会主义接班人。基于儿童、重视关系的幼儿园课程旨在培养独一无二的儿童、有力量的学习者、有精神的中国人，三位一体的儿童，而这样的儿童成长需要时间、空间、权利、信任、理解，也需要获得观察、识别、记录、倾听、对话的呼应，更需要时刻感受到共同成长、共同挑战、共同探索、共同学习的精神氛围。

四、在多元对话和连接中审视和全面强化幼儿园课程

提到幼儿园课程的建构者，可能会让人联想到幼儿园管理者、专家和一线教师，在幼儿园课程建构过程中，我们尝试改变这种认识。比如，我们通过放权、赋权使儿童逐渐成为课程的中心，通过不断倾听、对话、持续呼

应与支持儿童的兴趣需要，实现师幼在课程中双主体地位的凸显。我们还尝试将家长、保育员等与幼儿密切相关的重要他人不断卷入幼儿园课程建构过程中，通过多元对话和连接，不断审视和强化幼儿园课程，使得课程不断丰富。

在幼儿园班级课程建构中，我们一度尝试给保育老师赋权，引导保育老师不断卷入参与班级课程建构。比如，我们将每个班级中自然角的环境创设、有趣学习、教育契机等交给保育老师负责。在实践了一段时间后，我们发现，有的保育老师很善于捕捉教育契机，有敏锐的教育意识。比如，大二班自然角里，保育员老师就巧妙抓住了中班蜗牛生宝宝的故事，和孩子们围绕着如何照顾小蜗牛进行了一场讨论，在孩子们与保育员老师的对话中，我们看到了对保育员老师赋权的意义。

案 例

"我们要养小蜗牛啦！"

中二班小朋友们饲养的蜗牛妈妈生了一窝蜗牛宝宝，小小的乳白色的蜗牛蛋群静静地躺在沙土的底层，给中二班的孩子和老师们带来了无穷的惊喜和激动！"这么多的蜗牛蛋，大二班的小朋友也很想帮忙照顾它们，好让蜗牛宝宝们快快破壳而出！"听闻这一消息之后，联想到大二班已经死去的蜗牛泰大（蜗牛名）和小龙虾，我决定利用这一次的机会，和孩子们好好聊聊！

于是我从中二班借来了"幸福的蜗牛一家"，故事就这样开始了……

看到可爱的蜗牛蛋，孩子们的好奇、惊喜呼之欲出，紧随而来的就是想再养蜗牛的强烈欲望！可是，问题来了：我们能照顾好这些可爱而又神奇的蛋吗？我们怎么让它们孵出小蜗牛？我们又要怎么照顾蜗牛宝宝？

力喜梅老师："我们之前养的泰大和小龙虾就因为没有照顾好而死了，你们伤心了好一阵儿，对不对？这一次，我们有没有好方法呢？"

霖霖："一次不能喂太多食物。"

鸣鸣："它们生活在淤泥里，不能生活在清水里。"

月月："它们不能在太阳下暴晒。"

鑫鑫："不能总是用手去碰它们。"

我们最后总结：饲养小动物之前必须充分了解它们的生活习性，科学饲养才行！因为有了前车之鉴，这一次，孩子们一致认为，在照顾小蜗牛之前，要仔细谋划好！于是，我们开展了有关照顾蜗牛的话题讨论。

讨论问题一：如何给蜗牛蛋宝宝安家？

师：蜗牛蛋从中二班来到大一班，它会适应吗？我们把它放在哪儿呢？

鸣鸣：我准备用小鱼缸做蜗牛的家。

涵涵：我家有剩下的专门养蜗牛的沙子，我负责拿来沙子。

朱朱：我来准备小铲子。

师：大家一起行动吧！等我们的东西准备齐全了，就可以一起迎接蜗牛蛋宝宝了。

讨论问题二：周末谁来照顾？

涵涵：周末没人照顾，我们可以让值日生小红带回家照顾。

宸宸：大家都想照顾，要一起轮流，分工。

宁宁：我家在幼儿园旁边，我可以带回家照顾。

鸣鸣：我家过一座小桥就到了，我也想带回家。

最后我们一致通过决议：小蜗牛让值日生小红带回家。

讨论问题三：周末有人照顾了，平时怎么照顾小蜗牛呢？

霖霖：两个人一起去要菜，一个人负责水，一个人负责喂食，分工干！

我们的讨论还会继续……

（力喜梅）

　　上述活动中，保育老师巧妙地抓住小蜗牛生蛋的契机，适时地切入生命教育，通过启发和体验等方法和幼儿进行了深入的互动。在这个过程中，孩子们的爱心被激发，责任感、规则意识被唤醒，很多有趣的学习自然而然地发生了。

　　保育员老师在生活中自然而然开展的教育引发了管理者的思考，保教干部认为应该为保育员老师参与设计班级课程提供更大的空间和更多的支持。2015年7月，教育部、共青团中央、全国少工委联合颁布《关于加强中小学劳动教育的意见》，提出要全面加强中小学劳动教育，培养学生的劳动兴趣，磨炼其意志。在学习这个文件时，保育老师们认为劳动教育确实应该从小抓起。他们提出，在幼儿园的一日生活中，虽然也有值日生、自我服务等相关内容的安排，但是，劳动教育的频率和内容还有待加强。保教管理者在了解保育老师们的想法的基础上，把每周五定为我们幼儿园的劳动日，还将劳动教育策划、组织、实施的权利交由保育老师负责。

表 4-13　2018—2019 年第二学期大一班劳动教育计划

月份	内容	标准（要求）	环境中的教育
3月	1. 开学活动——大扫除。参与劳动，让幼儿体验劳动的乐趣，引发幼儿对"劳动"的思考，学会理解老师的辛苦 2. 开展一次集体活动，讨论班里需要做哪些劳动，并分类 3. 幼儿根据自己的爱好，认领责任区。并制作劳动责任牌放到相应的劳动区旁 4. 幼儿按照商量好的进行劳动，如水杯格、毛巾格每天擦、餐车一天三次擦等 5. 每周五是专门扫除日，幼儿和教师一起开展大扫除活动 6. 每天起床后练习叠自己的被子，要求被子、枕头平整	1. 自己准备劳动工具认识简单的清洁工具，如去污粉、洗涤灵、钢丝球 2. 幼儿坚持服务自己的劳动区 3. 叠被子：一折、二拉、三盖、四窝	1. 在班里的各个劳动区贴上幼儿的劳动标签 2. 在集体活动时将幼儿对劳动区的分类进行记录 3. 进行了两次后请幼儿总结自己的劳动方法，将幼儿劳动照片和方法贴在门厅展示
4月	1. 进行一次集体讨论，交换自己的活动区，同伴间经验共享 2. 每天晚餐后清洗自己的水杯 3. 每天坚持练习叠被子，在4月第二周进行比赛 4. 每周五下午幼儿独立刷拖鞋 5. 继续每周五大扫除的活动。重点积木区	1. 能口齿清楚、思路清晰地和同伴分享自己的劳动经验 2. 知道并运用刷水杯的四步法（水杯里面、水杯外面、水杯把手、水杯口） 3. 不仅能运用一折、二拉、三盖、四窝的方法叠被子，还能用这个标准评价同伴 4. 刷拖鞋：佩戴手套、会用鞋刷，并将拖鞋刷干净 5. 全班一起擦积木区，如何分工，怎么擦？共同讨论	1. 绘制叠被子挑战的记录单，贴在柜门上 2. 统计、记录班里积木的种类、数量

相信每个人的力量

月份	内容	标准（要求）	环境中的教育
5月	1. 继续周五扫除日的活动 2. 制订在家的 21 天劳动计划 3. 幼儿在家也能承担一些劳动 4. 在幼儿园承担户外责任区	1. 大扫除细致、认真、幼儿形成自己的劳动要求 2. 家长能每天和幼儿一起完成家庭劳动，培养幼儿爱劳动的好习惯 3. 去户外承担责任区——有分工，有担当、会合作	1. 将制作的 21 天家庭劳动计划贴在家里 2. 在户外的劳动区设计我们班的劳动标志，提高幼儿的归属感、激发他们的责任心
6月	1. 给予幼儿某一项劳动技能展示的机会 2. 将一项劳动技能教给小班的弟弟妹妹。将这个好品质，传承给更多的人	1. 认真准备、语言清晰、有条理地介绍自己的劳动方法、经验(幼儿园、家里都可以) 2. 清楚、勇敢地和小班弟弟妹妹介绍一项劳动技能	创设分享、交流的机会

各班保育员老师在和本班教师共同商量之后，制订了详细的劳动教育计划，各班劳动教育如火如荼地开展起来。

下面是保育老师将劳动计划落实到日常生活中的一些经验体会。

力喜梅老师：我们班每一周的劳动计划都是班级三位老师一起商量形成的，基于中班上学期小朋友的特点制订适合他们的计划，落实时班上三位老师也很重视，常常是我发起的，两位老师在过程中会组织小朋友们不断总结方法。班上小朋友的进步可以用"突飞猛进"来形容，从他们身上我体会到了"劳动使人快乐"，举个例子，每天午睡起床后的床我都不舍得推回去，因为这是孩子们最喜欢、最期待的事情，有一次大班幼儿经过我帮忙推进去后小朋友们都很失望，因为他们失去了自己动手推床的机会。要说我参与劳动日的感受，我觉得这是很正常的事情，因为保教配合嘛！老师们的日常教学一定有保育的参与，保育老师的教育工作也一定有教师的参与，这是相互交融的。只有班级老师们的配合很默契，劳动教育才能让我们在孩子们身上看到了变化。

尹秋红老师：在落实方面我首先是和班上的两位老师一起商量制订计划，大班幼儿和中、小班不同，孩子们有属于自己的小桌洞、小书包，他们需要管理好自己的小空间。我们前期与孩子们一起讨论一些计划，比如，我们生活的幼儿园中哪些需要我们整理与打扫。大班孩子很有想法！在实施时，班级三位老师不提前告诉孩子们方法，而是当孩子们在实践中遇到问题后，大家一起讨论、调整！每个月还会有挑战、投票与交流。对于孩子来说我觉得劳动提升了孩子的意识，这是很重要的！要说我负责劳动日的感受，一方面是放权，会强化孩子们的问题解决责任意识，另一方面虽然是我们负责，但也需要结合班级幼儿的特点，三位老师紧密配合。

如今，"快乐劳动日"的活动在幼儿园已实施了一段时间，在这个过程中，通过对保育老师的放权，保育员老师逐渐被卷入共同建构班级课程的过程中，感受着作为一名教育者的幸福与责任。

不仅仅是保育员，当幼儿园内外以及我们共同生活的社区中越来越多的人卷入到课程中，我们也就逐渐实现了对幼儿园课程建构空间的连接和扩展。放眼儿童生活的整个社会文化背景与环境对儿童学习发展的影响，我们还应敏感地发现社会文化中对儿童成长具有滋养和支持作用的其他资源，放眼国家、社会对人才培养的需要，聚焦儿童长远发展，从培养什么人、怎样培养人、为谁培养人这些问题出发，不断强化劳动教育、体育教育、德育教育的内容，进一步整合、丰富幼儿园课程建构，不断为了促进儿童综合素质的提升、使幼儿获得德智体美劳全面发展而探索尝试。

幼儿园地处北京市核心区，核心区域中非物质文化遗产资源占北京市整体资源的半数以上，每一项非物质文化遗产都至少经历了百年的历史，无论是非物质文化项目内容，还是非遗传承人独有的深厚底蕴、文化素养都会成为儿童与中华传统连接的资源，滋养儿童成长的根基。在课程建构中，我们必须思考我们是谁、我们要成为谁的问题，去积极连接在我们成长过程中发挥作用、对我们时刻产生影响的包括文化、历史等在内的资源，不断调整、丰富现有的课程内容，不断提升课程的适宜性、灵活性、整体性，助力儿童全面发展。

在不断实践、反思、自我批判又不断调整和丰富课程的过程中，我们对幼儿园课程内容有了越来越清晰的认识。在梳理原有的零散经验的基础上，我们对现有的幼儿园课程内容进行了归类，形成了基础性课程、探究性课程和拓展性课程三大课程内容模块。

基础性课程和拓展性课程的分类是从课程功能层面对课程进行再思考。基础性课程主要培养学生适应终身发展和未来社会发展所需的必备品格与关键能力；拓展性课程主要满足学生个性化学习需求，开发和培育学生的潜能和特长。探究性课程则立足于师幼不断生成呼应式探究学习的过程，聚焦某个话题，由小及大，由一点到多元，不断关注儿童内心的需求和兴趣，不断调动和重视儿童的经验、经历，不断连接有利于儿童学习的各种资源，激发儿童的探索意识、开放的思维方式，形成师幼、家长共同成长的学习过程。根据不同类型的课程界定，我们对现有园本课程的内容进行了归类和统合，形成了幼儿园课程内容的基本框架。

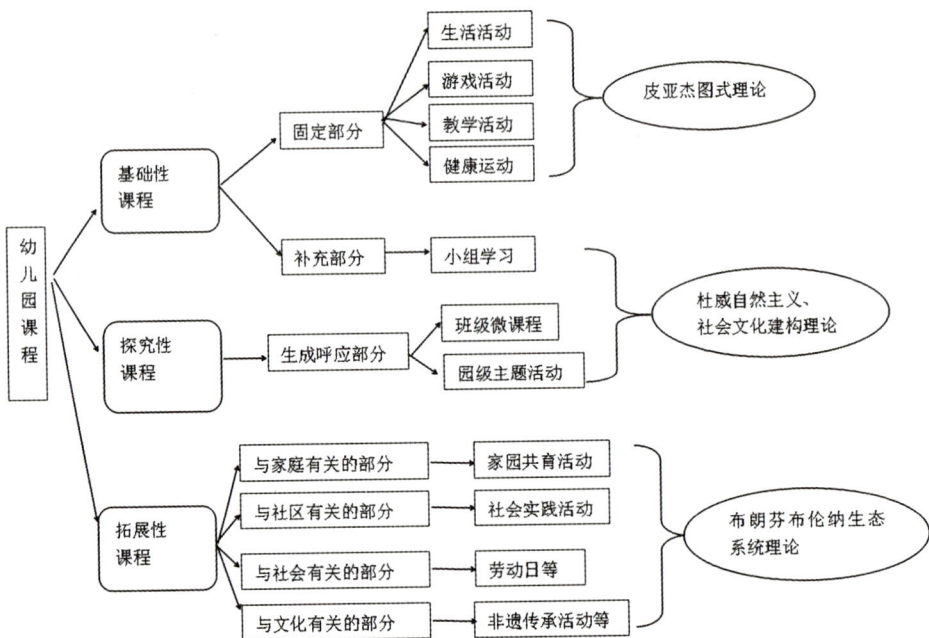

图 4-1　幼儿园课程内容结构

第三节　幼儿园课程文档的更新与发展

在尝试用学习故事的方式转变教师的观察和记录的同时，我们也一直在探索一种记录和管理课程的合适方式。这种探索最早始于微课程的备课过程。

在微课程的发展过程中，探究的内容不是教师事前可以规划和预设的，而是在师幼不断生成与呼应的过程中逐渐共同建构起来的。班级教师需要建立一种机制，通过班级成员间的共商、研讨确定主题，并计划出课程发展的几种可能。在课程的发展过程中，教师们会不断观察和记录孩子的兴趣需要，不断研究确定下一步的学习机会和可能，在支持和帮助儿童形成持续延展探究兴趣的过程中，不断拓展新的学习领域和方向。这种研讨、共同商量建构课程的过程非常珍贵，教师们随手记录的微课程网络图形成了过程性文案资料，让我们看到了教师教案撰写的另一种可能。为了把这些教师们讨论和记录的零散的文案资料更好地规整、留档和管理，我们建立了最初的课程文档——"微课程日志"。

"微课程日志"记录的是微课程的发展过程，还包括与之相应的周计划、日计划、主题网络图、教师对儿童的观察和记录等内容。

随着对微课程探索的不断深入，我们开始聚焦怎么判断儿童在微课程中的学习与发展，结合《指南》发展目标和学习品质，在管理者和老师们共同研讨之后，我们形成了第一版的形成性评价记录单。这份记录单不仅可以帮助老师们反思班级有没有在观察时被忽略的孩子，也可以帮助老师反思某一儿童的发展是否具有整体性。这份记录单也成了"微课程日志"的重要内容，因为在当时，微课程的持续推进依赖于教师持续的观察和对儿童的呼应，而这种持续呼应的过程在微课程日志中多数以班级教师围绕微课程讨论形成的手写版微课程发展网络图的形式留存了下来。

三义里第一幼儿园　儿童学习记录分析单　　　　　　　　　　　　　　　　　　　班级：　　　时间：

幼儿	教师	故事名称	五大领域32个发展目标					学习品质							激发支持手段			互动形式		活动模式	
			健康	语言	社会	科学	艺术	好奇兴趣	认真专注	不怕困难	探究尝试	想象创造	责任感	提问讨论	环境创设	提供材料	自发	共建	个体探究	群体学习

图 4-2　形成性学习记录单

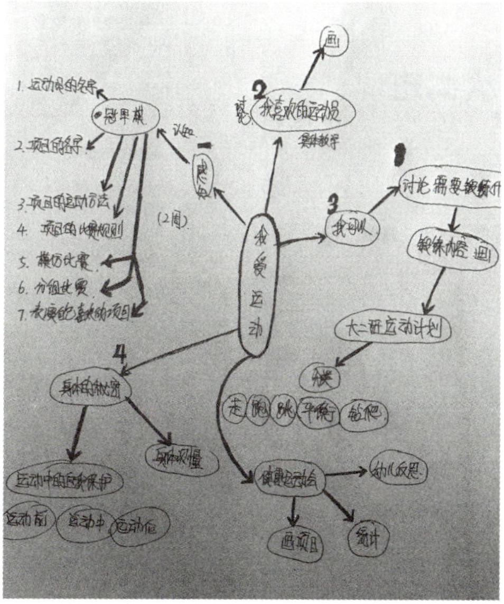

图 4-3　微课程阶段性网络图

149

随着生成和预设不断平衡，以及形成性记录单的使用，教师们开始在课程记录中有意识地呈现哪些内容是孩子发起的、哪些是教师发起的。

"微课程日志"通过"记录班级中生成性活动的过程→互学共研形成思维导图→支持以儿童为中心的学习与发展→理解、落实《指南》"，有效发挥儿童的主体作用，调动教师主观能动性，保障儿童学习与发展的整体性。

这一时期的"微课程日志"尽管只是留住课程实施中对微课程的相关记录，以及围绕微课程开展的相关活动内容，对于一日生活其他环节课程的记录还未涉及，但是它借助于文档记录，把老师共同讨论、商量建构课程过程留存下来并逐渐形成了幼儿园对班级管理的一种文案。一段时间后，"微课程日志"也逐渐发展为"班级微课程册"，从原来只记录与微课程相关的内容扩展到更多的课程计划和内容。

以 2015—2016 学年大二班的微课程日志为例。（图 4-4 到图 4-11）我们将"班级微课程册"的内容分为固定页和非固定页。固定页的内容体现全园统一性，包括封面、微课程日志说明、微课程实施教师指导策略建议、班级微课程制度、班级教师宣言、形成性记录单、微课程网络图、班级其他相关活动、《指南》五大领域发展目标等内容。非固定页则由班级教师自行决定具体内容，如班级老师讨论、呈现的具体内容。

图 4-4　微课程日志封面

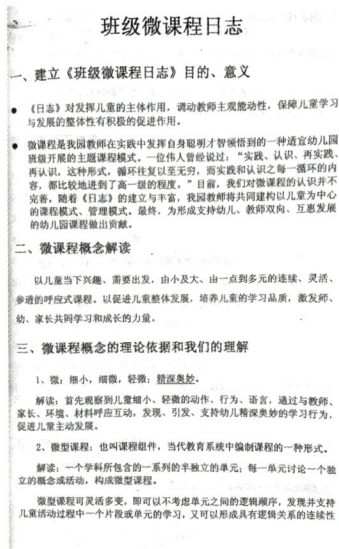

图 4-5　微课程日志说明

微课程在儿童学习环境中呈现的指导策略

1、《日志》与儿童学习环境相互关联，为支持儿童学习，将儿童在微课程中的《学习故事》呈现在环境中十分必要。

2、《学习故事》的记录分为正式性、非正式性评价。

正式性评价：注意、识别、回应三个完整过程的儿童学习，主要用于《成长档案》、教育教学研究中对儿童的真实性评价使用。

非正式性评价：教师发现的儿童在自发主游戏、探索中产生兴趣的专注、挑战、有责任、有承担的时刻，教师可大量用照片和简单文字记录，随时呈现在班级环境。

3、《微课程日志》中的生发点以及儿童不同游戏区学习环境都可以用非正式性评价为起点。

4、对儿童"哇"时刻呈现时，先用儿童的理论，明示出此理论的一张或一组照片，如"晨晨要当运动员"。

5、可在此生发点下注释教师对这一行为的解读（辨识）及激发性提问，应包括情感、能力、知识，如"晨晨要当运动员，好佩服（情感）你的想法和勇气，春天是运动的好时机，我们一起努力锻炼吧（能力）！运动有很多项目，你的弹跳接动作让脑筋、腰更有力量，还有什么动作能让身体的哪些地方锻炼呢（知识）？"

6、由此生发点衍生出进一步的活动，可用一组《学习故事》的形式呈现在生发点的周围，由此而推进的活动可多种形式灵呈现，但需注意呈现儿童自己的学习过程为主。

7、教师根据已呈现的一组学习故事或儿童学习历程，分析不同时间、内容的发展关系，可用箭头、连线等方式明晰《故事》之间的联接与递进关系，和儿童共同分享，激发和支持儿童更多的学习。

8、教师可客制一组《学习故事》中提炼出他们学习的方法、知识、技能，例如，"剪纸""纸人站起来""城堡-城市"。

图 4-6 微课程实施教师指导策略建议

班级微课程日志制度

1、以班为单位，建立《日志》，教师共同商议、共同研究、共同建构。

2、《日志》内容源于儿童的兴趣、需要，关注到的"哇"时刻，记录此生发点的时间，导找有价值的生发点，促进一人向多人、多人向集体的共同学习。

3、教师针对生发点讨论确定出激发性问题及激发性材料的支持，教师需要考虑问题的开放性、探究性，符合儿童最近发展区。提供材料考虑到多层次、多角度的适宜支持。

4、教师在提出激发性问题或展开讨论时，将儿童的想法记录在日志上，班级教师共同分析、辨识儿童关注点、兴趣点，同时确定激发性材料的提供，观察、选择并引导幼儿进入下一级支持性活动。

5、在支持性活动中丰富幼儿经验，支持并推进儿童在学习与探索中获得成功体验。

6、关注活动中儿童新的兴趣点并按1-5提示继续滚动。

7、一定要帮助幼儿实现最初的想法、目标、愿望，获得自我价值、成功、体验创造的愉悦感。

8、记录一段时间，请参考《指南》中32个目标，与《日志》所涉及内容对接，如有缺失可预设活动保证儿童全面整体发展。

9、《日志》的记录质量体现班级教师共同学习与成长，教师可利用中午时间共同商议、记录当前思考的问题，标记记录时间，为反思和研究提供条件。

10、教学管理干部、指导教师原定期参与《日志》的记录和讨论活动，参与意见，提供支持。

教师承诺：

用积极的情感、合作的态度，合理使用《微课程日志》并努力建构微课程，确保《微课程日志》具有实效，使微课程的发展目标清晰、领域整合、持续有效地作用于儿童的成长。

教师签字：

2015/3/31

图 4-7 微课程日志制度

"爱的宣言"

爱是人类最伟大的情感，孩子们的成长需要爱：

因为：

爱是尊重；以不泯的童心，给他们一方自由的天空。

爱是理解；以平等的心态，用伴随的眼光伴随孩子。

爱是付出；以真诚的心态，为他们创造和谐、宽松自由的师生环境。

所以：

我们会创造一个轻松愉快的环境，让你自发自主的学习；

我们会创造一个富有知识的环境，让你能敢于探索；

我们会创造一个温馨和谐的环境，让你们成为共同学习的伙伴；

爱在行动，用我们的爱和孩子的爱交织在一起，画出天空中最绚丽的彩虹。

图 4-8 固定页之教师宣言

微课程与《指南》目标对接

领域	目标
健康领域	1、具有健康的体态
	2、情绪安定愉快
	3、具有一定的适应能力
	4、具有一定的平衡能力，动作协调、灵敏
	5、具有一定的力量和耐力
	6、手的动作灵活协调
	7、具有良好的生活与卫生习惯
	8、具有基本的生活自理能力
	9、具备基本的安全知识和自我保护能力
语言领域	1、认真听并能听懂常用语言
	2、愿意讲话并能清楚地表达
	3、具有文明的语言习惯
	4、喜欢听故事，看图书
	5、具有初步的阅读理解能力
	6、具有书面表达的愿望和初步技能
社会领域	1、愿意与人交往
	2、能与同伴友好相处
	3、具有自尊、自信、自主的表现
	4、关心尊重他人
	5、喜欢并适应群体生活
	6、遵守基本的行为规范
	7、具有初步的归属感
科学领域	1、亲近自然，喜欢探究
	2、具有初步的探究能力
	3、在探究中认识周围事物和现象
	4、初步感知生活中数学的有用和有趣
	5、感知和理解数、量及数量关系
	6、感知形状与空间关系
艺术领域	1、喜欢自然界与生活中美的事物
	2、喜欢欣赏多种多样的艺术形式和作品
	3、喜欢进行艺术活动并大胆表现
	4、具有初步的艺术表现与创造能力

图 4-9 学期发展目标

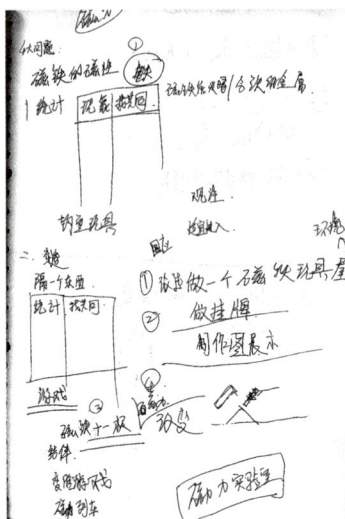

图 4-10　教师讨论手记 1　　　　图 4-11　教师讨论手记 2

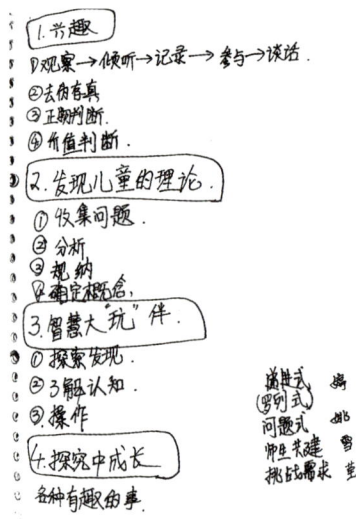

一、构想：从微课程日志到班级课程文档

随着对课程认识的不断深入，我们希望进一步借助文档记录，帮助教师明确微课程不是我们课程里的唯一，一日生活皆课程，怎样将一日生活的课程实践像微课程一样记录下来？显然原先的微课程日志、班级微课程册已经不能容纳所有的课程内容了，我们需要一个更大的册子，尝试把园所对于整体课程的架构以及教师对具体课程的设计和实施过程整合成一整套的文档资料，记录我们心中越来越丰富的课程。在周菁老师的启发下，我们带着全园老师一起讨论，准备在微课程日志的基础上，尝试建构课程文档。

在管理团队讨论下，我们围绕"班级课程文档""课程计划与实施""幼儿园课程模块"三个版块，分别提供具体的说明文字，指导老师们尝试具体建构课程文档。其中，第一个版块"班级课程文档说明"整体呈现了幼儿园的课程理念，对我们为什么建立班级课程文档进行了说明。

案　例

班级课程文档说明

孩子是在多姿多彩的生活中成长的。在幼儿园一日生活中，每个环节、每个活动以及成人与孩子们互动的点点滴滴皆是课程的一部分。生活是教育的灵魂，有灵魂的课程是活的、有弹性的、能够不断连接与延展……以下是幼儿园教师对课程的共同认知。

张莹老师：课程就是在教学中实现"师生—家庭—环境—世界"四方之间不断倾听、对话、呼应。

池雨蒙老师：课程就是教师把心放进去体会、发现、理解孩子的见解，引出孩子自己的观点、想法，让孩子的见解和老师的预想不断发生呼应和融合。

崔雨晴老师：课程就是我们的生活，就是关系、就是环境，课程中孩子的状态最重要，孩子和课程一起生活。

徐伟老师：课程是跨越时空的一种寻找、实践和学习。

刁羽老师：课程是追梦的过程，支持孩子实现他们的梦想。

张冬雨老师：课程中孩子的兴趣很重要、环境材料很重要。

陈莉老师：课程是基于一种价值观而建立，与儿童呼应的课程与其他课程的不同之处是老师心里有对儿童清晰的认识，儿童的兴趣和需要是课程的根本。

孙艳老师：课程是儿童在充满不确定性状态下越来越深入的学习。

班鑫老师：课程的发展过程是一种可以不断持续的学习，课程中教师永远都处在为下一步学习做准备的状态。

沈佳老师：课程最后实现的是幼儿作为社会成员在社会中发挥作用，他们能够表达出自己的想法，承担社会责任，收获自我价值与幸福感。

关于"课程是什么"，老师们有很多思考和理解。"课程文档"记录一个学年里每个班级中重要的教学计划、活动方案、幼儿形成性发展评价、班务工作管理文档等内容，同时也记录了一年中老师是如何工作的，以及如何与儿童一起学习的历程。

"课程计划与实施说明"其实是在告诉老师们课程文档中可以按照什么样的逻辑顺序呈现课程的具体实施过程，并且向老师们说明课程文档的意义和价值。

案　例

课程计划与实施说明

幼儿园课程是一项复杂的项目工程，是教师的教和儿童的学的精彩同行过程，表现为目标、内容、方法途径和评价的高度整合系统；幼儿园课程又是一所幼儿园的灵魂，蕴含在幼儿园的一草、一木、一人、一时、一事中。幼儿园课程的主人是儿童、教师和家长，儿童学习的契机就蕴含在与一草、一木、一人、一时、一事的交互过程中；幼儿园课程更是教师的创造性工作，是教师不断发现各种学习机会，激发与创造条件拓展儿童学习，支持儿童主动学习，不断推动课程的发展与完善的过程。

三义里一幼课程由生活活动、自主游戏、小组学习、生成活动、微课程、集体教学、家园互动、大型活动、节日庆典9个模块组成，体现儿童的学习是在与人、事、物的互动中实现原则，也体现尊重、倾听为基础的儿童观，以此共同实现生活即教育的课程理念。

课程计划不单指教学计划（日计划、周计划、活动计划），更有很多是在文本之外的，靠班级团队、家园合作、园方主题等多方协办完成。所以文本之外的确定、统一、策划更为重要。因此，在"班级课程文档"中增设"月回顾与计划"及每月固定活动，旨在共同建构园本课程，使儿童的学习丰富、有趣、持续、整体发展，也使教师的专业发展不局限于集体教学活动、自主游戏中的指导等单一技能提高，而指向沟通能力、撰写能力、组织能力、团队合作意识、责任担当精神、不断学习的态度，才能使通识性知识、教育知识、专业知识共同发展，成为能够给儿童、家长、同人带来影响的贡献者。所以，"班级课程文档"既是记录儿童发展过程、班级文化形成过程的载体，又是教师、班级成长与发展的见证。

课程计划与实施过程中，应维护园所文化、执行课程理念，以本班儿童的经验认知为基础，保障儿童发展和教师教育双轨同行，集合课程资源，随时汇集、使用与整理，形成"班级课程文档"，并以此文本为回顾、思考、决定、确定新行动的依据，不断滚动前进、螺旋上升。

课程计划应遵循真实、及时、有效、持续、落实、调整的原则，以文本记录行动研究的过程，留下宝贵教育财富。

"幼儿园课程模块说明"主要可以供老师们参考课程内容，以及在课程文档中可以呈现哪些课程内容（见表4-14）。

表4-14　幼儿园课程模块说明

名称	内容
生活活动	来园离园，户外运动，加餐午餐，午睡
自主游戏	游戏计划、游戏实施、游戏分享
小组学习	围绕数学、科学，由专职教师按预设教学内容，使用教具学具，组织30分钟学习
微课程	以儿童当下兴趣、需要出发，由小及大、由一点到多元的连续、灵活、渗透的响应式课程。以促进儿童整体发展，培养儿童的学习品质，激发师、幼、家长共同学习和成长的力量

名称	内容
集体教学	以健康、社会、语言、艺术、科学为主的五大领域学习活动，在教师有预设、有组织、有过程、有重难点、有反思调整的学习过程中，获得相关学习经验和知识技能
家园共育	家长园地，亲子活动，家长课堂，班园级庆典活动，陪伴游戏
大型活动	园级主题活动，如毕业、"六一"、参观、春秋游、新年等集体活动
体育活动	晨间综合体能锻炼、体育课、运动会、远足
节日庆典	园级班级发起的节日节气相关探究和庆祝活动

从最初萌生建立课程文档的想法到现在已经过去了三年的时间。三年里，我们从提出想法、探索尝试、发现问题、反思调整再到实践、反思、调整，不断磨合课程文档的形式和内容，渐渐形成了与"基于儿童、重视关系"的幼儿园课程相匹配的班级课程管理机制。这种课程管理机制不仅使管理者越来越明悉幼儿园课程现状，更帮助班级教师了解了幼儿园整体课程的架构；教师们也逐渐建立起相互沟通、合作、共建课程的工作机制，对一日生活的管理越来越流畅。

二、发展：从无意识地积累资料到有意识地写资料

阶段一：课程文档只是文档集

2017年，当我们萌发了建立班级课程文档的想法后，保教管理部门先制定了有关的说明文字，希望给教师一些具体支持，我们还邀请了周菁博士，并召集了老师们一起讨论，明确课程文档在班级实施的可行性及可操作性。第一次讨论的话题聚焦在两个方面。

第一，为什么要建立课程文档？

第二，课程文档里可以插入什么内容？

集中讨论帮助老师们初步了解了课程文档是什么以及为什么要建构课程文档。为了避免建构课程文档成为教师教育日常事务的另一负担，老师们在建档之初，结合各自日常班级管理的经验，讨论梳理了课程文档里到底可以插入什么内容，最终确定了十二项相对固定的内容，具体包括园所文化、课程理念、园所课程模块构成、微课程相关说明、校历、各班级文化、教师简介及个人教育宣言、班级幼儿名录、日计划、周观察、儿童学习记录分析单等。除了固定内容之外，课程文档还包括各班日常课程设置中的非固定页，如班级主题活动相关资料、班级特色活动资料等内容。

明确了可插入的内容之后，幼儿园为每班配置统一的课程文档册，各班自主尝试建构，在每个学期结束后，进行班级课程文档分享会，结合课程文档中的记录，回顾本学期的班级课程。

第一次的课程文档分享会上，各班都拿来了厚厚的一本课程册。之前，零散存在于电脑、墙面环境、教师头脑中的各种计划文本、领域发展目标检核表、家长会PPT、周计划、日计划、日观察表、各类活动策划方案及总结报告、班级环境照片等均被收纳在这本厚厚的册子里，被分类集中呈现。课程文档有效发挥了收集班级课程资料的功能，帮助教师整理本学期班里都开展了哪些活动。

第一版的课程文档建构带给了老师们怎样的收获和思考？老师们在实施过程中有什么困惑呢？在分享会上，老师们进行了讨论，话题聚焦在两个方面。

第一，一个学期的尝试，带给你的感受是什么？

第二，联系建构文档的初衷，你对接下来一学期的文档建构有什么建议或期待吗？

老师们一致认可建构文档可以让自己在回顾时知道班里一学期都干了什么。

巩凡老师：以前，这些开展过的活动、做过的工作都很零散，多数教师都是到了什么时候，想什么事情。比如，开学了才开始想开学要开展或设计什么活动。有了这个之后，老师开学初心里就很清楚这学期可以干什么，对于新老师而言，在参考同龄前任老师的经验后，知道每周可以开展哪些活动了，不会那么不知所措了。

孙艳老师：之前在回顾班级课程时，没有清晰的脉络、体系，有了课程文档后，为梳理课程提供了思路。

通过老师们的分享，第一版的课程文档不仅初步实现了我们预想的目的——留存课程实施的过程性资料，还起到了帮助教师了解、反思课程实施效果的作用。除此之外，老师们对下一步的调整还提出了新的建议和想法。

张莹老师：我觉得，现在的文档，大家很多东西的存放比较杂乱，是不是可以按照线索有序地插入内容，如按照时间发展顺序？就是觉得，它只起到了收纳课程资料的作用，有些可惜，不够凸显课程本身的价值。

杨议老师：如果是我，我最想在课程册子里看到经验，比如，这个班的某一主题活动，是怎么一步步推进的。能看见连续的课程发展的线索，我觉得会带给我一些思路的启发。

班鑫老师：我觉得好像现在的课程文档只是起到了文档的功能。课程是过程，可是，这里面有大量的计划性的文本，如周计划、班级学期计划等，课程具体实施的过程性的东西却挺少的。

老师们对于课程文档建构的期待和想法让我们进一步坚定了继续实践探索

的决心，也找到了进一步完善的方向。经过了第一学期的自主实践之后，我们对课程文档进行了第一次调整。从内容上，第二版的课程文档开始出现更丰富的课程模块，比如生成和预成的活动分类、教师调整和反思内容的呈现等。有的老师开始将幼儿园对班级课程评价的记录表也收入课程文档中进行管理。如保教部门阶段性对班级环境创设及支持的评价考核表。

图 4-12　教师自制周内容目录

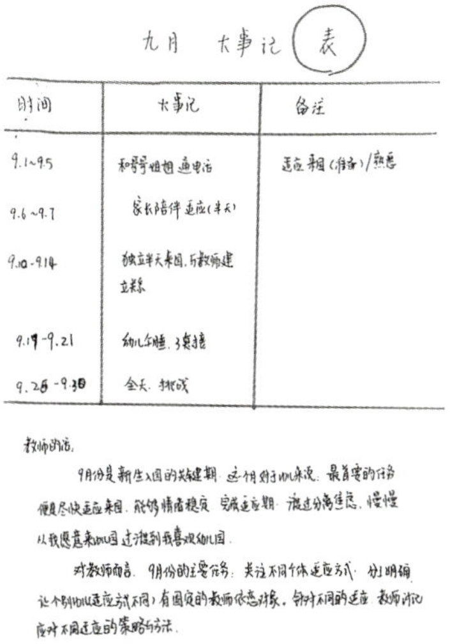

图 4-13　月大事记表格

　　这样一来，第二版的课程文档已经不再局限于简单的文档的收纳，而是开始呈现出班级课程发展的过程性线索。课程文档开始让课程发展的过程看得见，这种过程不只是课程的一系列计划，还有课程实施，甚至是课程评价。老师们对这次建构课程文档的过程又有什么新的感悟和思考呢？这些思考对于下一次的建档又会带来怎样新的启发呢？

　　巩凡老师：如果没有这么一个建构文档的过程，如果你问我班级课程是什么，我可能脑子里就是主题活动、集体活动，但是现在，这么梳理，大家分享，让我感到对于课程整体框架的认识更丰富了。

　　张莹老师：仔细去品味各个班级的课程文档，我觉得有时候，我们在制订周计划、日计划的时候，很少去想怎么彼此联系，但是听完大家的分享，我发现，课程实施的每一个环节之间其实都很有联系，日计划是为了更好地为周计划服务，课程的不同部分之间是有联系的。

　　刘婷老师：我觉得现在的文档与之前的文档比较，最大的不同就是课程发生发展的线索比较清晰了，如教师在这一周制订这样的计划，是基于日观察里的发现。

157

毋庸置疑，将近一年的课程文档建构开始唤醒老师们梳理各自班级课程管理的思路，老师们尝试主动摸索建构班级课程的规律，班级课程的内容空前丰富起来。但同时，我们也发现课程文档里呈现的内容五花八门，既包括计划、内容、评价等课程相关内容，也包括制度、会议记录、物品登记单等班级管理的资料，涉及班级工作的所有内容都在册子里呈现，老师们感到庞杂和混乱。在合并之后，很多条目比如每月回顾与计划、班级特色活动、集体教学活动计划、教学活动参考资料、家长工作记录、微课程内容计划、记录儿童学习分析单后面的内容是空的；需要上交的周计划、日计划等常规教学内容页每册都有，其他个性差异很大；大部分文档册教师插入内容的顺序比较混乱，课程册似乎只起到了收纳的作用，并没有达到预期的借鉴和参考的目的；只能让我们看到都有什么、可能干了什么，但看不见老师围绕孩子的学习一步步怎么推进的过程性资料或思路；各个不同的类别内容单一，如家园共育栏可入册的似乎只有家长会、家长心得，还可以有什么其他的吗？如教育教学里面难道只能有周计划、日计划这些常规的内容，可不可以有各班比较个性一些，或有创意一些的内容呢？

我们开始反思：作为管理者，我们现在的思路本身是有点模糊的，我们想要课程册，是可以帮助教师借鉴可循的思路，还是看到教师都干了什么抑或是希望教师可以自己在独自的摸索中，形成自己的思路，出现百花齐放的课程存档的方法呢？据了解，我们目前的文档其实对一线教师本身的工作是一种额外的负担，尽管我们有美好的初衷，但是有时候会"好心办坏事"，甚至把简单的东西复杂化了……

我们建构课程文档到底想要实现什么？老师们认为课程文档里面应该放些什么？在老师们的脑海中认为课程的具体内容框架是什么样的呢？

在对老师们进行了个别访谈之后，我们发现不同教师对课程的不同理解决定了老师们在建构课程文档时，会放什么样的内容以及按照什么样的顺序放。

阶段二：课程文档让课程发生发展过程看得见

在这一阶段的班级课程文档分享中，我们看见不同内容模块下的过程性资料越来越丰富。比如，池雨蒙老师带着大班孩子进行了有关长城的探索。在该班的课程文档中，我们可以清楚地由一篇观察记录找到这段探索的由来，然后每月的记录都体现了这个探索是如何通过一节节相关的集体活动、一次次讨论、一系列游戏等不断推进的，老师们为支持儿童持续学习与探究是如何不断引入各种各样的资源，让主题活动越来越丰富。这些过程性的支持手段被教师或以小总结或以观察记录或以与儿童的讨论对话实录的形式，灵活存放在文档里，让主题活动的发生发展过程被清楚看到。这从老师们分享的感受中可知一二。

図 4-15 教师随手记录的儿童的话

中二班 教师观察记录 统计单 (2016-2017 学年度 4 月)			
序号	幼儿姓名	学习故事文本数量	学习故事文本内容关键词

图 4-14 教师自制观察记录统计单

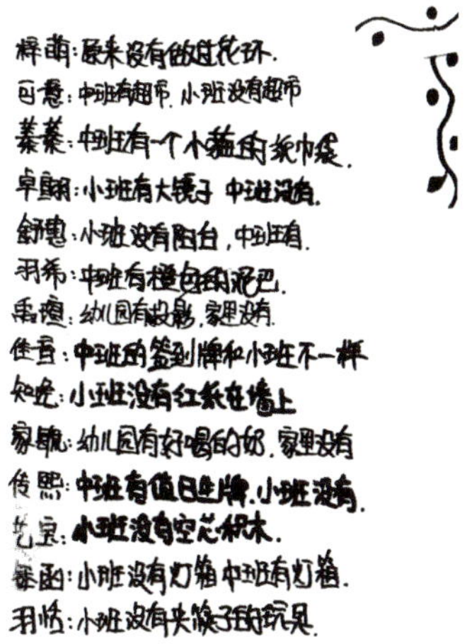

杨议老师：通过课程文档的梳理，我觉得我看见了课程的复杂性，就是课程中人、事、物之间的关系，更直观地感受到班级课程的复杂性。

韩梦楠老师：课程过程性梳理和总结，帮助我更好地反思实践，我觉得挺有意义的。

崔雨晴老师：听完几位老师的分享，我突然明了课程文档里呈现的内容以及怎么呈现能很好地看出教师的课程观以及教育观。

通过一年半的课程文档实践探索，教师在梳理班级课程发生发展的过程中，不断反思自己的教育行为，重新审视自己的课程观、教育观和价值观。

随着老师们建构课程文档的经验越来越丰富，有教师尝试在文档中呈现自己梳理的班级课程实施小妙招，小方法，让这些课程实践的智慧可见。与此同时，老师们还创造有意思的方法来帮助自己建构课程管理的思路，比如，月关键词法、月初大事记说明法、日历标记法等有趣的课程管理小妙招，这些妙招逐渐成为一种课程管理思路，教师们最初在不断整理中反思过程、形成经验，到学期初就在头脑中生成了比较系统的学期课程架构思路，课程统筹能力、专业能力都得到了一定的提升与改进。

在最近的一次课程文档分享与讨论中，全园每一位教师作为课程文档的建构者、参与者、研究者，都表达了自己对于建构文档的感悟。他们对于什么是课程文档已有了深刻的感悟，原先由管理者的一个小想法引发的建档的思路，已经逐渐成为教师自己的想法。

关于课程文档是什么，老师们这么说——

园长：（1）是基于儿童和关系的课程的体现；（2）是用心、真心、专业的呈现。

汪苑老师：呈现人、事、物如何持续发生联系、产生有益经验的过程性文本汇编。

班鑫老师：看见儿童和教师是如何建构学习发展的。

张冬雨老师：班级工作的体现，里面有每位老师的智慧和孩子学习的发展。

崔雨晴老师：像整个班级大脑一样的存在，帮助我们思考、梳理、分工、总结……

徐伟老师：经验的梳理、积累、总结、提升。

陈莉老师：记录班级全面发展、凝结教师智慧并赋予儿童力量形式的存在。

杨议老师：帮助我更有目的地工作，可以梳理我做了哪些事。

巩凡老师：班级课程活动的预设、整合、梳理的过程实录，体现了幼儿一学期的学习、生活和教师的工作。

张莹老师：班级工作的呈现、能通过它快速了解这个班级孩子的发展状态。

韩梦楠老师：是整理教学内容和进程的总和，是建立文化的根基。

刁老师：经过积累、提升总结后的实用性和实践性非常突出的能力型或技能型文档。

陈征老师：有计划性、有梳理性、有一系列连接、有指引性的存在。

沈佳老师：为儿童和教师自己存在的文档，有活动工作导向、有教育教学支持、有观察支持依据、有个人经验专业积累、有班级文化形成线索。

孙艳老师：连接各种关系、梳理各种活动经验流程、方法的文档。

透过课程文档，不仅让我们看见班级课程的动态持续发生发展过程，也让我们看见班级组成员在课程实施中的共同商议和齐心协力，更让我们看见班级课程的多样性、看见不同教师的课程管理思路……这样的实践探索力量带给我们最大的意义不在于事情本身，而是在不断讨论、实践、调整，再讨论、再实践、再调整的过程中形成的一种思路，这是研究的思路。在我们相信儿童是积极的、有能力的学习者的同时，我们也在努力不断成为积极的学习者。

阶段三：课程文档让不同教师的课程管理思想看得见

刚入职的大班老师当班长第一年，她的课程文档里有大量在课程中与儿童讨论的实录。在我们访谈教师为什么会在课程文档里呈现很多老师与儿童在课程中对话的实录，老师这样说："因为我觉得孩子的话很宝贵，无论是课程中他们的话，抑或是讨论一件事时他们的话，还是商讨班级规则时孩子的话，都是班级很多事情的起点和转折。"课程文档里的内容反映了老师在课程中很重视对儿童语言表达能力的培养。此外，教师通过各种各样的表格帮助自己实现与班组老师之间的沟通。在这个第一次当班长的青年教师巩老师的眼里，课程文档的意义是：

班级课程文档的建构过程，特别有利于教师对班级工作管理和课程管理的统筹。在学期初和月初，可以借助课程文档帮助老师们对班级工作进行初步设想和计划，使大家都知道本月工作的重点和目标。在月末和学期末能够帮助老师们进行班级课程的梳理和总结，从而看到整个学期中，月与月、周与周之间的联系。随每个月的计划设置的统计表，也能够帮助老师发现是否对班中的每个孩子都有相应的关注和记录，孩子们在本学期中群体的发展、个体的发展是怎样的，如何再以不同方式推进个体、群体的学习与发展。

而在另一个班的老师的课程文档中，我们可以看见教师关注课程中家长参与幼儿园的教育。课程文档从尝试建立到今天在幼儿园已经施行了快三年时间了，从这三个阶段，我们感受到建构课程文档的价值：它不仅可以让老师们在课程管理中的思路可见，同时也让我们看见了可能在实践中看不见的教师的管理小智慧。今天，在有的老师的班里，课程文档已经成为班级管理的重要工具，它帮助教师实现了班级课程有序的开展，同时也更好地实现了教师之间的合作教学。

下面这段访谈，可以让大家看到课程文档在发挥推进班级课程以及实现班组成员之间更好的沟通与交流中的价值，看到沈佳老师的一些做法。

园长：我想请教一下，很多年轻教师推进课程（如主题活动）很难体现连续性，比如，说到火车（班级开展的一个主题活动名称），小朋友怎么就对火车感兴趣了，感兴趣之后发生什么？通常，老师们围绕"火车"这一主题，带领孩子认识完各种火车后就没什么可了解的了，你们班的这个主题是怎么做到不断连接的呢？其实它可能有两条思路，一条是课程建构的思路，一条是班级管理的思路，你愿意从哪条说都可以，就是怎么样支持孩子的兴趣，支持主题活动延续。

沈老师：课程文档建立初期的时候，是我们三个人一起干。9月结合幼儿园园级学期计划将清楚本班本学期4个月的核心目标，这样班里老师就知道这学期要干什么。结合逐月目标，再和班组成员讨论确定每月的主要活动内容，做到心中有数。我一直还坚持用这个表格，习惯在9月就把这4个月的全都给捋出来，之后就跟我们班的这些人说，比如，9月份我们有几个主要的活动，围绕10月份的活动班级大方向主要是干什么，他们都要清楚，并且还得随着这个方向持续跟进和沟通。

园长：怎么确定这4个月都干什么呢？

沈佳老师：根据您的那个全园计划、保教计划定出在每一块工作中重点关注什么要提升什么，预期达到什么样的结果……

我们设计的课程都是从假期活动开始，我们布置假期活动时就会思考怎么连接9月份的活动，所以您看我们9月份那会儿，小班第二学期期末我们给家长们留的任务是认识自己名字三个字中的一个字。然后我们开学的时候，比如说在班上搞搞这个找字啊，是找自己名字，搞这种活动就是假期连接了开学。

园长：你怎么带动班员一起推动班级课程？

沈老师：9、10月份我对班里老师要求是天天观察、天天记录、天天总结。但要求归要求，她可能2月的天天，过两三天我会检查一下，也给他们灵活弹性的空间。据我所知，别的班的日观察表是两个人记一张，而我要求我们两个人一人记一张日观察，就如梦楠老师负责的美工区，她可以连续记录和观察相对固定的个体、追踪一两个幼儿的兴趣点，最终自己延续自己的课程才能出现一个特别好的东西。如果这两张记录单合一张吧，我个人认为就是不太好，每个人关注的侧重点不同。我们俩是一人一张，每周都是两份，我还建议梦楠老师和我用不同颜色的日观察记录纸区分她关注的课程和我关注的课程，比如，我的课程是黄色的，她的课程是粉色的，那么她就拿这张纸，她今天干了什么，我就要求她给我直接写几月几号，孩子在美工区说了什么、做了一个什么样的火车…老师要在边上用一个圆圈表示她提供了什么支持孩子下一步探索的材料…我们就反反复复这样。反正我那会儿9、10月份基本上是要求天天写，逐渐帮她建立这种意识，慢慢形成这个意识，她就可以回顾自己的课程实践过程。虽然我可以直接告诉她就这样干就很好，但是从管理上，需要给她一个思路，鼓励她自己日积月累，然后形成自己的经验。

园长：那你每天用什么时间？你每天跟梦楠老师在一起碰的时间？

沈老师：中午，或者4:30以后。

三、愿景：让园所的课程理念融入每个人、渗透每一天

2018年，幼儿园在课程实践研究不断深入之时，提出建构基于儿童、重视关系的课程理念，强调在尊重、信任、理解、关爱的氛围和关系中，建构幼儿园课程，重视激发儿童内在学习力量，在这种儿童观指引下，课程实践在不断地发生改变，今天，我们倡导基于儿童视角的教育原则，从儿童出发，让儿童周围的一切人、事、物自然地与儿童连接，基于社会建构理论和生态系统理论，我们越发感受到，儿童是在关系中学习，幼儿园的课程是一张复杂的关系

网，这在课程文档的梳理和建构中，老师们也深有体会。

三年的课程文档实践探究中，所有参与者都在不断重新审视对于课程、课程管理、课程构成、课程实践等的理解与认识，课程文档建构的过程不仅是贯彻园所课程理念价值观的过程，更是深化园所课程理念的过程。老师们在建构和梳理班级课程实践的过程中，也感受到了课程的复杂性、动态性、连续性和整体性特点，尽管今天透过这些文档，基于儿童、重视关系的课程观和教育立场还不那么显而易见，但是这是我们继续课程文档实践探索的愿景，希望未来的每一本课程文档都能让园所课程理念看得见。

课程文档建构从初次尝试到历经曲折，作为管理者，起初，我们也很担忧这会不会成为教师日常教学事务的又一负担。幼儿园老师每一日工作琐碎，事无巨细，很辛苦，于是，在建档之初，我们给老师们提供了细致的文档内容目录，企图为大家建构好清晰的课程文档框架，老师们只需要按目录往里填充内容即可。但原本为帮助老师减负的良苦用心，却未能取得好的效果，渐渐地我们开始犹豫，因为一学期的实践之后，我们对各班级的课程册进行统计发现，课程册里占据内容最多的就是封面页、固定页，课程文档只是在发挥文档的功能，可是当初我们建构课程文档的初衷并不是让它仅仅发挥"文档类"的功能，而是更希望借助过程性的收集、整理，教师逐渐形成对课程实践的阶段性回顾反思的意识。我们重新思考建构课程文档的目的，以及到底为谁建档的问题。不同的老师建构课程有各自不同的思路，固定页多少阻碍了老师们呈现自己的课程管理与实践思路、分门别类的封面、清晰且统一的课程文档目录，虽然给了教师明确的建档方向，但是老师们的想法和课程实践经验反而都看不见了。我们开始反思：是管理过于着急，还是我们对教师力量的不信任？当我们希望教师按照固定目录插入内容的时候，管理是希望看到老师们按要求做了这件事，期末能呈现这本册子，课程文档是为了检查教师日常工作是否做到位，建档成为教师的一项额外任务。

反思之后，在后续的探究过程中，我们逐渐放手，秉承着共同讨论、发现问题、及时调整的原则，不用管理的思维阻碍教师的思路。这样的实践历程告诉我们，在我们鼓励教师相信儿童的力量的同时，我们也应该充分相信和肯定教师的力量。

课程文档实践已经两年多了，厚厚的文档册，凝结了不同教师的经验和智慧，怎么让这些文档最大限度地发挥它的价值和功能？如今，这些课程册，有的被留存在同年龄班，给新接班的教师参考；有的准备装订成册，放在幼儿园的图书室里，作为一种教育工具书，供带班的老师们随时翻阅。它既是老师们的课程实践的心血和智慧之作，又是激励每一位同行做专业、扎实教师的证明。这些课程档案更像是一种资源，在激励着每一位带班的教师成长。

尽管我们在探索课程文档建构的过程中依然存在诸多不足，但是，老师们已经逐渐认同班级课程文档的真正价值与意义，它确实帮助教师在梳理实践经验中形成一种课程建构的思维模式，最终促进教师获得专业成长。如今，课程文档的建立，已经成为三义里一幼教师专业成长的一种途径，也是体现教师作为积极学习者形象线索的重要依据。

本章结语

在探索构建基于儿童、重视关系的幼儿园课程的过程中，我们也走过弯路。我们曾经认为：把所有好的课程，包括别人研发的成功的课程案例，课程目标相对系统清晰、选材内容丰富有趣、具有参考借鉴价值的教材，引入到幼儿园中，并将诸多精选的"好课程"拼盘一样组织起来，就会实现促进幼儿全面、持久发展的教育目标。但是，在这样一种拼盘似的课程下，我们只看到了课程内容的丰富多彩，却看不到课程中的核心对象——儿童，看不到每一个儿童独特的兴趣与灵动的思想。

今天，当我们回顾课程探索实践的整个历程，我们发现，"基于儿童和重视关系的幼儿园课程"根在儿童，指引我们看见儿童的力量、关注儿童当下的想法和需要，适时与儿童对话，持续关注细节；构建课程不仅是适宜地促进幼儿发展的过程，更是不断建构关系的过程。

当我们重新审视幼儿园课程的价值，我们发现，课程的最终价值始终是促进人的发展。儿童在不断的关系建构中发展主体能动性、发展自我认识。而主体能动性和自我认知的发展是个体成长、成熟的标志，是终身教育的总体目标。

如果说发现儿童的力量，转变了幼儿园里教师与儿童的关系，那么聚焦儿童，重新审视课程里的环境、活动、一日生活等就是转变了我们看待与儿童相连的一切人、事、物的姿态。在拓展和丰富儿童的学习与发展中，我们看到，不同的人、事、物卷入儿童学习与发展的过程，强化了我们对学习就是不断建立连接的认识。

这样的课程最终实现的是真正意义上的教学相长，不仅让儿童得到了成长，教师也在和儿童一起学习中获得了专业的成长，建立了与儿童、与周围环境更加紧密的连接，实现了家、园、社区互利互惠共同成长的模式。

相信人的力量和凝聚人的智慧是"基于儿童和重视关系的幼儿园课程"得以形成的基石，课程探索的过程也是幼儿园文化自然形成的过程。

第五章　相信每个人的力量，聚沙成塔

　　保教管理、课程构建、环境创设、家园工作、园所管理……当幼儿园里的一切皆因"为了孩子"的这颗初心而不知不觉地连接在一起时，那些时常令我们感到困扰的，一日生活中繁杂琐碎、很难理清头绪的事情，一项又一项开始变得次第有序、井井有条起来。每当遇到工作中的问题与困惑时，我们尝试着用这样一种思维去思考和行动："我们为什么要做这件事？""这么做是为了谁，为了谁的什么？"当我们追根溯源，回到"儿童"这个幼儿园工作的核心和原点去思考问题时，就会有意识地抑制自己内心中"我觉得、我认为、我想要……"的声音，把对"儿童在做什么、喜欢什么、想要什么、能做什么……"的思考放在行动的前位。当我们努力寻找儿童的视角并且尝试着从基于儿童、为了儿童的视角去审视和思辨我们在教育中遇到的各种问题与瓶颈时，我们就总能意外获得事半功倍、柳暗花明的突破。

　　借由对儿童以及儿童学习与发展的重视，幼儿园里的每个人都开始尝试把对儿童的观察了解、理解支持作为自己工作的重心，每个人都积极地想办法为孩子们的主动学习提供条件与支持，自觉地学习和提升专业能力与素养。我们像是一群忙碌的织网者，乐此不疲地在儿童与儿童生活的世界间连接起各种可能与路径，并让自己融入其中，成为儿童学习与发展的重要教育资源。

　　借由对儿童的重视和尊重，我们的团队也逐渐形成了彼此尊重、珍惜，相互合作、贡献，共同探索、创造的"在一起"的工作模式。在发现儿童、相信儿童、发现自己、相信自己的过程中，"儿童"指引我们看见了自身的价值，找到了工作的意义，使我们得以不断收获惊喜、创造"奇迹"。我们所共同期待的有生命、有温度、有色彩、有力量的园所发展愿景，更是借由我们"在一起"的每一天、每一时、每一秒的生活，开始在我们小小的幼儿园中生发和呈现出来。

　　回想从借鉴新西兰"学习故事"开始，我们幼儿园所面对的一次次困难，我们这支平均年龄 40 多岁的教师队伍所战胜的一次次挑战，这个过程中到底是什么使我们能够凝聚每个人的力量，让这所小而美的幼儿园不断绽放，获得始终向前、向上生长的力量呢？

　　梳理这几年我们所做的工作，我们逐渐明确了所有人共同认同的价值观，在价值观的基础上形成了对教育的期待与愿景："相信每个人的力量"，做"有生命、有温度、有色彩、有力量"的教育。这样的信念、愿景和期待照亮着我

165

们每个人作为教育者的内心，让我们更愿意释放善意、发现彼此、激励彼此，更愿意不断地改变自己、改造环境、创造生活，共同携手实现我们心中所想象和期待的更美好样子的教育。

其实，这个过程不就是我们幼儿园创建文化的过程吗？

我们听过、见过许多关于文化的词句。其实，文化并不是什么高深莫测的东西，不论在幼儿园，还是其他何种组织中，只要有组织、有团队在运转，文化就会随着人们的好恶与选择不知不觉地渗透和形成。就像本书第一到第四章中所呈现的我们幼儿园经历的儿童观、儿童观察与评价、园本教研、课程重构的过程，幼儿园文化的重构也始终伴随着我们生活与工作的日常。

伴随我们生活与工作日常的文化建构之所以能具备凝聚整个团队的力量，是因为文化就像注入沙土中的水，一边搅动着每颗沙砾，一边不断让所有沙砾更加紧密地黏合在一起，使聚沙成塔这件事成为可能。我们所期待的幼儿园文化也是如此，它应该是既能将幼儿园中每一个独立的生命体有力地凝聚在一起，又能保有每个生命体独一无二的个性，让我们看到一沙一世界的独特美丽。

当我们说起建构幼儿园文化的时候，不要觉得这个概念与名词离我们太远，如果仔细找寻，你会发现文化紧密连接着我们的过去与未来，文化其实就来自于我们自己内心的坚持与相信，文化在我们的一言一行之间，在幼儿园的一花一草、一角一落之中。当我们能够明确认识到"文化是什么"的时候，文化就会成为能随时随刻提示着我们思考"自己要往哪里去""我们要做怎样的自己"的那个发自内心的声音。

关于三义里一幼的文化到底是什么，我们的理解并不是一蹴而就的，一度我们也无法清晰回答这个问题。而2018年6月，一封来自家长的感谢信启发我们从另一个视角，对我们的园所文化进行了一次深入的讨论和思考。

第一节　一封"感谢信"引发的"三连问"：我们是谁、我们想要成为谁、什么对我们最重要

2018年6月，在大班孩子毕业前夕，我们收到了一封来自大班小朋友沐峣家长的感谢信。这封信是孩子的姥爷写给园长的，老人在信中表达了孩子即将离开幼儿园时，全家人对幼儿园、老师们的不舍之情，同时，信中家长还用自己的视角把三年来感受到的幼儿园实施的是一种什么样的教育向我们描述出来。这封信让我们感受到了和孩子、家长们相遇在幼儿园的温暖。

来自沐峣姥爷的感谢信

三义里第一幼儿园园长：

您好！

我是大一班沐峣小朋友的姥爷，我代表我们张、李两家所有亲人给您写下这封感谢信，向您，向所有老师和工作人员表达我们的谢意。这是我们情不自禁、长久以来就想表达的。

孩子就要离开幼儿园了，我们和孩子一样十分不舍。

幼儿是张白纸，幼儿教育是植根教育。三义里第一幼儿园不跟风、不忽悠、不摇摆，旗帜鲜明地坚持自己的专业水准和职业操守，努力把孩子未来不管干什么工作、在哪里生活都必备的基本素养建立起来。幼儿园敢于把最重要的东西放在第一位，比如，健康的身体和心理，良好的习惯，得体礼貌的行为举止，善意通畅的表达，诚信守纪，回归自然，热爱生活，丰富高雅的情趣，等等。幼儿园的团队是一支高素质、有干劲、肯奉献的队伍。老师们遵循教育学、心理学，遵循幼儿成长规律，对幼儿、家庭和社会的未来负责。

从孩子入园到现在三年来，发生了许多事，有许多老师让我们特别感动。记得我外孙特贪吃，小时常闹肚子，有几次拉到裤子上，又臭又脏不成样子，每次李老师都给洗干净，换上干净的衣服，从来没有给家长露出难看的脸色。当我们表示亏欠之情时，李老师显得很平静，反而仔细地叮嘱我们如何关照孩子。您说能不让人感动吗？把孩子交给这样的老师能不放心吗？

我外孙有时中午尿床，发生几次后，我们怕给老师添麻烦，提出来在午睡时给孩子换上尿不湿。要在别处，也许人家会说就这么着吧，反正也是你们家自己提出来的。可是班主任沈老师不这么想，她说这样恐怕不好，小孩也在建立自尊心，她怕我外孙难为情，在成长过程中产生负面影响，想得多周到、多仔细、多专业。她宁肯老师中午多叫一次，多辛苦一会儿，也不想在幼儿教育工作中留下一点遗憾。为孩子的成长服务，在你们幼儿园不是一句空话，由于平常工作做得细致，点点滴滴的事情她们自然就做到了。在我看来，这就是"平凡中见神奇"。

我外孙还有一个特点，就是很少主动跟人交流，不爱跟老师打招呼。检查身体的姚老师对他特好，非常喜欢他，那么多小朋友每天来来往往，姚老师还能叫出他的名字。可是，要他说句"老师好"，可就难了。有一天早上，姚老师检查完后，他又低头就走，值日老师像往常一样叫住他说："孩子，你应该说什么呀?"提醒他讲礼貌用语。姚老师笑眯眯地等着,但那小子就不开口,还要离开。这时值日老师再一次和蔼地叫住他:"沐峣,早上见到老师应该说什么?"我们大家耐心等着,最后我外孙终于说出了"老师好",克服了交流的障碍。后来才知道那位不厌其烦的老师是刘园长。

无论怎样,无论多少年以后,我们都会把三义里第一幼儿园的好记在心里,让孩子们记住可爱的老师、可爱的幼儿园。你们良好的行为也会感染我们去好好善待我们周围的大人小孩。再一次谢谢园长和老师们,愿你们留下我们全家由衷的谢意,祝好。

沐峣姥爷

2018 年 6 月

家长不惜笔墨的肯定和鼓励,让我们深感惊讶——家长怎么会那么懂教育、懂我们?沐峣姥爷在信中提到的坚持、责任、担当、底线、助人、进取等字眼,"健康的身体和心理,良好的习惯,得体礼貌的行为举止,善意通畅的表达,诚信守纪,回归自然,热爱生活,丰富高雅的情趣……"这些儿童发展目标,正是我们这几年在研究教育质量提升的过程中一直努力追求和期待的。这封信对我们来说饱含沉甸甸的情谊,让我们感到一种被看见的幸福,是最为美好、珍贵的留念。收到这封信后,老师们争相传阅,纷纷表达了自己的思考,尤其是幼儿园里的青年教师感触更深。

汪苑(大班教师,3 年教龄):读完这封信,我一来感到幸福,感受到了家长对我们工作的理解,对这个职业的认可,对孩子生活了三年的这片土壤的肯定。觉得我们经历的一切百转千回的摸索都值了。二来激动,觉得我们更加要谨记不辱使命,应该在现在的基础上继续探索和前行,要让每一个孩子在这里发现自己的力量和价值。三来佩服,我们家长都有如此深刻的反省和反思意识,作为一线教师,尽管日常工作琐碎,但是依旧要不断思考,只有思考了才有可能让行动更有力量,才不会盲目前行!

崔雨晴(中班教师,4 年教龄):信中说的这些事情,我相信每一个老师都做过,这只是我们在教育工作中最普通的一些小事,但我觉得这些小事都不是小事,而是每一个孩子和每一个家长心中的大事。能把每一件简单的事情做好就是不简单,能把每一件平凡的事情做好就是不平凡。在今后,我也一定会像习老师、李老师一样,把每一件简单、平凡的事情都做好,秉承咱们园的教育理念和园所文化,做说得响、过得硬、有担当、不敷衍的真诚好教师。

班鑫(中班教师,4 年教龄):这封感谢信我读了三遍,每一遍都会让我为自己的工作感到荣幸,为我身边有这么多爱孩子、一切为了孩子的老师们感到自豪,同时我也反思了自己是否有这样细致地对待幼儿的行为,我们日常无意的一句话是不是打击了幼儿的自尊心，我们总是习惯性地脱口而出"你怎么老这样""你就是这样的一个人"……，我们总是习惯性地关注班里能力强、总能带给我们惊喜的小朋友，但是那些不那么引人注目、内向、没自信的小朋友是不是更应该被我们关注和爱护呢？

张冬雨(小班教师，1年教龄)：在班里一起读感谢信时，正巧带过沐峣小朋友的保育员李老师也在，当我们说到这个话题时，李老师很平静地说"在小班给孩子洗屎裤子这是经常的，孩子小，很正常"。这些话让我看到了李老师那颗爱孩子的心以及对待职业朴素、认真、负责的态度。这位五十多岁的老教师对待让我们感到"难以应付""想要逃避"的事，竟然如此平静。看来做平常的事、把平凡的事做好是我们在三义里一幼要学好的第一课。

…………

年轻老师们在思考中表达中的"真诚""细致""一切为了孩子""做平常的事""把平凡的事做好""把简单的事做好"等关键词，其实是把自己潜藏于心的关于"什么对我们是最重要的""我们到底要成为什么样的老师"的懵懂认识，做了梳理与表达。

这封信对其他老师亦是一次启迪发现的机会，为了激励团队并寻求共识，我们把这封信和年轻老师们写下的读后感在全园各班、各部门传看，几乎每个人都在信后写下了自己的感言与感想。相对于年轻老师谈的质朴理解，几位成熟教师还看到了"关系"在幼儿园教育中的重要性。

何伟(大班教师，31年教龄)：看到家长的来信，我的心里暖暖的。老师平时一点一滴的工作，都在家长的眼里和心上。作为幼儿园的教师，我们要理解家长对孩子的那种关切之情，要以一颗真诚、善良、理解的心，去关爱每个孩子。这样，家长会更容易接受我们的意见和建议。同时，当我们和家长的关系改善后，双方更能相互理解，相互支持。

其实，教师与家长的关系是师生关系的延伸，真诚平等地对待家长，把握好家长的心理，让教师与家长的关系更加融洽，最终幼儿是最大的受益者。

孙艳(园务主任，23年教龄)：沐峣姥爷的信让我感受到家长对老师、幼儿园浓浓的感谢之情及对老师工作的肯定。孩子的健康和发展牵动着每一位父母的心，老师的一举一动、一言一行都会被家长无限放大。我们老师如何从点滴中与家长建立信任，从言谈中与家长建立互惠的关系，从每一件小事中与家长形成相互理解的沟通方式，这些思考都是我们每天工作的一部分。因为信任是基础、关系是桥梁，相互理解是解决问题的重要因素。用爱去了解、理解每一个幼儿，使每一名幼儿都成为爱探索、能沟通、乐分享、有能力的最棒的自己，从不同的视角去看待每一位家长，使我们的家园成为能沟通、互理解、共通过这封信给我们带来的启示，我们回顾了幼儿园几年来所经历的改革、探索与转变，发现尽管道路曲折，但我们最初选择相信什么、重视什么，我们就在自己的幼儿园里相继看到了什么，获得了什么。

我们从最初到现在，包括未来，一直不断强调"基于儿童""重视关系"的重要，通过一次次的观察、记录和教研，我们看见了"儿童是有能力有自信的学习者和沟通者""每一个儿童都是独一无二的重要个体""儿童是教师研究教学、建构课程的起点"等理念，转变为每一位教师行动的信念。

因为看见，老师们更加重视在日常赋权儿童，激发与支持每个儿童的力量，通过师幼对话、师师对话、家园对话，以及带有课程审议"味道"的园本研修、家园合作等，使更多人不断"卷入"到幼儿的学习与发展过程、幼儿园的课程建构过程之中。这样的"卷入"又使我们得以看见彼此，看见更多人在一起的力量，让我们更加重视每个生命体的独特，以及我们每个人彼此之间密切相连的关系。

在一日生活中、在课程建构中、在文化形成中，我们努力地把"儿童""教师""家庭""幼儿园""社区""环境""课程""发展线索""目标"等编织在一起，形成可以承载每个人学习与发展的"课程网"与学习发展共同体。联结每个人的"课程网"把幼儿园里所有的人、事、物紧密地连接为一个学习发展的共同体，推动我们不断为幼儿创设赋予权利与责任、支持主动学习的环境、关系，不断向着更高质量追求而学习、发展和共建。这种"在一起"的文化氛围，影响、激励着我们园所中的每个人努力向着"成为最棒的自己"这样的方向前进。

来自家长的独特视角启发着我们更全面地思考自己的文化，同时，来自专家、同行的反馈也在潜移默化地推动着我们更深入地思考"我们是谁""我们的幼儿园是什么样的"。

记得有一次，一位来园参观的同行问："你们幼儿园是什么特色?"我们自豪地回答："我们没有特色，没有特色就是我们的特色。"之所以这样回答，是因为我们确实是千千万万幼儿园中一所非常普通的幼儿园。作为一群普普通通的幼儿园教师，我们没有超人的本领、卓越的智慧、过人的精力，更没有获得过什么与众不同、轰轰烈烈的研究成果奖项。如果真要找到我们这所幼儿园的特别之处，我觉得应该是我们在深入学习与贯彻《纲要》《指南》精神的过程中，基于园所实际，不断对接自身教育实践经验，反思传统，积极吸取先进教育理念精华，在明悉共同价值观与愿景的基础上，重视和孩子们在一起的每一分、每一秒，不断建构"有生命、有温度、有色彩、有力量"的教育场域，将"基于儿童""重视关系"的教育融于日常，"化为无形"。

在幼儿园工作了三十多年的何老师说："我觉得教育就应该是这样的。"是的，教育回归本来的样子，就是没有特色，自然、舒适、真实，每个人都可以做自己，每个人都在积极主动地为了成为最好的自己而努力。

来自家长的独特视角，以及来自专家、同行的一系列反馈，让我们得以更加深入地思考关于"我们是谁""我们的幼儿园是什么样的"的问题。推动着我们更全面、深入地思考幼儿园文化构建中的一系列问题——我从哪里来、我是谁、未来的我希望成为谁。在探索园所文化的过程中，我们也在不断构建着有关我们整个园所的"学习者"形象。

第二节　一切从"看见"开始，发现我们中的每个人

对"我们是谁""我们幼儿园是什么样的"这两个问题的探索，还要追溯到更早——早在 2015 年，我们幼儿园顺利通过了北京市市级示范园的验收，这件事对于我们以及整个幼儿园的发展来说，是一个重要的里程碑。我们从不那么自信，到被看到、被相信、被肯定，全园上下都受到了很大的激励和鼓舞。当对于一日生活的打破与重建的改革告一段落后，我们也满心期待地计划着想要深入探讨如何持续建构以儿童发展为中心的园本课程。此时，我们却忽然发现曾经反复强调、自认为我们一直努力坚守的"尊重儿童""相信儿童""发现儿童的力量"等理念并没有如我们所期待的那样，全面转化为幼儿园里所有人日常工作的一言一行。

表面上看，"儿童是有能力、有自信的学习者"这句话每个人已经烂熟于心了，无论是在"学习故事"的观察记录中，还是在教研讨论的观点表达中，老师们都常以正向积极的视角评价儿童的学习与发展，可以说言必谈儿童、言必谈儿童的学习和所思所想。但是，当我们走到老师身边，置身于复杂的教育现场中，却发现老师们面对具体问题时，常常会不由自主地主导、控制，用自己的想法、意图替代儿童的想法与意图去分析、判断和给予回应。

为什么我们反复强调并且也得到老师们赞同和共同认可的理念，在具体情境中的落实却如此困难呢？反思其中的原因，我们发现在之前近两年的探索和改革的过程中，每每遇到理念与实践碰撞、发生矛盾和冲突时，团队中的管理者、个别骨干教师就会冲在前面，积极地为老师们出谋划策，甚至以身示范，亲自寻找解决问题的方法……这就好比"纤夫的爱"，纤夫用绳索拖拽大船，表面上看船是动了起来，但实际上这只是来自外部的短暂移动，真正实现扬帆远航的，一定是来自大船的内部。

对此，我们进行了讨论与反思，大家感到我们对儿童的认识不能止步于儿

童。在儿童身边，与儿童密切相关的所有人、事、物，共同造就了影响儿童学习发展的教育场域。我们不仅要在幼儿园教育现场强调"基于儿童"，而且要重视联结与儿童学习兴趣、需要、意图密切相关的所有人、事、物，让支持儿童主动学习的教育场域不断联结拓展，为儿童的学习发展提供更有力的支持。因此，我们决定不仅要"相信儿童是有能力、有自信的学习者"，努力去"看见儿童""发现儿童的力量"，而且要在幼儿园构建"相信每个人的力量""看见彼此""在一起"互惠互利共同发展的团队文化，让相信和看见成为激发、凝聚每个人的力量，推动每个人和园所共同发展的力量。

从 2013 年调入三义里一幼到现在，多年过去了，我们的管理团队也像老师们"看见儿童""发现儿童的力量"一样，看见每一位教职工，发现每一个人的力量。园长带头，像老师们给孩子写下学习故事那样，一点一滴地在心中、在镜头中、在纸面上记录下发生在幼儿园里一个个真实而鲜活的故事，故事记录的人和事涉及幼儿园里方方面面的人，记录着三义里一幼看似平凡却又充满爱与温暖的日常。每当园长记录下老师们的故事，就会充满期待地把这些故事，或是文字或是照片上传到幼儿园的微信群中，因为幼儿园的管理团队希望故事的主角们都能体会到被看见的幸福，也希望老师们在围观中彼此激励，在故事中寻得心灵的润泽。

一、看见老教师的力量：老骥伏枥，志在千里

相比新入职的年轻教师以及各种荣誉、任务加身的骨干教师，幼儿园中渐渐退后的老教师群体相对而言很容易被忽视和边缘化。九年前，我们这所幼儿园四十岁以上的教师居多，老师们在带班过程中容易出现高控、不放手等问题，有时工作压力大，一些个别教师还会出现情绪烦躁等情况。

但是，没想到，当我们引导教师尊重儿童的权利，转变视角看孩子，通过放手、退后、赋权，不断优化一日生活的设计和组织，支持儿童主动学习时，老教师们并未如我们之前所预想的那样，成为课程改革的阻力和牵绊。当新的理念、价值观与老教师们内心对教育的期待、理解相契合时，她们不仅很快认可和接纳了新的理念与思维，还主动加入了提出问题、发现问题、研究问题、解决问题的变革之中。现实中，反而是她们多年积累的教育经验，为我们破旧立新提供了稳定的班级常规管理保障，让我们可以放心地去改变和尝试。除此之外，我们还惊喜地发现一度对幼师职业产生倦怠的老教师们，成为幼儿园里最坚定的改革者，最积极的探索者。

因篇幅有限，虽然无法将所有的故事和镜头一一呈现在这里，但我们还是希望通过园长笔下的一个个小故事、一段段对话，让大家看到幼儿园里那些看似平凡、默默耕耘，同时又是无怨无悔、老骥伏枥、志在千里的老教师们的职业形象与剪影。

园长手记：从不偷懒的何老师

进入暑期，老师们轮休放假，幼儿园只来了三十多个孩子。天气很热，我正坐在电脑前整理文件。忽然，幼儿园的小院里传来孩子们叽叽喳喳的说笑声。我放下鼠标，走到窗前，向下望去。楼下的小院儿里，孩子们正开心地用废纸盒在地上拼摆着。何伟老师蹲在孩子们中间，一边和孩子们一起拼摆，一边呼应着孩子们："倒了没关系，你们自己想象，随便摆……自己来试试……真棒！我猜这是个大飞机……谁的盒子不够了？我们一起再去运点过来……"

其实，由于假期中操场整修，幼儿园并不具备户外运动的条件。因此，我们没有硬性规定教师带孩子出来玩。没想到仅有二十多平方米的前院被何老师充分利用，成为孩子们玩耍游戏的场地。孩子们的欢笑声，让我的脑海中浮现出何老师平日里的形象：何老师是一名工作近三十年的老教师，我曾经写过一个《老母鸡变魔法师》的故事，就是描述何老师从对孩子各种不放心、不放手到后来做出很大转变的经历。身高一米七几的何老师与五六岁的孩子站在一起，从空间上看总是有那么点违和以及压迫感，加上她的声音总是那么浑厚有力，教导孩子总是那么执着认真，让我不禁担心她对孩子会不会太过严厉。但是，正是这个平日里看似严厉认真的老师却为了孩子们一次次做出令我们所有人都意想不到的事。联欢会上为了让孩子们开心，何老师找来了尖尖的女巫帽，披着一块黑色绒布窗帘扮演魔法师给孩子们变礼物；下雨天，她提前给家长们发信息，让孩子们准备好雨衣雨鞋，她带着全班的孩子穿好雨衣雨鞋在雨中、在操场上奔跑、踩水坑、接雨水……

为了更多了解何老师的想法，我们与她就这个问题进行了交流。

园长：教室里挺凉快的，出去玩多热啊，没有规定必须出去，您为什么会带孩子出去玩呢？

何老师：没有为什么，我觉得就应该这样做。孩子就得在大自然里玩，在户外玩比在室内对孩子的发展来说更好。操场虽然不能玩了，但前院也足够孩子们拼拼摆摆的，在户外孩子们可以大声说笑，特别放松，所以我更愿意带孩子们走出来。

园长：下雨天，您为什么要带孩子在雨里奔跑？

何老师：我觉得下雨出去玩肯定是跟平时不一样的。雨是大自然的一个自然景象，如果一下雨就在屋里头趴在窗户边看，肯定不知道雨滴在身上是什么感觉，滴在手上是什么感觉，踩上是什么感觉，孩子们一定特别想出去跑……所以，我就带他们穿上雨衣，穿上雨鞋出去玩呗。这样才是真的回归大自然，

173

这样的教育才是最本质的东西。

园长：那您觉得跟孩子一起在雨里边跑，带给您一种什么样的感受？

何老师：感觉我跟他们一样，跟他们是一体的，也像一个孩子一样。我的天性也在释放。

园长：释放天性？

何老师：是的，只要和孩子们在一起所有的烦恼就不见了。孩子在家可能下雨都出不去，在幼儿园却可以和老师小朋友一起在雨里奔跑，这种事让孩子们和我都感觉到释放和快乐，这之后孩子们经常问我什么时候会下雨，都盼着再下雨，再和我一起玩。

园长：从老母鸡到魔法师，您觉得这种改变困难吗？

何老师：不困难。

园长：为什么？

何老师：因为我觉得教育就应该是这样的。

园长手记：向孩子们发起挑战的尹老师

尹秋红老师也是幼儿园资深的老教师。她一向身体瘦弱，还曾因为颈椎问题在上班的路上晕倒在地铁里。在尹老师的申请下，我们同意她转岗担任保育员工作。尹老师虽然转岗做了保育员，但只要一有空她就会去游戏区观察和陪伴孩子们。

一次，我走进教室看到她和几个孩子围坐在一起。"你们在干吗呢?"我问孩子们。孩子们说："尹老师在教我们玩魔尺变球。"原来，为了激发孩子们动手动脑，尹老师练就了一手魔尺变球的独门功夫。在她的带动下，中班很多孩子喜欢上了玩魔尺，甚至还计划要召开一次魔尺变球挑战赛。

几个已经玩得很溜的孩子纷纷要给我展示魔尺变球的过程，只见他们个个身手矫健，长长的魔尺拿在手里咔咔几下就扭出了一个球形，接着又咔咔几下一根长长的魔尺变成了两个菱形球体。这让我看得目瞪口呆，连忙夸奖孩子们太厉害了。孩子们说："尹老师还要和我们挑战背手变球。""背手怎么变球啊?"看我那么好奇，尹老师和孩子们站成一排，由我来计时，只见他们面向前方，把手背到身后，手里拿着魔尺，计时开始，尹老师和孩子们二十秒、三十秒、四十秒……一个个迅速完成了背手变球的挑战。

那一刻，我兴奋地和孩子们一起欢呼，而尹老师却又坐回到小桌边，继续耐心地教刚才那个小朋友变球。

园长手记：人老心不老的"小訾訾"

訾连君老师是一位对自己要求特别严格的人，别看她已经到了快要退休的年龄，但她仍然每天坚持锻炼身体，因此保持了良好的体力与精力，让我们这些比她年轻的人都感到自叹不如。

有一次，她们班开展健康运动计划。孩子们想和老师比拼平板支撑这个运动项目，班中的另外两位老师以及参与的其他人早早就败下阵来，但訾老师每次都会是坚持到最后，得到孩子们掌声的那个人。

有一年，大班来了一名中途插班的孩子。这个孩子比较内向。户外活动中，訾老师看到他一直用羡慕的眼神仰望敢于攀爬爬网隧道的小伙伴们，就鼓励他大胆尝试。这个孩子很想上去，但又有些胆怯。于是，訾老师就拉着他的手，跟在他的身后来到架在空中的爬网隧道上。为了鼓励和保护这个孩子，五十多岁的訾老师竟然在全园小朋友和老师们的见证下，爬进了大班孩子都要弯着腰走过的爬网隧道，陪着他走完了长长的一段爬网隧道。

人老心不老的訾老师在体能上超越幼儿园里的年轻教师，在游戏中比孩子们还充满好奇和热情，孩子们和老师们亲切称呼她为"小訾訾"。"小訾訾"今年五十四，上得了爬网，下得了沙坑，她把做好保育员本职工作后留有的所有间隙时间都给了孩子们。

园长手记：会梳小辫的力老师

工作五年的崔雨晴老师讲述了与自己同班的保育员力喜梅老师给孩子们梳小辫的故事。

"力老师是一名非常有工作经验的保育员老师，每天中午起床后无论工作多紧张，力老师都会想办法抽出时间帮女孩子们梳头。哪怕是她手边的床铺还没整理完，只要有孩子来找她梳头发，她都会先把孩子们的小需求满足了，才去抓紧时间干自己的其他工作，特别难得。其实，力老师自己的孩子是个男孩，不知道她是如何自学成才，成为梳妆达人的，反正女孩子们每天最期待的时刻就是力老师为她们编出各色各样的漂亮的小辫子。我们班的小女孩悠悠每周一常常头发凌乱地来幼儿园，跟家长沟通后，我才知道，孩子每周五回家后都不让拆力老师给梳的小辫，盼着下周一来幼儿园让力老师梳新的发型。"

作为园长，我很好奇保育员工作每天那么忙，力老师怎么有精力梳这么多各种花样的小辫呢？

小崔老师说："力老师这样做是因为在她的心里凡事处处以孩子为先，一直把孩子的需要摆在第一位。虽然保育员的工作也很繁重，但她考虑的不仅仅是手脚麻利地完成本职工作，还有想方设法尽力满足女孩子对美的期待。"

力老师本人解释自己为什么会这样做，理由非常朴实："在幼儿园干活的时候，不管是干什么，只要看到女孩子梳着漂亮的小辫子，一个个美美的，我心里就特别高兴。一想到家长接孩子时，能看到一个开心、干净、漂亮的孩子，我就觉得心里特踏实。"

有时，我们常常听到一些同行自怨自艾，认为自己学历不高、理论不深、专业能力不足、不会说更不会写……但是，从这些老教师身上，我们看到了过去那个时代留给这些幼教人最宝贵的品质——平实、纯朴、善良、热情、有责任心……这些正是作为一名教育者最为基础和必须拥有的品质，这种品质正是三义里一幼人在历史中沉积的、特有的、宝贵的财富与力量。

一篇篇记录让我们看到了以老教师为代表的三义里一幼教师的形象。当我们把这些故事分享给大家，激发了更多的老师与我们分享自己眼中的三义里一幼教师的形象。

比如，工作五年的班鑫老师讲述了自己的师父，同时也是孩子和老师们眼中的"百科全书"刘婷老师的故事。

班鑫老师："刘老师是一名骨干教师，因为业务能力强走上了保教管理岗位。很奇怪的是，当我们使出浑身解数想要引发孩子们有趣、深入的学习却又不得要领时，刘老师只要蹲下来和孩子们玩一会儿就能立刻发现孩子们的兴趣点，为我们出谋划策，引导我们将孩子们学习探索的兴趣引向深入。

"我很好奇，为什么刘老师总是能读懂孩子的小心思，和他们同频共鸣、共同学习呢？

"一段时间，我们班孩子每天都在建筑区搭建长城。看到孩子们总是重复雷同的经验与学习，刘老师自告奋勇要给孩子们讲一讲她和长城的故事。于是，游戏分享时间，刘老师特意穿了一身登山服，帅气地出现在孩子们眼前。她准备了丰富的图片资料，声情并茂地讲解了自己探险司马台长城的经历。她还和孩子们一起用桌子、椅子模拟出了爬长城走天梯的样子，帮助孩子们理解挑战天梯的艰险。"

看到孩子们充满崇拜的小眼神，班鑫老师终于找到了答案："抛开教师这个身份，刘老师自身就像是一本大百科全书；她经历丰富、兴趣广泛、爱玩会玩，一有时间就背上背包游历探险。虽然她的年龄已过五十，但她的状态一点不输我们年轻人。面对生活她总是愿意尝试和挑战，面对繁忙的工作，她对孩子的好奇之心却始终如一。"

班老师认为："作为幼儿教师要想做孩子的朋友，真正走进儿童的童心世界，就要从改变自己的生活开始，做像刘老师这样充满好奇、爱生活、会生活、有生活，博学多才、丰富有趣的人。"

除了教师，我们幼儿园其他教职工的故事更是数不胜数，我们不断发现和分享属于我们这个团队的每个人的故事，越来越多的故事不断地涌现出来。

二、看见后勤人员的力量：每个人都是教育者

提起幼教工作者，很多人第一时间想到的大多是和孩子们朝夕相处的教师

们。然而，在我们幼儿园，没有人把自己放在教育的边缘。不仅是教师，后勤各部门的每个人都在积极地承担着教育者的角色和责任，心甘情愿，并乐此不疲地为孩子们的学习发展贡献力量。

下面的镜头记录的就是我们幼儿园里可亲可敬的后勤老师们和孩子们在一起的感人故事，还有因为这些故事引发的一连串看似平实却打动人心的对话。

（以下记录中的"访谈者"为幼儿园管理者团队成员）

镜头一：孩子们眼中最帅的大龙叔叔、印叔叔

大龙叔叔和印叔叔之所以成为幼儿园里最帅的人，是因为他俩是我们幼儿园里少有的男同胞。由于他们的工作是厨师，每天他们都会穿上整洁的工作服，戴上高高的厨师帽到班上去巡餐，孩子们看到他们进班会纷纷伸出大拇指，夸赞他们做的饭菜特别香。

每天晚餐后做完厨房工作的他们本应稍作休息就离岗下班，但是他们不仅不走，还会主动和值班老师一起在门口站岗，一边维持秩序一边和孩子们挥手道别。

每个离园时间的傍晚，有他们两个站在前院，孩子们和我们都觉得心里特别安稳踏实。

有一次，幼儿园组织孩子们外出秋游，需要食堂为孩子们制作安全、卫生又热乎的中式简餐。他们爽快地接受了任务，忙碌一早晨之后准时为孩子们送来了热气腾腾的手工包子。后来，我们听说，印师傅怕包子凉了，来的路上把自己的外套脱下来裹住箱子，看着孩子们吃上了热气腾腾的包子，他俩感觉一上午的辛苦都特别值得。

孩子们眼中最帅也是最万能的两位叔叔，为什么能不计较得失，心甘情愿地为孩子们服务呢？从他们的回答中也许你能发现答案。

访谈者：您觉得巡餐和不巡餐的区别在哪？

大龙叔叔：肯定有很大的区别。因为你不巡餐的话，有可能了解不到孩子爱吃什么、不爱吃什么。如果不巡餐我们这个工作等于自己在厨房瞎忙活。

访谈者：听说你们一进班的时候，孩子们就给您竖个大拇指？

大龙叔叔：那是经常的，因为我们现在做的这些伙食90％以上都是孩子们特别爱吃的。

印叔叔：巡餐制度让我和孩子们拉近了距离，让我直观地第一时间能够知道孩子们对每一餐的及时反馈，菜切得是否大块了？做的口味不太好了，或者是有一些他们不愿意接受的味道，在巡餐中都是孩子直接反馈给我们。这种方

式让我们能及时取得第一手信息，厨房班组汇总后，我们会想尽一切办法把这些问题及时解决。我觉得这个制度非常好，我们也会一如既往实行下去。

访谈者：您每天下班后都自觉地承担保安员的责任在门口维持离园秩序，这是为什么？

大龙叔叔：晚离园我们会在门口站岗，在站岗的同时孩子们都会很礼貌地和我打招呼，他们走过我身边的时候都会说一句"大龙叔叔再见！"，我也会回应他们，说："嗯好，再见，明天再来啊！"这样和孩子们沟通，我感觉我和孩子们的关系更亲密了。

印叔叔：孩子们经常邀请我们进班教他们制作美食，比如，教他们制作小饼干、南瓜饼、重阳糕……在教他们的过程中，我会感觉到一种自豪感，然后他们就常说："哇！"很惊讶的那种，让我感觉到特别自豪。还有的孩子甚至告诉我以后要跟大龙叔叔、印叔叔一样，当一名酷酷的大厨师。

幼儿园中不仅有孩子、女老师的存在，还有爱孩子、想和孩子交流、愿意为孩子服务的有力量又高大帅气的厨师。谁说教育一定只能由班级教师来实施呢？

孩子们手里拿到的是香喷喷的包子，心里装的是大龙叔叔和印叔叔种下的善良、爱与责任的种子。

镜头二：点子多多的保健医

在我们幼儿园，被大多数孩子们羡慕的职位既不是园长，也不是主任，而是保安、厨师，还有每天早晨为孩子们进行晨检的保健医。我们幼儿园年轻的保健组长王丽老师的脑袋里经常会冒出教育方面的好点子，刚从教学班长转岗到保健室工作的姚老师更擅长从孩子的视角出发做好健康教育工作。她们两个虽然不是带班教师，但经常会通过巧妙地方法把孩子引入到膳食管理、健康管理工作之中，让孩子为自己的生活做主，为幼儿园工作的调整做主。她们对孩子的尊重，以及为孩子提供的参与和学习机会，常常令我们这些一线工作人员惊叹。

王丽老师说："饭菜最终要吃到孩子嘴里去。"所以，她会请儿童代表定期参加伙委会的讨论并认真了解和采纳孩子们的建议，进而调整厨房膳食制作加工的方法。有一段时间，保健室让家长推荐菜谱，选上的菜谱纳入每周更新的菜谱中，她们竟然想出了用孩子的名字来命名每日的菜谱，如"琳琳菜花""家明红烧肉"，这大大地激发了孩子们对饮食的兴趣，孩子们每天都会好奇地期待品尝"不一样"的食物。

为了鼓励幼儿更多地参与自己的健康管理，保健室还独创了用不同颜色和不同标志做的晨检牌，改进了儿童晨检制度。孩子们晨检后可以选取不同颜色的晨检牌插到班里的晨检袋中，让老师清楚地知道孩子们不同的健康状况与需要，不同颜色的晨检牌时刻提醒着孩子们自己是否应该多喝水、是否需要服药、是否要记得回家剪指甲。

在王丽老师、姚老师眼里，遵循幼儿园提倡的"尊重儿童、相信儿童、发现儿童"的理念，让她们找到了卫生保健工作的抓手。姚老师说："虽然保健工作十分繁杂，但如果我们能处处从儿童的视角思考，保健工作不仅不再盲目，还变得十分有趣和有效。"

镜头三：被孩子们当作"好朋友"的小出纳

充满童心并且爱好广泛的师扬老师是我们幼儿园财务室的小出纳。幼儿园里充满生机的绿植都是她利用业余时间采购和种植的。如果和她谈论起幼儿园里的绿植们，她能叫出每一株植物的名字，滔滔不绝地向你介绍植物们的习性以及养护的要点。

每年一到清明前，师扬老师就开始忙活订种子，采购花苗。为了给幼儿园省钱，她都是带着财务室的老师到批发市场去买最简易包装的小苗，用三轮车运回来，之后再一棵棵移盆栽种。可以说，我们幼儿园每一个角落种什么草、放什么花都是有学问的，哪种花喜阳，哪种花喜阴，哪种植物长绿，哪种植物会变色，哪种能攀爬……它们都会被师老师安置在适合的位置，得到最佳的生长空间。

我们经常听师老师为班上的老师和保安讲解怎样养护各种花草的方法。她说："有的花喜欢水，要天天喷水；有的花水一多就会死，一定不能勤浇水。养花和养人是同样的道理，每种花都有自己的性格，都要有适宜的土壤、空气和水分，都必须受到适宜的养护。"

在师老师看来，养花和养人是一样的道理："就像不是我把花养得多好，而是看到花开得这么漂亮，我就觉得生活特别美好。教育也是这样，是一个人点亮一个人的过程，孩子有时候还能点亮我。"

师老师说起跟孩子的故事，会滔滔不绝："平时，我在楼下浇花，就会有小孩过来跟我一起浇。有时候，我到前院找种子，小孩就会跟我一起抠种子，抠一次以后，她每天放学都会抠一两颗种子说回家种。孩子们会问我这个花是怎么回事，那个花是怎么回事……有的小孩说要抓虫子，我就会陪着她们把每一个花瓣都挑一遍，以至于孩子们后来见到我不知道我叫什么，就喊我'抓虫子老师''抓虫子老师'。所以，我觉得不是说带班老师才能成为孩子们的好朋友，我跟咱们幼儿园的很多小朋友都是借助这些花草、小虫子建立友谊的。

"有个在班里特别淘气的小朋友，对我养的小鹦鹉很感兴趣。我总是很耐心地给他解释小鹦鹉吃什么、怎么睡觉、怎么生宝宝。忽然有一天，他送给我一个小饼干，他妈妈告诉我这是他周末亲手做的，一共做了四个给老师，说一定要挑一个最漂亮的给师老师。

"我对小孩很好奇，一看见小孩，我就挺想去探究他内心的一些东西。比如，我到班上和孩子一起玩，看见一个小男孩在敲非洲鼓。我就主动找他，还对他说'老师好，能教我敲一段吗？'他就特别淡定地教我。后来，只要见到他，我都会说，'敲鼓老师，再教我点什么呢'。

"我喜欢跟那些永远在一个角落自己玩的孩子搭讪，因为我们每个班的孩子太多了，没办法，总会有孩子不是每时每刻都能被老师关注到。我有时候会想，如果他能被幼儿园的其他大人关注到，也会是一件幸福的事情。"

这些话从一个每天与严谨的财务工作打交道的出纳员口中说出来，真的令我们十分惊诧。和孩子做朋友原来并不是难事，只要我们能够蹲下来，用心发现每个孩子的不同，用心倾听每个孩子的心声，我们都能成为受到孩子们欢迎的"好朋友"。

下班不走还要继续当安全员的厨师、"自己不干让孩子干"的保健医、养花、种草、做游戏样样在行的小出纳……在这些镜头中，我们看到了幼儿园里员工，每个人身上都蕴含着的既朴实无华又伟大光辉的力量。在我们幼儿园还有很多这样的教职工，他（她）们看似"不务正业"，但却在做着幼儿园最大的"正业"——尊重儿童、相信儿童、发现儿童。他们的故事让我们看到每个人与生俱来的，人性使然的力量，让我们更愿意去相信和发现每个人的力量，从心里承认在我们的团队中每个人都是有思想、有热情、有特点、有本领的教育者，相信每个人都时刻准备着为孩子、为教育、为团队贡献力量。

身处在一个团队中，我们不仅要做好自己，更要学着相信每一个人的善意，发现和看见身边每一个人的力量。只有不断地去发现和看见，我们才能心怀美好，尊重彼此，珍惜感恩，结成亲密而有力量的伙伴关系，共同面对和拥抱不确定的未来与挑战。

将"相信每个人的力量"作为一种信念去理解和坚守，能够让每个人自身的聪明才智、优秀品质统统发挥出来。更重要的是，当我们所有人凝聚在一起时，我们就获得了远超于我们每个人自身的不竭动力，最终使我们这支朴实、平凡的团队紧紧地凝聚在一起，不仅收获了团队与众不同的形象与特质，更是迸发出了团队为了实现共同目标与理想而同频共振、向上生长的力量。

第三节　建立"在一起"的机制，成就"我们"自己

为了回忆和梳理这些年我们做过什么，留给每个人怎样的记忆和感受，我们又对全园教职工做了一对一的访谈。在访谈的过程中，我们发现一个有意思的事，大家反复提到"我觉得这就是我想要的样子""本来就应该是这样的""我说不清什么是学习故事，但我和孩子之间一直就有这样的故事"……表面上看，我们选择改变，选择学习与吸纳先进的教育理念，选择去行动，选择"相信每个人的力量"，实际上我们最终选择的还是遵从自己内心的声音。这种声音的发出是我们这一群人在前前后后共同经历的二十多年的生活、教育历程中所有认知、体验、感受沉淀而成的一种信仰与信念，当我们找到它并遵循它去做出选择和行动时，我们身边的一切都变得自然和顺畅起来。

"相信"不仅让我们得以看见彼此，更让倾听、对话和反思在我们中间自然地、随时随地地发生。我们所共同创造的信任、尊重、互动互惠的教育环境，使身处其中的每个人都放松下来。我们越来越有勇气面对真实的自己，面对复杂而又充满不确定性的教育现场与困境。如果说平凡的我们，每个人渺小得犹如一颗沙粒，那么，在一个组织中、在一个团队里，相信自己、相信每个人的力量，相信我们在一起可以让一切变得更好，这样的一种信念、一种思维模式、一种关系就是三义里一幼可以聚沙成塔、积水成渊的奥秘所在。

"相信"使我们成为"我们"。那么作为管理者，我们做了哪些具体努力，让相信"相信的力量"这种信念在幼儿园里得以不断巩固和筑牢，最终凝聚团队中的每个人，形成"我们在一起"的文化呢？

一、放下执念：在探索中成长，永葆好奇之心

在日复一日的生活中，我们常常习惯遵循多年形成的一些经验和做法，看待和处理实践中的问题。作为管理者，我们更是容易习惯性地站在过来人的角度，运用自身积累的经验对老师们的实践找问题、提建议。虽然，我们最初的想法是要倾囊而出地帮助教师解决实践中的问题。但我们逐渐发现问题解决不尽，事与愿违，我们越是喋喋不休地指点江山，老师们越是在实践中瞻前顾后，不得要领。

这样的现象不得不引发我们反思，当管理者想要倡导教师放手、退后、看见、激发儿童学习的主动性、创造性的时候，管理者又是以何种视角、何种身份、何种方式去看、去听、去激发和支持老师们的呢？我们要求老师们要通过观察、识别儿童的兴趣、经验与儿童的想法意图相呼应，而我们所做的一切与教师的实践经验、具体困惑以及教师的期待是否相互关联和呼应呢？难道作为

管理者，我们就一定比身处在教育一线中的老师们对实践看得更清晰，想得更全面，招数更高明吗？

如何能激发教师们工作和研究的主动性与创造力，培养教师提升举一反三解决实践问题的能力呢？通过讨论，我们认识到管理者要想激发教师的主动性创造力，就必须要放下头脑中不时会冒出的"我觉得""我认为"这样的执念，清空自己，用空杯心态、好奇之心，走到实践中，走到老师和孩子们的身边，去倾听和发现老师们、孩子们的所思所想。在实践中与老师、孩子们共同探索发现，共同行动、研究与成长。

带着这样的想法，我们走进班级，寻找和倾听老师和孩子们的声音，希望能收获奇妙的发现。

园长手记：为什么

一天，我走进中一班，听到一个孩子急切地在问老师："老师，为什么周末不算（时间）？为什么呀？"……原来，为了迎接孩子们满心期待的"六一"活动，老师和孩子们一起做了一个倒计时牌，用便签纸写上倒计时天数，过完一天，孩子们就可以撕掉一张，用来感受离"六一"庆祝活动越来越近的时间。

孩子不断追问"为什么"的场景，是因为周一当天老师请这个孩子帮忙撕下倒计时牌上的一张便签纸，但孩子一共撕下了三张纸。

老师说："孩子，你多撕了两张，这两张要贴回去。"

孩子问："为什么呀？"

老师说："因为周六、周日我们休息，不算。"

孩子瞪着大大的眼睛，急切地追问："老师，为什么周末不算？为什么不算呀？"孩子一连串的"为什么"，引发了我的好奇。我找到了倒计时牌，看到上面写的并不是具体日期，而是表示倒计时天数的数字，我也赶紧问："对呀，为什么周末不算呢？"老师说："因为周六、周日两天我们不上幼儿园，所以就不用算这两天呀。"怪不得孩子会不停地追问，原本老师是按照工作日的累加计算并制作倒计时牌上的日期。可是，在孩子的眼中周末这两天确确实实是经历过的日子，怎能被抹掉不记呢？孩子的眼睛最明亮，孩子们的心思最直接，关于"倒计时牌为什么不记录周六、周日"的追问让我们看到，作为教师，我们不能用自己的想法，简单地替代孩子们的想法，用自己的视角替代孩子们发现世界的眼睛。我们要向孩子们学习，经常对习以为常的事提出疑问，问一问"为什么"，在"为什么"的问询中追根溯源，还原事物的真实样貌，探寻事物的本质与意义。

这次意外的收获，让我对"为什么"的求索欲罢不能。我"乘胜追击"，向班上的老师们发起了邀请："你们有什么问题要问我吗？有没有想知道的'为什么'?"老师们也不客气，一位老师说："还真有个问题，您不是说进班不看墙吗？为什么今天中午教研进班要看墙？"原来，今天中午保教主任刘老师要组织环境评价的进班教研，这让老师们对以往我常常挂在嘴边的主张产生了怀疑。我说："这个问题问得太棒了，太需要了。中午教研时我会向刘老师发问的。"

中午的教研活动如期举行了，保教主任刘老师介绍了我们园对环境支持幼儿主动学习的教研历程，又对这次环境评价的意图、参考指标进行了分析，当她说到墙饰这部分内容时，我提出了老师们的"为什么？"刘老师问："这个问题哪位老师能回答？"一位年轻教师回答说："我认为我们现在来讨论的环境并不是仅指班级中的墙饰、材料，而是指能激励、支持幼儿主动学习、形成品质的班级中一切软环境和硬环境。进班不看墙不等于不看孩子的发展以及教师所应做的支持。"听了这位青年教师的话，我和刘老师频频点头，老师们心中会有"为什么"的疑问太正常了，正因为一个个"为什么"被看到、听到，被孩子和老师们勇敢地提出来，我们才有了厘清思路的机会。"为什么进班不看墙，教研要看墙？"这个问题，来自教师自己，引发了教师间思想的共鸣与共振，解决的路径是用教师每个人的认识与理解去解答，而不是来自园长、主任权威的、看似滴水不漏的解释与定性。

在一个学习与发展的共同体中，每个人都是学习者和贡献者，每个人都要不断审视自己，慎用自己的权力与力量，同时，要抛开"我以为就是我以为的"这种僵化固执的思维，以"存在即为合理""事出有因"的角度，好奇地去发现和探索问题，而不是拒绝面对问题。当我们每天都尝试着像孩子那样，用好奇的心去面对各种问题时，我们就会发现这种探索的过程会把我们与我们所生活的整个环境更加紧密地联结在一起，勇敢地面对问题以及积极地寻找解决办法的过程正是我们学习和成长的最佳路径。拥有一颗爱问"为什么？"的好奇心，就拥有了能生万物的力量。好奇心使我们对未知世界充满热情，像一个发现者、研究者、探寻者一样，不断获得新知以及改变世界的力量。

二、鼓励倾听："咫尺"与"天涯"只差"倾听"二字

法国思想家、文学家伏尔泰曾说：耳朵是通向心灵的路，咫尺与天涯只差"倾听"二字。在我们小小的幼儿园里，人与人之间，包括师幼之间、同事之间，看起来距离很近，但是如果缺少"倾听"，那么心与心的距离实际上就会变得很远。我们重视幼儿园团队中每个人的声音，鼓励倾听、接纳、相互信任，用倾听向彼此表达最大的敬意，拉近人与人、心与心的距离。

管理者是否愿意倾听？是否能经常倾听？是否能在倾听之后真的采取行动？……这些都是教职工在内心中评价管理者的标准。我们在管理幼儿园的过程中，经常会和老师们开展一对一式的谈心和对话活动，了解每个老师的想法和状态，让老师们慢慢感受到了管理团队的尊重与诚意。

在访谈老师们的过程中，很多老师都谈道：在我们的团队中，每个人的声音都很重要，无论老师们的提议如何，管理者都会认真倾听，并且会采纳和调整、跟进。老师们感觉到管理团队愿意听取教师们的建议，能够看到自己所提出的意见、建议在园所管理中获得重视，甚至实现。

一位青年教师说：

"我们有时候提出的建议并不成熟，有时会有像班里小朋友那种天马行空的想象，但是园里对我们提的意见十分重视，看到自己的建议被采纳，最后真的在幼儿园里实现了，我们就觉得自己特别有价值，特别重要。倾听，让老师们内心生发出团队归属感，帮助我们形成团队共识，园所的发展与个人的发展拧成一股绳，无论是力量还是方向都支持团队向前大步迈进。"

有时候，管理团队还会通过下发调查问卷、走进实践共同探讨问题等途径，倾听老师们的心声，将老师们表达的重点从众多的话语中提炼出来。

比如，类似这样的《关于幼儿园未来发展的问卷》经常会在我们幼儿园出现。管理团队精心设计问卷，会十分认真地对待每一份回收的问卷，通过分析梳理大后，老师们的想法就会与各部门工作的目标、重点、计划相结合，在实践工作中得到对接与落实。

关于幼儿园未来发展的问卷（2017 年 9 月）

亲爱的老师们：

咱们的幼儿园到 2017 年 11 月 15 日就要三十岁了。《论语》里讲"三十而立"，意为"三十岁的人应该能依靠自己的本领独立承担责任，并已经确定自己的人生目标与发展方向"。"三十而立"中的"立"不仅仅是指成家立业这种外在结果，更多的是指人到三十对社会、对自己应该有明确的认识，知道自己是谁，能为社会、家庭、团队贡献什么力量。

三十岁是一个充满希望和力量的年龄，今年，我们与幼儿园"同岁"。三十岁，我们重新出发，再次明确我们努力的方向与目标，共同面对困难与挑战，共创幸福美好未来。

回想过去时光，请认真思考后完成下表的填写（见表 5-1）。

表 5-1　关于幼儿园未来发展的问卷结果整理

项目	你觉得什么发生了改变	还可以做怎样的改变
园所管理	加强了硬件建设	

项目	你觉得什么发生了改变	还可以做怎样的改变
日常保教	保教工作有条理、有目标、有实效	一线教师和班级的工作需求要提前沟通，可以制作一个登记制度，例如以月为单位向厨房报备班级所需物品，以便我们更好地为幼儿和班级服务
教育科研	教研具有时效； 针对老师们的实际问题开展和进行。让老师不再晕头转向	
家园共育	三方关系越来越融洽	家长活动中，有很多需要后勤准备和协助的地方，是否像日常保教提到的一样，有一个登记的表格，将班级本月在家长活动上需要后勤准备和配合的进行统计。这样能够清楚明白，也不会耽误班级活动的开展
保健工作	保健工作更加详细、条目更细，工作有目标、有措施； 与厨房沟通幼儿的食谱越来越细致周到、完全体验并看到了用心良苦	与厨房做到提前沟通，建立提前沟通制度
后勤工作	想尽办法为幼儿创造各种新鲜有趣的伙食，提升幼儿的进餐量	尽早沟通，不打无准备之仗
党工团建设与工会活动	党团活动越来越丰富多样	多开展一些党团建设活动，凝聚人与人的关系
每个人自身的发展	人的正能量越来越多了	每个人能够对自己的工作认真负责
孩子或是工作对象的改变	教育理念的转变，让我们的教育对象开朗活泼、敢说敢做，教师工作越来越有热情	教师组织的任何活动望提前与厨房人员做好沟通
你对幼儿园未来发展的期待与目标	开展有办园特色的幼儿园。确定特色。继续发扬光大	

第五章 相信每个人的力量，聚沙成塔

像这份问卷，我们有四十个员工就会收集到四十份问卷，每一人、每一条建议，我们都会十分珍视。无论是日常管理制度的制定，还是园所文化的创建，幼儿园里的很多决定、改变、做法都与教职工的思考、建议相关。我们常说，三义里一幼今天的样子不是一个人、几个人打造出的，而是我们幼儿园每一个人的思想、智慧筑成的，就是源于这种倾听。

我们"在一起"，要倾听当下，也要倾听"过往"，倾听彼此，倾听让我们与周围、与过去连接得更紧密。在这种连接紧密的关系中，我们每一位教职工、我们幼儿园中的每一个人都愈加亲近，倍感珍惜和热爱我们的团队、幼儿园，因为这个团队、幼儿园属于我们每个人。

倾听不只是一种管理手段，更是一种促进我们每个人情感联结的中介介质、一种人与人相处的态度。当管理者坚持用"倾听"的态度和方式，与老师们开展日常互动，老师也会在日常带班过程中迁移这样的态度和方式，多"倾听"孩子、家长的想法。倾听让我们彼此强烈地感受到：我在、我懂，倾听把我们每个人紧紧连接在一起。

三、开展对话：探明问题真相，共享教育智慧

如果说善于倾听表现了一种开放地接受周围世界的态度，那么积极对话则是一种探寻真理、共同建构真相的态度。工作中，常常会出现令我们一筹莫展的难题，如果我们总想凭借自己的经验、自己的视角去判断事物的是非、缘由，就容易出现顾此失彼，按下葫芦浮起瓢的乱象。关于一件事、一个观点，每个人都有不同的声音，每个人都会从不同角度对一个事物进行解读。对话可以帮助我们获得对一个事物多维度的、深入的理解和认识，帮助我们打开思路，了解到我们所不了解的，澄清我们心中模糊不清的概念。

遇到问题开展对话，是我们在园所发展过程中经常使用的方式。因为我们相信团队中每个人都是带着一颗善良和求好的心在做事，对话能让我们相互学习，了解彼此，消除隔阂与误解，在探寻问题本质的过程中共同成长。

案　例

保教管理团队问题的解决

2019 年年初，突然的一次干部调整，打破了幼儿园安稳平静的状态。因为组织需要，在幼儿园工作了三十余年的副园长被调任到一所幼儿园任园长。在为好搭档高兴的同时，我们也开始研究布局由两位主任、一名骨干教师来接替副园长原来统管的保教工作，对各项工作进行了重新分工与分配。

保教管理团队的成员可以说都是幼儿园的业务骨干，每个人都尽自己最大的努力想要把工作做好。但是，一段时间之后开始有人陆续反映工作衔接的混乱，以及干部管理和沟通的问题。不仅如此，干部之间也因为衔接不畅，出现了相互抱怨的苗头。我不禁思考：干部都是从骨干力量选拔出来的，每个人都有可圈可点的优点，为什么合在一起做事就出问题了呢？为了弄清事情的原委，我调整了工作安排，腾出了整整一天的时间，分别与各部门人员一对一谈话，内容聚焦于了解本学期开学以来保教管理工作的优点、问题与建议。

老师们十分坦诚地和我交流了自己的看法，这其中有表扬管理干部认真负责、指导到位的，也有反映因干部分工不清造成工作混乱的。如：

A老师：主任们特别认真负责，特别是在指导我们制订计划和解决教育实践中的问题上对我们帮助很大。但是，重新分工后感觉有点乱，布置工作的人变多了，一件事好几个人说，不知道具体谁负责。

B老师：感觉主任们组织的活动很有创意，有很多想法都特别为孩子着想。但是给我们老师的通知时间都太紧了。比如参观小学，星期五通知去，星期一早上就直接去了，虽然有准备，但希望能有时间提前组织孩子们讨论，有个铺垫的过程。希望能把时间合理安排，有些不重要的事是不是可以不干，安排的事最好能够提供时间保障，让我们把事干实做好。

D老师：感觉我们小班被忽视了，希望干部能多来小班指导。有时候干部给人的感觉是要求特别严格，让我感觉有点紧张。

…………

收集到教职工反馈的信息后，我针对大家提出的问题与建议逐条进行了标注，其中指向分工不明确的问题有11次，指向计划统筹不足的问题有9次，指向干部间缺少沟通合作不足的问题有6次，指向干部服务意识与态度的问题1次。

从上述分析中可以看出：幼儿园目前保教管理过程中出现的问题主要集中在人员分工与职责的划分方面。干部在相互配合完成保教工作的过程中存在管理边界模糊、管理内容交错、管理事项不清等问题。

问题分析清晰后，我们组织中层干部开会讨论。会上我首先向干部们反馈了老师们的想法以及问题分析，在鼓励每个人都一心想做好工作的基础上，用老师们反馈的具体事例挑明了目前管理中的实际问题。

面对矛盾与问题，我们采用了这种并非指责，并非定性，而是持续对话、多角度对接的方式，还原了事情的原貌。干部们没有急红脸，也没有急出汗，而是心平气和地欣然接受了老师们反馈的问题和建议。我们管理团队一起坐下来进一步对话、讨论问题到底出来哪里。很快，我们不仅重新梳理了每个人的具体分工细目，还对一些问题形成了调整制度。会后我们把调整后的干部分工、职责以及进一步明确的制度下发到每个班级、每位教职工手中。我们感到，一个人再有力量也是身单力薄的，只有大家彼此敞开心扉，在对话中加强沟通，才能够通力合作做好管理工作。

作为园长，有时候很容易成为幼儿园里唯一一个隔着一层纱看世界的人。对于同一件事，每个人都有不同的角度和立场，每个人也都认为自己看到的是事物的全貌。如果园长偏听偏信，很可能就会出现管理的偏差。在这个案例中，前期园长与教职工的广泛对话为后期与干部深入对话使问题的解决回归到核心，轻松解锁了看似棘手和复杂的问题。

"科学管理之父"泰罗认为：如果你一点都不了解你的团队成员，又如何帮助他们，引导他们，激发他们。这个案例中，作为园长的我，庆幸没有鲁莽地把问题归结为某个人的错误，而是在对话中不断寻根溯源，在对话中建立互信，在对话中寻求共同解惑的力量。

古人说："三人行必有吾师。"对话的本身就是一种学习的行为与过程，对话把我们从已经固守的观念中解放出来，让我们在相互学习吸纳的过程中不断生长新的智慧。我们的团队在不断对话的过程中得以看见彼此，接纳彼此，逐渐形成一个启智包容的学习共同体。

四、放手赋能：每个人都拥有领导力

团队中，人与人"在一起"，每个人都希望自己拥有影响他人的力量，每个人也都确实具有潜在的领导力。在我们看来，领导力更多是一种能够影响别人的力量，并不是单指做一个领导才能拥有的能力。当管理者大胆地放手赋能，提供机会，搭建平台，无论是儿童、教师还是家长，都能被激发出无限的潜力。

2018 年是一个重要的时间节点。在此之前，很长一段时间，每到组织幼儿园大型活动时，为了能够保障活动的秩序性和最佳效果，园长总要下大力度组织干部、老师们一轮轮讨论、设计、推演，为活动的设计、组织的细节把关。

但是，在 2018 年之后，园长忽然感到自己竟然可以退居二线了。青年教师轮流组织设计的大型活动总能出其不意地找到孩子们的兴趣点，在满足孩子们期待的同时，为孩子们提供更为充分的体验与表达机会。班上教师设计和实施的能够以儿童发展为本并不断深入的学习活动一个又一个，如雨后春笋般冒了出来。我们幼儿园老师们所设计、组织的活动常常被一些学前教育的网站、平台转发，《学前教育》《幼儿教育》等业内权威期刊也经常选用发表老师的案例或文章。

到底是什么影响了教师的专业发展，让一个个看似平凡的老师们变得如此

强大，拥有令人钦佩的课程领导力？回想我们走过的路，我觉得这与我们从2016 年开始实施的《带班主任制度》有很大关系。

案　例

带班主任制度

设置"带班主任"制度是因为 2015 年被评为示范园之后，我们幼儿园剧增的参观交流任务。一方面，因为我们受到了同行们的关注，大家纷纷想要来园参观和交流；另一方面，作为示范园，我们必须积极发挥区域内示范引领和帮扶作用，承担和姐妹园所共研共学共进步的任务。如此一来，接待入园参观、跟岗学习的任务一下子变得繁重起来。面对充满期待和诚意来交流学习的同行们，我和干部们感到责任重大同时又疲于应付。于是，我们想到了是否可以由我们培训教师，由教师轮流承担每次参观接待任务，把接待活动当作锻炼队伍，提升教师专业能力的机会。因此，我们设立了"代班主任制度"，每当有外来人员要来幼儿园参观，需要了解园所文化、课程设置或是教研方式等内容时，我们就会请老师们自己报名担任代班主任，负责设计流程、组织参观等工作，代班主任的"代"意为"代理""代替"，重要的讲解、教研展示环节还是由园长和干部负责。渐渐地，我们对代班主任的工作进行了更多的放权，通过与老师们共同备课，向老师们提供交流稿件、PPT、录像，帮助老师们做足自主接待的准备。

于是，"代班主任制度"变成了"带班主任制度"，承担任务的老师不再是代替园长、主任，而是要带领大家完成任务。园内的人员，无论是园长、干部还是后勤人员，都可以被这个带班主任调遣。带班主任从了解交流需求开始，到设计活动安排，再到主持研讨交流流程，全部自主设计。园长和管理干部从一开始倾囊相授，一点点地指导，慢慢退到后面默默支持。随着时间的推移，越来越多的老师开始主动请缨，要求承担带班主任的工作。令我们意想不到的是，实施"带班主任制度"，促使我们的老师们迅速成长了起来。最为重要的是，老师们开始用更加上位的视角，系统、深入地思考和看待幼儿园的文化建构、课程实施、常规管理……全园也逐渐形成了众人共下一盘棋的局面。

有领导力对于每个人来说都是重要的，当一个人承担责任并积极发挥作用时，他就会真真切切地感受到自身的力量和价值，进而主观能动地思考、学习与行动，找到作为一名学习者的最佳位置和状态。

五、互惠互利：家庭、幼儿园、社区在协商基础上形成教育合力

家园共育是学前教育的多年传统与特色，但是长期以来，幼儿园似乎是更多地把自己视作教育方面的权威，家长的角色更多成分是配合教育、被动参与。

在为孩子、老师们放权的过程中，我们也看到了要想为孩子和老师们的发展提供更多助力，还需要努力寻求多系统的共同合作与相互支持，尤其需要把家长和社区的力量纳入幼儿园教育之中。因此，我们视家长为有能力、有价值、有贡献的主动参与者，重视家长、幼儿园、社区三位一体的教育合力，积极打造家园、社区的学习与发展的共同体，凝聚更多的力量共同为儿童的成长助力。

（一）达成家园共识，建立家园互信基础

幼儿园与家庭的教育理念存在客观上的差距，如何能够达成家园共育的共识，双方目标一致地开展教育呢？

我们发现新生即将入园的阶段是家长最迫切想要了解幼儿园教育工作的阶段。于是，抓住这个契机，我们在召开新生家长会之前，通过微信收集家长们想要了解的问题，把家长们关于"幼儿园教不教知识""孩子们一天喝多少次水""家长可不可以来园参观"等问题梳理成"安全管理""课程开展""卫生保健管理""家园沟通"等几类。用"答家长问"的形式，由不同部门负责人在新生家长会上答疑解惑。这样一种问答式新生家长会既帮助家长了解了幼儿园全面工作，又有针对性地向家长解释了个性化问题。不仅如此，我们还会在新生家长会后举办班级座谈活动，围绕"描述您的孩子在您心目中是什么样的""您认为孩子的学习应该是什么样的""您觉得自己是一位什么样的家长"这样的问题进行交流讨论。这个过程帮助我们更好地了解了家长们的教育观，摸清家长们对幼儿园的期待。针对家长们的期待和困惑，我们会进一步通过教师们以往记录的案例向家长介绍孩子们是怎么在幼儿园通过生活、游戏学习的，我们幼儿园的教育理念是什么，我们是怎样支持和不断拓展孩子们的学习经验的……引导家长逐渐认识和树立科学、正确的儿童观和教育观。这样一种相互沟通的过程，将居高临下、宣讲式的家长会变成相互探讨的教育交流，家长与幼儿园很快形成相互尊重与信赖的关系，从一开始就为接下来的共同合作打下了良好的基础。

（二）尊重多方视角，实现家园互动、协商、合作场域

说起大班的幼小衔接工作，以往我们每个学期都会请名校长或大专家为家长讲解幼小衔接相关内容及准备工作，这种做法看似专业和全面，却让我们不禁反思：每个家庭的情况、每个孩子的发展各不相同，单单一次讲座可以解决家长们的困惑吗？关于到底上不上学前班的问题，仅仅只有专家、校长的声音够吗？如何从孩子和各个家庭的实际情况与切实需求出发，解决幼小衔接在家长们心中的诸多困惑呢？

2018年，我们在大班第二学期开学前组织了主题为"漫谈幼小衔接"的家

长沙龙活动。活动前期，在各个班级开展了问卷调查，了解家长坚定送孩子去学前班或幼儿园的原因、犹豫不决背后的担忧等。我们根据调查结果，有针对性地邀请沙龙活动参加人。

这次沙龙活动和以往专家讲座的不同在于，参加活动的除了大班老师和家长，还请来小学老师、往届毕业生家长等多方资源，就幼小衔接展开探讨。我们尝试营造一个场域，让不同的声音聚到一起。大班家长代表、大班老师、小学老师、小学生家长代表的分享，十分有现实感。

大班家长纷纷说出自己的感受与困惑，主要围绕小学的学习强度、入学适应、知识技能等。"我是犹豫不决的家长代表，我很纠结到底是否提前退园送孩子去上学前班。一方面担心孩子不能适应小学的作息规律，另一方面又觉得幼儿园的生活对孩子来说很宝贵……""我其实并不清楚上小学究竟需要达到什么样的水平，自己的孩子是否达到入小学标准""孩子有自己的人生，他需要时间去做自己的事情"。

大班老师从幼儿园教育角度就语言、数学、习惯等方面分享幼儿园已经做的工作。比如，孩子们在日常生活和幼儿园游戏中是如何学习数学的、孩子们已在阅读和书写方面做了哪些准备……

针对家长们的犹豫、担心，结合实际工作中的真实情况，两位小学任教老师为家长们介绍了小学生需要达到哪些要求。家长们了解到，小学生自主整理书包是个大问题，小学生跳绳运动达标也是很头痛的事情，比起数学计算更重要的是阅读识字的准备。

两位幼儿园毕业生家长分享自己孩子在幼小衔接时的经验及心得。小学生家长从切身体会出发，来谈各自亲历的幼儿园教育和小学教育衔接的关键点。孩子已经上二年级的知州妈妈分享道：孩子在幼儿园学到的能力，如社会交往、好奇心、专注力等，很好地帮助了他适应小学的课程与生活。孩子已经上三年级的蔡子妈妈则让大家不要妖魔化小学，小学是孩子童年经历的一部分，家长的态度会影响孩子对待上学的心态与情绪。

不同的人从不同角度的阐述让大班家长茅塞顿开，沙龙活动后，家长们纷纷在班级群里表达感受，大班老师向我们做了活动反馈。

班鑫老师（大一班班长）：沙龙活动后我们班的家长在班级群里纷纷表达了自己的感受，家长们感到特别受启发。一些原来犹豫"去不去上学前班"的家长纷纷表示要积极行动起来，承担起陪伴孩子学习和成长的责任，给孩子完整幸福的童年（幼儿园生活）。

如果没有这次的倾听和分享，我们可能并不知道：现在的家长是如何看待教育的？是如何培养儿童的？我发现现在的家长们越来越懂教育、重视教育了。

陈莉老师(大二班班长):这次沙龙活动让我们和家长们在一起,有机会看到关于幼小衔接这件事不同视角的思考和理解。家长觉得沙龙的形式不是单方传授,而是多方互动,进行对话,看似轻松,实际上更多视角、科学、有针对性。有的家长认为,无论怎样选择,每个人的声音都有参考和借鉴的价值,关键在于家长头脑中是否清楚自己要的是什么。我们班还有的家长对我们交流过程中播放的班级中开展的"课间十分钟""阅读理解活动"等录像感兴趣,表示在家里也要培养孩子的时间意识、规则意识、任务意识、阅读习惯……

对于上不上学前班的问题,每个家庭都有不一样的实际情况,都可以做出自己的选择。作为专业的教育机构,幼儿园有义务起到宣传、科普和正向引导的作用。但这种引导绝不是权威地判定"上学前班"还是"不上学前班"。呈现多维视角,一层层揭示问题的核心与本质的过程,把选择权交还给家长,家长们根据自身实际情况做出理性选择,最终受益的是我们的孩子,是每一个来自不同家庭,有着不同发展背景的孩子。

(三)重视责任、权利与分享,形成家园互惠互利基础上的责任分担体系

我们认为,幼儿园在承担教育机构功能的基础上,更应该是一个传递价值观、创造文化的场所,在这个场所里每个人都应当分享权力、承担责任、分享成长的喜悦。我们视幼儿、家长、教师,甚至社区人员为教育过程中非常重要的参与者,努力将每个人纳入幼儿园管理与教育工作中,不断激发其发挥各自的能量和作用,形成在三位一体的家园互惠互利基础上的分担体系。

为了让孩子们感受到自己是幼儿园中的小主人,我们在开展每一项工作的过程中都会尽力让孩子们承担一些任务和责任,让他们亲身参与到幼儿园的管理中来。班级中,孩子们担任生活大班长、学习小组长、值日生等工作。在园里,大班哥哥姐姐9月份要负责照顾新入园的弟弟妹妹,大体检时会有孩子做老师的小助手,负责到各班传递消息……我们努力为孩子们创造更多的参与机会,让孩子们都有机会轮流参与到幼儿园事务管理中,起到了很好的作用。

孩子吃饭挑食是困扰家长和厨师的大问题,我们就请幼儿代表担任伙食委员会委员,小委员们十分重视这份工作,为了能充分反映小朋友们的心声,孩子们做了细致的调研工作。他们来到各个班采访班里的小朋友们。

孩子委员:"你们喜欢厨师们做的饭吗?"

小朋友们:"大厨们做的饭菜特别香,许多饭菜我们都很喜欢。"

孩子委员:"那你们有没有不喜欢吃的食物?哪些食物不喜欢吃?你们觉得厨师怎么做,小朋友就能喜欢吃了呢?"

孩子们填写了调查问卷,参与了讨论和发言,找到了解决的办法。

> **小朋友不喜欢吃的食物有：**
>
> 腐乳、木耳、蒸土豆、蘑菇、秋葵、油焖大虾
>
> **小朋友们提出的改进方法是：**
>
> - 腐乳卷里少加点腐乳。
> - 蒸土豆可以蘸白糖吃或把土豆做成土豆泥、土豆饼，切成土豆丝炒着吃。
> - 木耳弄碎了吃。
> - 秋葵有些黏，可以不吃。
> - 香菇可以换成别的蘑菇。
> - 油焖大虾加入茄酱，或用水煮熟蘸汁吃。

伙委会的大成员们认真听取几位小成员的意见和建议并做了记录和改进。这样一来，孩子们的挑食问题迎刃而解。看到孩子们吃得那么香，厨师们的干劲更足了。

孩子们在参与管理园所事务的过程中，逐渐成为老师们的小帮手。幼儿园的小主人。这样的氛围也带动了我们改变家园工作的传统思路。我们制定了《家长陪伴游戏制度》，向家长敞开幼儿园大门。家长可以通过填写《陪伴游戏时间表》，预约时间、预约工作内容，包括进班陪伴幼儿游戏、观察记录孩子们是如何学习的。采取预约机制，既能方便家长，有充分的时间提前安排好自己的工作和生活，积极参与幼儿园活动，又能方便老师，更有针对性地管理与开展教育教学活动。

比如，大一班曦瑶爸爸参与了游戏陪伴，之后写出了极其详细的记录。他看到的很多细节，连我们日常都不曾注意到。

曦瑶爸爸如此写道——

清早，我将车停一幼东墙，和孩子穿过园南面四五棵参天古树，门两旁还有两棵古树。古树后面常年潜伏着两位目光炯炯、威武雄壮的保安叔叔。刚走到古树下，孩子已开启弹射模式"飞"进了院子里。正对大门的二楼窗台上，一架神奇简约的"永动仪"永不停歇地和进出的大小孩子们摇摆着双手。进门之后左手旁又是一棵小树，冬日来临，平日住在鸟笼里蹦上蹦下、啾啾唧唧的漂亮小鸟不知正在哪个温室里过冬。我打完卡入园，已看不见曦瑶的身影；我刚走到姚老师面前，曦瑶已冲上了楼梯，赶上了同学语晗，有说有笑、蹦蹦跳跳地经过一升二、二升三，冲进了三层大一班。

主人翁：1小时后，我和其他几名家长正式进入了课堂，刁老师给我们简要介绍了家长进课堂的要求及注意事项，訾老师搬着整齐摆放的餐具和保温盖

被送厨房，孩子们已是三五成群忙得不亦乐乎。一走到孩子们身旁，他们都仰起头，主动地向我打招呼，一本正经地给我讲解他们手头的活儿，还让我帮他们从地上捡个胶棒帽、把用完的笔插放回笔筒。能给这些小精灵们打个下手，我心里感觉美滋滋的。

观察完两个功能区后，我才发现陈老师正蹲在孩子堆里玩数字圆片拼插积木游戏。就像刚入大班时陈老师讲的，大班更注重培养孩子行为的边界、孩子们更加会用语言表达。每个孩子都能专注自己手头的活儿，又能积极地互动交流。我惊奇于老师火眼金睛的洞察力、炉火纯青的引导力、有力量的语言表达力，孩子们的想法总是被积极回应、争论与举止总能被积极关注，分心与调皮捣蛋总是被及时提醒，自由而有度。看到有个孩子边忙手头的活，边对老师说的话用反问句进行回应，而老师竟也积极地饶有兴趣地和孩子交流时，我开始思考亦师亦友境界的美好。

放大与缩小：看到墙上一片每日更新的窗花展示区，我才发现孩子积极背后的动力源。开始上大班时老师布置了每日剪窗花的家庭作业，并对孩子用剪刀的技巧和注意事项进行了讲解，当时我还想：这也太复杂了，万一剪破手怎么办？没想到日复一日，孩子很有分寸、有毅力、能坚持，才明白老师背后的良苦用心：锻炼孩子们的精细动手能力、培养其立体空间思维、厚植中华传统文化。每天几小剪，一月大改变，孩子体会了从量变到质变的惊喜，竟也形成了兴趣。

随着音乐的响起，孩子们轮流上台领舞，关键是领舞的人跟着音乐即兴发挥！大家也模仿着领舞者的动作。游戏考验培养的是孩子们的音乐感知力、创作力、应急反应力，每个领舞者看着自己的随意动作被这么多小伙伴同时模仿着做出来、投射回来，这种万花筒式的放大回馈比自己照镜子练舞蹈不知道要强多少倍。想必每个领舞者领舞后都会惊奇于自己的力量、反思自己的动作、调校自己的行为举止。小游戏、大内涵，这定能让孩子们的责任感、荣誉感、自信心得到加强。投影区与剪纸区相得益彰，镂空的窗花被放大投射到墙上，孩子们从小感受光的科学，编辑想象着黑白情景小剧。

收纳归位：刚进班里，我积极主动地帮曦瑶将水杯放在第三栏里，她看到后说"哎呀，不对，应该放在这儿"，然后自己动手将杯子放到了第二栏里，我一脸茫然。在手工区，彩色、画笔每种大色都有一大筒；彩纸一摞又一摞；彩带一大筐；胶棒一大筐；双面胶一大筐；羽毛一大筐……这么多东西，孩子都整理得干净、有条理。音乐响起，孩子们又麻溜地从各自忘我沉浸的活动区中醒来，乐章已经转换，刚才桌上还满是碎纸屑和横七竖八摆放的画笔和胶棒，几分钟时间，就被孩子们迅速收纳归位完毕。

数学教育：小朋友站到大家面前复述自己做的事情，并提炼出情节和计数问题，极大地锻炼了孩子们的记忆力、专注力、快速反应能力、数学运算能力。在大家面前领唱数字拆分和单双数抢答，让枯燥的数字变得异常有趣。

生命教育：中班就见过的乌龟如今还健在，而且长得更大了，这对养过几次乌龟，总也养不活的我来说，很是惊喜，更惊喜的是乌龟旁边的架子上还摆放着《50种常见观赏龟》的画册。老师们不仅把龟养活，还把龟养到了观赏的境界，令我发自肺腑地佩服。阳台边还有一小面昆虫标本墙，每个标本都封装精良，从树脂密封的节肢动物，到软性固定的蝴蝶，都整齐有序地摆放着，上边放的几个放大镜为爱探索观察微观世界的孩子们打开了一个个的脑洞。在音乐声中，在陈老师的示范引领下，孩子们开始做起了眼保健操，尤其是班里三四个戴眼镜的小朋友，不时地被老师提醒着动作。做完眼保健操，音乐变得更加舒缓，孩子们也跟随着老师的动作变得更加轻柔。几十个孩子的房间里只有音乐在环绕，孩子们盘腿坐在地上，闭着眼睛，幸福地沉浸在摇篮曲中，进行着放松与冥想，在自己的小宇宙里尽情地驰骋与放松。

这就是其大无边、其小无内的一幼；这就是聚是一团火、散是满天星的一幼；这就是你中有我、我中有你、和而不同的一幼；这就是让我们觉得假期太长、学期太短的一幼。上午进课堂时间很快就结束了，我们走出一幼，渐行渐远，回望一幼，阳光透过每层南面东西贯通的落地大阳台，照射进每个房间，楼房西侧干干净净的室外消防逃生通道分外高调而抢眼，院子里迎风飘扬的五星红旗清晰可见。

参与陪伴游戏的家长用细腻的笔触为我们再现了班级中日常的真实场景，这些正是我们开放办园，设置家长陪伴游戏活动时想让家长看到和感受到的；在家长的记录中，我们还看到了幼儿园文化外显的点滴，对于我们来说这十分宝贵。在读完这封信后，分管家园工作的孙艳老师有感而发，说出了她对陪伴游戏活动以及家园工作的认识。

孙老师：以前，家长参与幼儿园的活动不叫陪伴游戏，叫半日活动开放，所有家长在一个时间段全部进入班级，只是坐在那当一个旁观者，观看老师组织的活动。其实，家长坐在那里是带着一种审视的眼光来看的。作为园方，咱们是想让家长看到老师有多么不容易，看到老师们的教学成果。但是家长在开放活动中，只会关注自己的孩子，关注的焦点集中在孩子是不是受到老师的重视，是不是学知识了，是不是受小朋友欺负了……

我们后来改变了家长参与的方式，请家长预约时间，分组分批来园参与活动，陪伴儿童游戏。在这个过程中，我们把家长看作是一名教育者，每个家长都是一个优质的教育资源。我们会提前与家长沟通，让家长了解陪伴游戏的目的是要做孩子的玩伴，要在过程中观察和了解孩子们是如何学习、如何交往的。鼓励家长在活动后分享自己的观察，大家共同探讨对孩子的认识、理解以及下一步支持的可能。通过陪伴游戏家长们不仅看到了孩子们强大的学习力，还看到了老师智慧的投放材料与过程指导。

孙老师说：原来，家长与幼儿园的关系是审视的、单向的关系，现在家长与我们的关系是互动、互助、互惠，家长、教师、幼儿园三位一体的。家长越来越能用发展的眼光、欣赏的眼光去看待孩子、看待教师的教育工作，甚至主动提出要帮助教师、帮助园里做事的要求。这个过程中，改变的不只是家园关系，家长和孩子之间的关系也受到影响和改变。家长原来总是横向比较孩子的发展，常说我们家孩子这方面不行，别人家的孩子这方面特别好，总找孩子的问题。但是现在家长努力发现孩子的"哇时刻"和优点，家长能看到孩子在游戏中，在真实情境下真实的样子，能多角度地了解自己孩子的状况，更加理解老师的工作。同时，家长在陪伴游戏中，认识了孩子的许多小伙伴，回家后亲子之间有了共同的话题，亲子感情也增进了。

三位一体互动式家园共育新文化的建立，加强了家园双方的沟通与互信，拉近了我们与家长之间的距离。我们以人人重要、人人平等、人人参与的理念，将幼儿、家长的声音融入进来，营造亲密关系，为共同实现我们的教育理想与愿景创造了良好条件。

第四节　集体身份认知，共同建构"我们"的形象

在三义里一幼，什么对我们来说是最重要的？是课程、是管理、是团队建设，还是口碑？都是，又都不是！课程、管理、团队建设，乃至口碑，虽然是我们追求高质量学前教育的途径、方法，但是我们认为，幼儿园教育质量的最终评价依据应该落在重视每个人、促进每个人的发展上。

我们是谁？我们所期待的孩子、家长以及我们自己是什么样子的？关于幼儿园、孩子以及我们自己……我们有很多憧憬与期待，我们尝试着用自己的语言来描述和勾画"我们"的形象。而这样的集体身份认知在帮我们共同建构关于"我们"的形象，将幼儿园的文化内化为每一个人的认识。

在不断丰富我们关于自己是什么样的这样一种认知的过程中，我们对自己想要的以及必须相信和坚持的东西越来越有了清晰明确的认知。我们希望团队

中的每个人能借由下面这些描述看到，我们"在一起"，经历了怎样的共同生活和学习；我们"在一起"，重塑着怎样的我们每个人以及团队的形象；我们"在一起"，有着怎样的共同目标、价值观、文化以及对集体身份的共同认知。

一、我们是这样的幼儿园

在幼儿园园所介绍文案中，我们是这么描述的——

我们的幼儿园坐落在北京市西城区广外莲花河畔，是一所小巧温馨的儿童乐园。我们重视儿童、教师、家长、社区之间相互尊重、理解、包容、支持的教育关系，重视对儿童良好习惯与品质的培养，在教导儿童谦和有礼做人的同时鼓励儿童在生活、学习、游戏中收获生长的幸福与力量。

在我们幼儿园的大厅墙面上，张贴着全园教职工对幼儿园发展的共同愿景——

我们希望这里是有生命、有温度、有色彩、有力量的成长乐园，孩子们在幼儿园的每个角落都能找到属于自己的乐趣和伙伴。儿童、家长、教师——我们在一起，爱上生活、爱上游戏、爱上学习、爱上一草一木……我们共同面对困难与挑战，共同分享学习与成长的收获和喜悦。

其中提到的"有生命"，是指每个生命来到世界上都有他（她）独特的甚至无法改变的样子，这个样子应该被认可、被尊重、被喜爱！在我们的幼儿园里，每个孩子、每位教职员工，都是需要我们去尊重和珍视的独一无二的生命个体。

其中提到的"有温度"，是指幼儿园是我们共同的家园，孩子、老师和家长我们在一起，互相关心、问候，彼此信任、尊重，相互分享、贡献，心存感激，用善良与爱凝结温暖的成长共同体。

其中提到的"有色彩"，是指经历风雨才能见彩虹，每个独特的生命都要自理、自立、自强地奋力生长。每个人面对困难都要磨炼乐观、勇敢、坚韧的品质。只有不断探索、吸纳、反思、贡献，我们才能为自己绘制出与众不同的蓝图。

其中提到的"有力量"，是指每个人都拥有自我成长力量，就像破土而出的种子，看似娇嫩却潜力巨大。当我们选择去相信、发现、认可、接纳、激发和支持这种力量时，我们就必定会被每个生命成长的力量所影响和震撼。

我们本来以为这些抽象的词语、口号式的句子是不为孩子们所理解的，但是大班的韩梦楠老师却发现，才不是这样的！

我和孩子们每天去操场玩都要经过幼儿园文化墙所在的小过道，孩子们对墙上的四颗颜色鲜艳的星星很感兴趣，常常让我将上面的文字念给他们听。

一次，孩子们在户外捡了很多漂亮的银杏叶，对我说"我们也会拼我们的幼儿园"。我以为孩子们会拼出房子、滑梯这些熟悉的事物，没想到孩子们来到贴着幼儿园发展愿景的主题墙下，用捡来的银杏树叶拼出了一棵树、一支温度计、一道彩虹、一个小朋友的形象。芳源小朋友说："我觉得有生命就是一棵小树，我在小树里面又贴了一片树叶代表我自己，我的小名就叫小树。"崔馨月小朋友说："测量体温的温度计，它就是代表有温度的。"怡茗小朋友说："我觉得彩虹的颜色特别好看，所以它可以代表色彩。"诗涵小朋友说："我们小朋友都特别有力量，所以我们就是力量。"孩子们拼摆的树叶贴画既简单又清晰，把我们对幼儿园发展的愿景描绘了出来。"有生命、有温度、有色彩、有力量"的园所形象已经在孩子们心中生根发芽。

图 5-1　一棵有生命的小树

图 5-2　一支代表温度的温度计

图 5-3　一道美丽的彩虹

图 5-4　一个有力量的小朋友

图 5-5　孩子们用最简单的方式，描画出我们幼儿园的形象

　　孩子们简单又清晰的拼摆也启发我们用更简明易懂的方式来表达幼儿园的形象。机缘巧合下，一位朋友为我们幼儿园专门设计了一个标志（园标）——一颗活泼可爱、充满生命力与色彩的启明星。

图 5-6　代表生命聚合的园标

　　星星的五个角由五个小人举手汇聚而成。小人的形象取自三义里的"义"字，既是拥抱彼此的造型又是独立的个体。

　　五个颜色的小人分别代表了来自儿童、教师、家庭、课程、自然的五股力量。标志中五个小人聚合与发散式的构图连接体现了创新、活力、合作、包容、进取的园所形象与精神，代表着儿童、教师、家庭、幼儿园课程、教育环境的不断融合与发展。

　　虽然这个标志并不标新立异，但是特别契合我们幼儿园每一个人对三义里一幼的理解。

　　当然，孩子们在表达他们对幼儿园的印象时，呈现的视角令我们非常惊讶。

　　"用相机记录我心中的幼儿园"是每年大班孩子们都会做的一件事，在孩

199

们的眼中，他们最想留住哪些美好的回忆呢？

很多小朋友的镜头里都有这个每到整点就会报时的布谷钟（图 5-7），我们成人每天进进出出，可能根本不会在意这样一个并不起眼的钟表，可在孩子们眼中，这是每天户外活动时陪伴着他们的好伙伴！

每天户外活动时，三三两两小朋友坐在一起荡来荡去的轮胎秋千也被记录在了他们的镜头中（图 5-8）。

图 5-7　整点报时的户外挂钟

图 5-8　摇荡幸福的轮胎秋千

这是幼儿园侧院种植区一片带有露珠的树叶（图 5-9），在我们成人看来是多么地不起眼，但在孩子的眼中是那么美好！

图 5-10 是孩子们登上木屋的最高点，眺望远处小阁楼的照片，只有孩子们能捕捉到这样的视角。从他们的作品中，我们能看到很多成人不曾拥有的视角，而这些视角恰恰是经常发生在他们身边的、并且是与他们密切相关的事物。

图 5-9　带着露珠的小树叶

图 5-10　充满欢笑的小木屋

幼儿园在孩子们眼里到底是什么样子的？听听孩们怎么说：

幼儿园像大商店，因为有各种各样的玩具。（祁绩）

幼儿园像一个花园，因为里面有很多的花花草草。（天继）

幼儿园像一个企鹅酒店，因为能吃能玩还能睡。（昊远）

幼儿园像一个大轮船，能装下很多很多的小朋友。（婉钦）

幼儿园像一个新发明，因为它太大了，比我们家大多了。（梓轩）

幼儿园像一个游乐园，因为有滑梯，有秋千，有很多的玩具。（蕴桐）

幼儿园像一个池塘，我们像小鱼，在里面自由自在地玩耍。（元一）

幼儿园像一个大宝藏，有好多好多的礼物宝贝。（浩晨）

孩子们对幼儿园的形容生动又具体，让我们看到了他们喜欢什么、想要什么，什么在他们的心中是重要的。在共同建构幼儿园形象的过程中，我们对幼儿园的发展都有不一样的想象和期待，形成共同愿景的过程中不能缺少儿童的视角，同时也不能缺少每一个人的视角。

二、我们是这样的儿童

我们所重视的儿童的形象，不再是把儿童视为被动的学习容器、对立的教育对象、需要改造的不成熟者，而是视儿童生来就是有能力、有自信的积极主动学习者，拥有权利、兴趣、需要和意图，在能够激发力量的环境中健康、快乐地成长，愿意付出爱与勇气，成为爱探索、乐贡献、有力量的自己。

我们把对儿童更进一步的理解，表达为"三义里一幼的《儿童宣言》"，呈现在每年印发的宣传幼儿园教育理念的小册子里，希望把这样的儿童观传递给家长、社区和更多关注幼儿园的人。

三义里一幼的《儿童宣言》

我们的内心世界就像一个装满宝藏的盒子，在这个盒子里，有智慧、有理性、有意志、有品格、有美感、有直觉等生命的能量。我们是有能力、有自信的学习者和沟通者，我们正在学习如何管理自我以及与他人交往。我们是独一无二的自己，也可以成为更好的小学生、青年、中国人。因此，我们必须懂得"贡献、责任、爱、学习、自律"。

考虑到自由与规则、权利与责任的辩证关系，除了《儿童宣言》，我们也专门和孩子们一起讨论了"大家在一起应该怎么相处""小朋友应该怎么做事"，和孩子们一起明确人与人相处的合理边界，形成了《三义里一幼儿童行为准则》。

和大家在一起，我要这样做

不在公共场合大声交谈或哭闹，不以年龄小为借口。

自己的垃圾自己收拾。

收到礼物要双手接过并感谢。

201

对所有帮助自己的人说"谢谢"。

不打断大人说话，除非真的有急事。

知道最基本的餐桌礼仪，不吃独食，不剩饭剩菜。

主动向年纪大的人问好，别人问候"你好"时礼貌回应。

能自己做的事情就不依赖别人。

咳嗽或者打喷嚏时要遮住嘴，公共场合不要抠鼻孔。

如厕时关好门，结束时要冲厕所。

除了这些，我们还会采用随手小记、发布微信朋友圈等方式，表达我们对儿童的理解。比如，园长就在庆祝建园三十周年的活动期间，写下了一首关于儿童、关于未来的散文诗。

展望未来

未来是什么？未来是信念，当我们相信儿童生来就是有能力有自信的学习者，在能够激发力量的环境中付出爱与勇气，儿童就能够成为爱探索、乐于贡献、有力量、快乐自主的自己。

未来是什么？未来是希望，当我们给了儿童去预测、探索、享受乐趣的可能时，儿童就拥有了聪明才智与发明创造的活力。

未来是什么？未来是陪伴，当我们放下繁忙的工作观察、倾听、陪伴孩子们游戏，儿童就会不断形成新的认识，不断建构有意义的理解和学习，成为具有力量的学习者。

未来是什么？未来是做最好的自己，当我们怀着深情厚谊与儿童互动时，儿童就会用最好的自己拥抱我们。

儿童就是我们的未来，我们如何理解生命，就会培育什么样的生命。

我们送给儿童兴趣、渴望、活力，以及面对变化的智慧，儿童就会送给我们一个大大的、美好的、幸福的未来。

儿童是什么，也得听听儿童自己说的。我们幼儿园 2020 届大一班的 34 位小朋友说出了自己对"我是谁"的思考与想象。

我是谁？

我觉得我是一只老鹰，很勇敢，能在悬崖上捕猎飞翔。（正则）

我就像是一只翼龙，因为不怕困难，所以飞得很快。（小美）

我觉得我是一堵墙，因为勇敢，可以为小朋友们挡风。（昊洋）

我觉得我是一棵小草，很顽强，能慢慢长成大树。（玟萱）

我觉得我就像一个国家，因为努力，变得越来越强大。（程程）

我像一头大象，因为特别高大，能喷洒水花。（一铭）

我像是一只海豚，因为我游得很快，可以在海里捉鱼。（沐昀）

我觉得我是一个海洋专家，因为我很爱看书，认识很多海洋动物。（奥奥）

我觉得我像一只小鸟，因为我的翅膀很坚硬，可以自由地飞翔。（兆研）

我觉得我像一块小积木，因为很团结，就能搭建很高的建筑。（朝阳）

我觉得我像一只老鹰，因为我很勇敢，能抓很多小动物。（雅涵）

我觉得我像一个小超人，很有力量，可以保护大家。（梓苑）

我觉得我像一个运动员，因为跑得很快，很有力气，所以能拿到金牌。（彦熙）

我觉得我像一只猎豹，因为不断练习，所以跑得越来越快。（力钧）

我觉得我像制作奖杯的材料，金光闪闪，代表着第一。（金岐）

我觉得我就像一个大师，因为我手很巧，能制作很多作品。（明骏）

我觉得我像一个活泼的女孩儿，跑得特别快，就像运动员一样。（予涵）

我觉得我像一个花环，因为我很美，大家看到我就很开心。（梓晗）

我觉得我就像一个大力士，能搬动很多重的东西。（懿萱）

我就像一棵小草，非常顽强，不怕火烧。（佳宁）

我就像一只凤凰一样，张开翅膀很美丽，飞得很快。（心和）

我觉得我像一个公主一样，因为我很美丽，住在幼儿园这个大城堡里。（子萱）

我就是一颗种子，因为有水，我才能茁壮成长。（樱熹）

我觉得我像一只小金鱼，不怕寒冷，在冰水里游泳。（梦溪）

我觉得我就像一个游戏专家，我很会动脑筋，会玩很多玩具。（宥鑫）

我就像一棵小草，可以美化环境，给大家的生活带来美丽。（甲骏）

我觉得我是一个脏脏的窗帘，可以帮别人遮阳，别人也会帮我清洁干净。（沛韬）

我觉得我就像一个医生，懂得很多知识，能够打败病毒。（子墨）

我觉得我就像一个科学家，很爱探索，可以发明很多东西。（晟祎）

我就像一只鲨鱼，因为我很凶猛，能吃好多鱼。（心曼）

我觉得我像一个画家，画很美的画，有很多作品。（钰菡）

我觉得我像一个啄木鸟，因为我很爱帮助别人，能够捉掉老树上的虫子。（沐涵）

我是一只霸王龙，我最喜欢恐龙，因为它是最强壮的。（汉宸）

我觉得自己像一个天使，因为有对翅膀，所以我骑平衡车骑得很快。（奕含）

三、我们是这样的教师、家长

就在儿童在我们眼中的形象越来越丰富和有力量的同时，我们也在思考作为与儿童关系最为亲密，对儿童影响最为深刻的老师和家长，我们到底要呈现出怎样的一种形象。是把儿童视为被动的学习容器不断灌输的"水壶"，还是不断提醒和催促的"闹钟"？我们要做儿童心灵的"守护者"，要成为儿童照亮取暖的"火把"。我们对世界的认识，我们的言行、态度、修养、能力都在潜移默化地影响着儿童，我们要保护好孩子的自尊，呵护好孩子明净的心灵，放手退后，支持孩子们自主、自立，不断收获自尊、自信，实现积极主动快乐地发展。

和孩子在一起，我们要做这样的老师：

做爱生命、会生活、有理想信念的教师，使儿童灵动心思、独特想法被理解；

做能聆听、乐陪伴、有道德素养的教师，使儿童自尊自律、身心健康有发展；

做能发现、会倾听、有敏感知觉的教师，使儿童勇于探究、成长力量能释放；

做善沟通、创共育、抱诚守真的教师，使儿童生命安全、个体特质被尊重；

做爱学习、有思想、敢于创造的教师，使儿童节律生长、挑战担当能贡献。

和孩子在一起，我们要做这样的家长：

做好奇、耐心、以爱育爱的家长；

做陪伴、有趣、赋予温暖的家长；

做倾听、理解、亦师亦友的家长；

做进取、学习、贡献感恩的家长；

做激励、引领、以身作则的家长。

无论是我们心中对幼儿园发展的美好愿景、期待，还是孩子们画笔下童话般美丽多彩的幼儿园，借由相信"相信的力量"我们（儿童、教师、家长）共同寻找到了一种美好的"在一起"的状态。"基于儿童""重视关系"是我们园所发展、实施教育的根与魂。当我们将儿童放在工作的中心，为了儿童、基于儿童而努力连接、拓展、改变、创新时，不知不觉中我们就转变了看待儿童的视角，看待教师和家长的视角。当我们想要改进师幼关系时，我们首先应该改变的是管理者与教师、教师与家长、团队中的每个人之间的关系。如果我们希望教师"时刻将儿童、儿童的权利放在第一位""尊重儿童、平待相待""重视儿童视角"，我们更要从"相信每个人的力量"做起，用尊重、平等、包容、欣赏、接纳的视角去看待和对待与儿童学习发展息息相关的幼儿园里的每一个人。当我们能够努力去发现每个人的力量，在幼儿园这个教育磁场中，积极构建真诚与信任的人际关系与氛围时，我们就会拥有聚沙成塔的合力，不仅是整个团队、幼儿园获得了每一天、每一分、每一秒的美好发展，同时我们每个人也获得了让自己变得更加美好的力量。

本章结语

回到这一章的开头，一封家长感谢信引发的讨论，推动着我们更全面、深入地思考幼儿园文化构建中的一系列问题——"我们是谁""我们的幼儿园是什么样的""我们未来希望成为什么样的"。

文化虽然是一种看不见、摸不着的东西，但能够被共同工作生活在一起的人们感受到，还会悄悄地融入团队中每个人的言语、行为中，悄悄地改变着我们处理问题的方法与态度。潜移默化地支持和促进着我们每一个人的发展，促进着幼儿园、家庭、社区的共同发展，促进着每一个人与自己、与他人、与生活其中的社会环境，与国家及整个外部世界不断产生连接，建立和谐共生、互动互惠的亲密关系。

关于幼儿园文化，我们认同这样的解释。

幼儿园文化是集体的选择——文化包容着团队中每个人的独特，又用无形的力量影响着团队中每个人做出相同方向的选择。

幼儿园文化是集体的智慧——文化影响、激励、推动每个人以及团队向着同一个方向不断改变和进步，把团队中的每个人"卷入其中"，彼此看见更多元的视角，形成"大智慧"，最终成为"在一起"的力量。

幼儿园文化是集体的信念——当我们不断与所生活的新时代同频共振，并逐渐改造原有的儿童观、学习观、教育观、课程观，我们就做出了"相信什么""重视什么"的选择，重构了作为教育者的信仰。当我们相信什么，我们就会在幼儿园里看到什么，并最终就会获得什么。

幼儿园文化也是一部集体成长的历史——幼儿园的文化渗透在这所幼儿园的过去、现在和未来。仔细寻找就会发现，文化在描述幼儿园的办园理念、教育宗旨、规章制度的字里行间，在记录幼儿园一花一草、角角落落的照片视频中，在孩子、老师、家长、同行、领导的言谈讲话中，在一摞摞承载着幼儿园课题研究、改革发展成果的论文报告中……

我们幼儿园的文化到底是什么？

在三义里一幼，所有人做的所有事情，无论是观察记录、日常教研、课程建构还是幼儿园管理、团队建设、文化建设……所有的这一切都是为了孩子，围绕着孩子，最终受益的是孩子。

其实，不仅是孩子，当我们成人通过"看见"与"相信"，学会放手赋权，不断联结与孩子学习发展相关的所有人、事、物并积极促进每个人的参与和卷入时，我们的心中也自然充满了爱与期待、幸福和喜悦。每一天，我们都被某件事、某个人、某个瞬间所感动，充实而幸福地投入生活、工作和学习之中。

在三义里一幼，全体教职工所认同的价值观、愿景期待，以及不断建构的关于"我们是谁"的自我形象、行事规则、相处模式等建构起了属于三义里一幼独有的场域，产生了一股无形的力量。在建构基于儿童、重视关系的幼儿园课程与文化的过程中，我们形成了"在一起"的凝聚力。每个人都在努力地为了促进儿童获得快乐与发展而贡献，但我们的努力又不仅仅是让孩子获得快乐与发展，而是让我们每一个人都在互动互惠的教育环境与关系中获得成长的喜悦和发展。

这就是我们的文化。

我们在努力建构着基于儿童、重视关系的幼儿园课程，一直时刻提醒着我们自己，无论做什么样的决定，无论要付出什么样的行动，都要做到"既要重视孩子，也不要忘记在幼儿园存在的每一个人"。

后 记

解释·对话·关系

完成此书并非"通常意义"上对一所幼儿园课程实践经验的"全面总结"。

实际上，在全书的撰写过程中，我们都曾反复纠结：是否要把"如何写好、做好学习故事"放在全书的首要位置，是否要在课程等章节按照通常的框架（包括课程理念、课程原则、课程目标与内容、课程组织与实施、课程评价等），条目化、系统化地表述三义里一幼由探究"学习故事"引发的一系列的课程实践成果。

最终，与其说是谁说服了谁，倒不如说之所以能达成改变的共识，是因为在辗转十数遍的书稿撰写、修改、统稿的过程中，参与写作的每一个人都在不断讨论（实际上用"争论"一词更准确些），进而意识到：三义里一幼实践探索的重要意义，并不限于一些基于实践率先提出的概念（如"微课程""课程文档"等）、新西兰"学习故事"理念在中国落地的经验、建构园本课程的若干经验性策略或反思性观点，而在于产生和使用这些概念、理论、方法、经验材料，并使与之相互关联的思维和行动方式在幼儿园的一寸寸土壤中逐步生根。

在达成还原幼儿园课程的"实践真相"、澄清幼儿园教育的"实践逻辑"的共识中，三义里一幼的每一个人在逐渐理解外界的各种声音，理解自己的各种选择，最终寻找到一条通往提升幼儿园质量、促进幼儿教师专业发展的有意义的实践路径，即"基于儿童、重视关系"。

当园长和老师可以围绕"开展'学习故事'研究的这些年"说出各自的"心里话"，虽然前一刻还争辩得面红耳赤，但过后幡然理解对方的立场后，依然紧紧拥抱。那么，"幼儿园中每一个人的儿童观是否真的改变""什么样的观察记录才是对幼儿园管理者和一线教师真正有意义的""什么样的教研才是对教师专业发展有意义的""除了聚焦儿童、紧扣专业，幼儿园的党、团、群以及工会活动与教师专业发展之间能否产生联结，为什么要联结""幼儿园的课程能否摆脱文字搭建的空架子，真正融入一日生活、走进孩子和老师的心里，成为我们在幼儿园共同生活的每一时、每一分、每一秒的体验和享受""'我们在一起'这样一种团队信念对于幼儿园每个人以及园所发展的意义"等专业问题的答案，依稀浮出水面。

当园长一再提示大家"放慢写书的节奏",当我们也一而再再而三地提醒自己"书中的我们是否真的能代表'我们'",老师们的真实声音——或接纳或质疑,或疑惑或肯定,或焦虑或欣喜,才能在一轮轮的教师访谈中被充分倾听。

当周菁老师、苏婧所长等专家们一次次真正走进现场、走进老师心里,而不是走马观花;当专家们与老师们开展一轮轮的"接地气"的共同教研,园长和老师们才能从忐忑变得从容,才能逐渐唤起实践与研究的初心与清醒,既开放包容又有所持重。

当作为同行者的我,可以被三义里一幼接纳,随时可以从容推开幼儿园的大门,站在"第三方视角",与园长、老师们一起学习、对话和反思。虽然偶尔也会因无法妥善解答一线提问而产生些许尴尬,但却发自内心地为这样的"在一起"而感动、感恩,继而找回专业期刊编辑工作的初心——和一线专业工作者在一起。

....

这不仅仅是一种打上三义里一幼"印记"的"惯习(habitus)"和"场域",也渗透着这些年来西城区北京市、幼教课程改革的历史积淀和独特风貌——守初心,担使命,开放而包容。这样的课程实践和反思,借用法国最有影响的社会学家布迪厄所偏爱的一组对立概念来说——正是课程实践的过程,而非"完美的课程成品",才最充分地确定了三义里一幼的教育"实践逻辑"的独创性和专业价值。[①]

当完成最后一遍书稿的统稿后,我们整个写作团队也都更加强烈地体察到:本书实质上更倾向于呈现关于三义里一幼教育改革实践的种种解释,围绕幼儿园课程和文化的多轮、多方对话,以及关乎幼儿园中各种关系的反思与重构。

一、解释

我们之所以认为,本书更倾向于解释,而非仅仅是描述,是因为我们所追求的绝不限于课程经验的实体,而是希望透过解释,让读者更深入地体会到充

---

① 法国学者布迪厄提出的 habitus,也有译者把它翻译为"习性"",布迪厄在《实践与反思:反思社会学导引》中,把惯习定义为一种后天所获得的各种生产性图式的系统,但惯习本身又是历史的产物,布迪厄称之为"体现在人身上的历史"。惯习所导致的行为常常不是深思熟虑的结果,而是一种"适得其所"的历史积淀和"合情合理"的经验潜在。而惯习、意图、时间和场域等因素共同构成"实践逻辑",即一些经由文化的长期积淀而形成的"实践图式"。这样的"实践逻辑"所支配的对象,被石中英教授描述为"包括了思想、说话、姿态、动作、行为等完整的身体"。

满不确定性、在螺旋反复中看似模糊却实有规律的幼儿园实践逻辑。

我们放弃对经验实体的精确描述，一方面是为可能引发脱离特定场域的经验简单迁移、过分追求"形式相似性"的"照搬照抄"而担忧，不想被置于模仿、复制的"脚手架"上；另一方面是我们对于那些没有经过反复验证的经验，始终抱以审慎之态度，"实践逻辑的逻辑性只可以提炼到特定的程度，一旦超出这种程度，其逻辑便将失去实践意义"。我们不愿做"引领风潮"之行径，不想身兼误导同行之嫌。

幼儿园的课程实践不是为了解释某一概念、某一理论而存在的，解决幼儿园真实教育场域中发生的"真问题"永远是"第一性的"。而三义里一幼的园长和老师们对自身教育实践的种种解释，尽管听起来很朴素，谈不上多么严谨，甚至还有些"草根"，但作为一种生成性的自发言语却遵循着一种貌似含糊的教育实践逻辑，表达着这所幼儿园每一个人的即时遭遇得以确定的复杂机制，勾勒出教育者个体与真实世界的日常关联。

这样的分享更像是家常便饭，而非精细设计、安排好的"满汉全席"。我们自知无炮制"满汉全席"之能力，相比"满汉全席"，这样的家常便饭反而更容易带来持久的欣喜。

二、对话

无论是在这本书的撰写，还是日常的组稿过程中，我时常跟园长、老师们半开玩笑地说，其实也是对我自己不断地提醒——我们要"说人话""写人话""做人事"。但经常在我们哈哈一笑后，"空话""套话"迭出，总结性、确定性的语言风格总是顽固地出现在我们笔下。长期以来积累的"惯习"已经成为"集体无意识"般的存在，使得我们沉浸在对机械套用理论、盲目拔高经验的迷恋中，总是企图把实践完美地塞进"理论的框架"中。

而帮助我们对抗这类企图的便是贯穿全书、各种形式和内容、不同主体之间的对话。不论是园长和中层干部之间、中层干部和普通教师之间、教师和教师之间，还有我，作为专业期刊编辑这一独特的视角与身份参与其中，这些对话隐晦地表达了另一种企图——希望摆脱"违智主义的谬误，避免陷入将极端理性主义的行动模型物化，并将它注入行动者的头脑"，真正去研究一线幼儿教育工作者的行为中所固有的那种实际存在的实践理论。[①]

伴随着中国的基础教育改革，面对《幼儿园教育指导纲要（试行）》《3—6岁

---

① 皮埃尔·布迪厄在《实践与反思：反思社会学导引》（李猛等译，中央编译出版社，2004年4月第1版）一书中，提到"无论何时，主要我们未能对'那些深深嵌入我们对世界的思考的事实中的预设（这些预设认为要思考某一行动我们就要从世界和世界中的行动中隐退出来）'进行系统的批判，我们就有可能错误地瓦解实践逻辑，使之消解于理论逻辑之中"。

儿童学习与发展指南》，再到《幼儿园工作规程》(2016)等等不断深化学前教育改革的顶层设计文件，不仅仅是三义里一幼，还有更多的中国幼儿园在进行着课程改革，也有不少地区层面的学前教育改革在推进中。一代代的学前教育工作者都在努力反抗经验主义、形式主义和教条主义的新表现、老问题，分别从不同的角度切入，真学习，真发现，真实践，避免陷入贯彻落实机械式、调查研究走秀式、课题研究形象式、召开会议重复式、文风话风拼凑式、工作实效包装式、对待问题漠视式等泥淖，求解各自实践场域中的"真问题"。

教育生活本是日日新鲜、丰富多彩的，可若是被经验主义、形式主义和教条主义所困扰，就变得黯然失色、淡而无味了。我们之所以认为，本书更倾向于对话，是因为我们试图打破形式主义的"言语枷锁"，拒绝口号式的总结、独白式的思辨，而是通过一种介于学术语言和口头语言之间的反思性、对话性的语言，还原出复杂多样、鲜活真实、富有弹性和张力的幼儿园的教育实践现场。

也正因为有了对话中的表达和倾听，我们才能意识到自身的解释往往只是众说纷纭的解释中的一种。也正因为我们逐渐养成在对话双方之外虚设"或上或下"的"第三人"的习惯，比如园长在与老师对话之时能想到自己在面对更高一级教育行政领导的处境与立场，比如老师在与园长对话之时能想到自己与幼儿交流互动时的方式，便更能设身处地地理解对方。[①]

虚设"第三人"，能帮助对话双方不止于理解对方，也能意识到"我的解释"从来都受场域中"集体无意识"的支配；意识到每个人理解的局限性、描述的主观性。这才有可能放下"先见"，克制住站在唯一视角进行确定性描述的冲动，才能接纳幼儿园课程和文化中的复杂和不确定性，更好地理解课程和文化的"第一性"问题。虽然本书在筹备工作中做了大量的访谈、调查，呈现出种种"貌似主观"的口语化解释，但意识到每一种"解释"的"主观性"，本身不也是一种"客观"吗？

相信每一个人的力量，渐渐成为了三义里一幼每一个人的教育信念，关键

---

① 童世骏教授提出，在处理不对称主体间关系的时候，有一种办法有助于克服主体间关系的不对称性，那就是在彼此不对称的两个主体之间，再设置一个第三者——比方说，在上下关系中，"上"者可以设置一个"更上"者，使得自己既是"下"者面前的"上"者，也是那个虚设"更上"者面前的"下"者，从而对"下"的了解不仅是居上临下的想象，同时也是设身处地的体验；"下"者(比如年轻者)可以设置一个"更下"者(更年轻者或下一代)，使得自己既是"上"者(年长者)面前的"下"者(年轻者)，也是那个虚设的"更下"者(更年轻者或下一代)面前的"上"者(年长者)，从而对"上"的了解不仅是自下而上的想象，而同时也是设身处地的体验。

就在于首先承认幼儿园这一独特场域中每个人的"解释"都具有某种意义上的独特价值。每一个人的存在都应该被"看见"，每一个人的声音都应该被"听见"，不仅是幼儿园中的孩子们，也包括每一位老师、每一位教职工。

三、关系

通过大量的实际对话和文本层面的"精神对话"，作为编辑的我，也在完成从旁观者到参与者、同行者的角色转变——努力从旁观者与观察对象之间的"学究关系"转变为实践者之间的"同行关系"。

我们都是实践者。从这一点来说，不论是一线幼教工作者，还是一线编辑，我们都不是坐而论道的存在。现在的我更能体会到《学前教育》编辑部历任主编对专业期刊价值的期许——既不是把实践拉入居庙堂之高的"理论殿堂"，也不是为实践另辟一座"经验神庙"，而是开办一方容纳多方立场、提倡不同观点交流与碰撞的开放、民主、多元的"论坛"。

（一）重新认识幼儿园中的关系

亲爱的读者，当你读出了本书中对幼儿园课程、文化的独特解释，领会到多方对话语境中的反思之力量，感悟到从主体性走向主体间性（雅斯贝尔斯，1991）的豁然开朗，那么相信你很可能已经收到了我们藏在这本书中的"邀请"——让我们一起来反思，重新认识我们原以为熟悉的幼儿园中的那些人、事和概念。

重新认识儿童——儿童是与我们共同生活的人，也是社会中有价值的一员。某种程度上，我们和儿童之间，不仅仅是教育主体和教育对象之间的关系，更是"在一起"的同行者。

重新认识观察——观察的意义不仅在于看见儿童，也在于看见成人自己，反思成人自己。

重新认识幼儿教师的专业发展——幼儿教师的专业化培养不仅体现在学前教育专业知识和技能的加强，理解儿童这一专业核心素养的提升，还应该重视体现全人发展、公民综合素养的提升。同时，我们需要辩证地理解弹唱跳画等传统幼师技能与理解儿童这一新时代专业素养的关系。两者本不冲突——有了理解儿童的根本，弹唱跳画的技能才更有生命力；有了弹唱跳画技能的提高，理解儿童才能与历史文化的传承更好地融为一体。

重新认识课程——幼儿园课程的根在儿童，指引我们看见本来的儿童，努力与儿童平等对话。同时，构建、实施课程不仅在适宜地促进幼儿的发展，更是在不断建构关系，不仅让儿童得到了成长，教师、家长也在陪伴儿童的过程中获得了成长与成熟，最终也实现了真正意义上的家、园、社区互利互惠共同成长的模式，促成儿童与周围世界更加广泛而紧密的连接。

后记

重新认识幼儿园文化——幼儿园文化并不是响亮而空洞的口号，而是渗透在幼儿园的一花一草、每个角落中，在幼儿园每个人的眼角眉梢、一言一行中。真正的文化产生的是一种"无须概念的内聚力"，无须言说。

重新认识幼儿教师——幼儿教师首先是一位努力奋斗、认真生活的新时代公民，其次才是一名专业工作者。作为一名新时代的幼儿园教师，我们不能仍然局限在"传道、授业、解惑"的传统角色定位中，既要做好自己教书育人的本分，也要美好生活、幸福工作，积极成为一名能直面各种不确定性、勇于挑战自我、不断联结与编织各种关系的"创造者"。

这六个"重新认识"，在今天的幼儿园，相对容易被认为无须改变的往往是最后一个。

与基础教育的其他学段一致，传统上，幼儿教师在自我身份的认知中也倾向于维护确定性、客观性、权威性的知识体系，成为知识的传递者和能力的塑造者。很多时候，我们还是按照现代专业主义的惯性进行着教师专业发展的相关工作——在认为"教师知识具有普遍性、确定性、客观性、权威性和标准化的特征，因此知识是一种纯理性抽象的产物"的基础上，表现出技术理性的倾向。当这一传统受到后现代专业主义的冲击，当我们开始尝试接受"教师知识具有情境性、复杂性、不确定性和个体性，教师知识来源于把理论知识应用于实践后的一种再生产，即理论知识经过教师在实践中的建构而形成的教师实践知识"，那么，这种 D. 肖恩（D. Schon）所倡导的实践理性认识论（朱旭东，2007）让我们开始在实践中反思、在反思中再实践，循环往复，直到我们在改变自我行动的同时，也反过来调整了所在实践场域的特征，并逐步建立起一套崭新的教师专业发展逻辑。

其实，我本人更感兴趣的是促使三义里一幼的园长、老师们能产生这些"重新认识"，尤其是第六个，包括那些正在发生还未写入书中的"重新认识"的真正原因，包括个人的逻辑与集体的机制。到底是什么在影响、改变着这里的人和事？是直接来自大洋彼岸的新西兰"学习故事"理念，还是对过去幼教实践中的若干经验主义、形式主义、机械主义做法的痛恨与反思？或是还有什么更深层的原因呢？

也许，答案就藏在"基于儿童、重视关系"的后半句之中。这里的关系，不仅是指在幼儿园课程改革的现场存在的各种各样的关系——包括师生关系、园长与老师的关系、老师之间的关系、家园关系等等，不仅是行动者之间的互动或者个人之间交互主体性的纽带，更是各种马克思所谓的"独立于个人意识和个人意志"而存在的客观关系。

这就自然涉及布迪厄关于场域的定义——各种位置之间存在的客观关系的

一个网络或者一个"构型"。这里的客观关系，简单地说，是各个相对自主的社会小世界所具有的自身特有的逻辑和必然性。

我们所要重视的是关乎幼儿园独特场域的各种客观关系，而且要重视某一场域自身特有的逻辑和必然性也不可化约成支配其他场域运作的另外一些逻辑和必然性。这就能解释为什么在有的幼儿园能成功进行的课程改革在其他幼儿园并不一定会取得积极效果，因为不同幼儿园的场域发生了变化。当我们要研究一所幼儿园的场域，也就意味着，我们要搞清楚这所幼儿园的独特场域发挥效果的动力学原则（布迪厄，2004）——根源于场域中相互面对的各种特殊力量之间的距离、鸿沟和不对称关系。

在教育领域，师生关系就是天然的成熟者与不成熟者之间的关系，园长与教师之间传统上、现实中也客观存在着权力分配的上下等级关系。这些关系主体之间的不对称性显而易见、根深蒂固，不会因为外部力量的强行干预而轻易改变。因此，场域的构建不能通过强加行为来实现。

三义里一幼的课程改革看似无意间打破了幼儿园原有的权力关系，在对话中实现连接，在对话中发现本质。在这场改革中，儿童、教师、园长、家长等等，参与其中的每一个人，甚至包括我，都在不断被吸引、被卷入，进而开始主动融入。这也是与三义里一幼同行的"学习旅途"中最吸引我的所在。自下而上的实践创造了一种新的关系网络，一种有一点点不一样的"场域"——师与幼、园长与教师、教科研专家与一线工作者之间先天的不对称关系正在逐渐朝着平等、开放、包容而多元的方向演进。

（二）重新认识专业写作与专业实践的关系

八年来，与三义里一幼的园长、老师们并肩同行的日子历历在目。我也愈发强烈地感受到，反映幼儿园实践现场的专业文字具有别样的意义。文本并非仅仅是以显而易见的方式来描述一种独立的现实秩序。相反，其本身也"卷入构建现实的过程中"（布迪厄，2004）。

专业写作与专业实践从来都是融为一体的。作为一名学前教育专业期刊的编辑，长期以来，我也发现，对于中国幼儿园的教育实践者而言，学习用"自己的语言"表达对教育与实践的解释，本身也是一种对过去"惯习"的不小挑战。

很多老师在撰写专业文案（包括教育随笔、经验性论文等），习惯于在文章一开头就抛出《纲要》《指南》等等文件，或者某某专家、教授说。似乎只有把自己的实践经验裹挟在理论中，才能进行专业表达。

语言是思维的外衣。尽管随着幼儿园课程改革的推进，"以游戏为基本活动"、以儿童发展为本的理念，以及尊重儿童视角、儿童立场和儿童权利的观念，逐步在一线教师中得到普及，但是历史积淀的"惯习"却让幼儿教师保留着旧的课程观影响下的语言表达习惯而不自知——在传统的课程现场，教师传授知识，学生回答问题，大家只是在复述相同的话语，而不是表达个人的见解，即"我言非我思"（李润洲，2006）。

当幼儿园课程改革的洪流推动着我们的老师不再重共性、轻个性，而是真正做到促进每一个幼儿富有个性地发展；当我们的老师不再一味地追寻权威，而是真正关注个体观念的价值，愿意走出"自我中心"，与幼儿一起观察、体验、探究，在共同学习、双向互动中推动课程构建；当我们在专业写作中不再紧盯做法、策略、经验不放，而是转向关注实践中的行为、制度和不同主体之间的关系，以及深刻地面对这些实践背后的"惯习"，进行共同反思；当我们从过去的专业写作中，反思到雅斯贝尔斯所提出的"语言具有欺骗作用"，格外留意"语言所独创的世界"是否忠实于现实表象后的关系世界①……

只有这样，我们才能实现专业写作之于专业实践的另一重启发性使命——邀请学前教育场域中的更多人去认识到支配着他们身上深入骨髓的思想的特定的决定机制，而且鼓励他们像幼儿园中的先行者那样有所作为，以使这些过去的决定机制逐渐丧失效力，进而逐渐改变各自所处场域中的惯习。（布迪厄，1998）

就像维特根斯坦曾说的："洞见或透识隐藏于深处的棘手问题是艰难的，因为如果只是把握这一棘手问题的表层，它就会维持原状，仍然得不到解决。因此，必须把它'连根拔起'，使它彻底地暴露出来，这就要求我们开始以一种新的方式来思考。这一变化具有决定意义，打个比方说，这就像从炼金术的思维方式过渡到化学的思维方式一样。难以确立的正是这种新的思维方式。一旦新的思维方式得以确立，旧的问题就会消失；实际上人们会很难再意识到这些旧的问题。"②

社会行动者与世界之间的惯习，并不是一个主体（或意识）与另一个客体之间的惯习，而是社会建构的知觉与评判原则（即惯习）与决定惯习的实践之间的"本体论契合"，或者说"相互占有"（布迪厄，2004）。无论何时，一旦我们的惯习适应了我们所涉入的场域，这种行动者本身所具备的"无须概念的内聚力"就将引导我们驾轻就熟地应付这个世界。

作为幼儿园中的一线实践者，无论是园长，还是教师，亦或是参与了幼儿

---

① 雅斯贝尔斯在《什么是教育》中写道："人可以借助语言的表达把人整个地歪曲了。通过语言人可以创造出一个世界，因此在人与周围的存在之间增加了一个由语言所独创的世界。"

② 华康德在《实践与反思：反思社会学导引》的"第一部分 迈向社会实践理论：布迪厄社会学的逻辑与结构"的开篇，引用了维特根斯坦写于《札记》的这段话。

园课程的其他教职工，所做的每一个动作都调整了幼儿园课程，并建立了新的课程轨迹。行动反过来在新的课程范围内展开、完成，并再次改变了作为现象被感知到的课程。

（三）重新认识阅读与实践的关系

也许，阅读本书的过程会唤起读者你与周围世界也开始某一主题的"对话"。

如果更多的"对话"得以生发，那么撰写这本书的根本宗旨也得以实现了——我们传递的不仅仅是事实，更是一种"邀请"或"导引"。希望更多人能加入我们正在经历的课程实践、对话反思、多元解释的"奇妙旅程"，相信你们的同行会让当下的幼儿园课程改革产生更多的"化学反应"。

当你说出你的故事，当你也开始分享，你不仅在陈述事实，也在改变周围的场域。

无论遇到什么，都不要放弃；万物皆有裂痕，那是光照进来的地方。①

愿你我都能体味到"使改变自我成为一切变化的前提"是一场多么美妙的际遇！

最后，不仅要感谢前言一中所致谢的所有人，还想特别感谢以下领导、专家和师友。

感谢《学前教育》编辑部安颖主编和所有同事的大力支持；感谢《学前教育》的历任主编——姜维静老师、杜继纲老师。主编们总是鼓励编辑部的每一个人走进幼儿园一线的实践世界，因为那里永远是编辑工作的源头，这也是《学前教育》杂志多年来的优良传统。

感谢三义里一幼的历任园长们和诸位各有精彩、美美与共的老师们给予我的信任、善意与支持。如果没有你们，我会比现在更早放弃这样一种参与——深入幼儿园实践现场、作为幼儿园课程构建共同体的一份子、在对话与反思中改变"我以为"——包括专业编辑自身的角色认知、思维与行动方式等、进而改变"如何撰写""如何编辑"的专业出版工作方式，完成专业写作、专业编辑与专业实践的逻辑自洽。

感谢丛书主编周菁老师和北京教科院早教所苏婧所长的极大包容与悉心指导，毕竟在整套丛书中，这本书显得有点"不那么学习故事"。但实际上，作为早教所兼职教研员"学习故事小组"的一份子，我和三义里一幼的刘晓颖园长、刘婷老师等，都受益于小组的教研活动良多。新西兰"学习故事"在三义里一幼

---

① 加拿大诗人、歌手莱昂纳德·科恩（Leonard Cohen）所创作的《颂歌》中的一句歌词，"不够完美又何妨？万物皆有裂隙，那是光进来的地方"。

215

的教研、课程乃至文化中所泛起的层层涟漪中，也有兼职教研员小组学习、教研活动的影子在闪现。

最后，特别要感谢我的导师——华东师范大学华爱华教授，是您一直在鼓励、启发和支持我们，引导我们用理论知识与实践性知识的复合视野来理解、参与中国幼儿园的实践改革。

还有诸位提出了宝贵意见、给我们深切启发的老师们，这里恕不能一一列出他们的姓名，谨在此向各位诚挚致谢。

《学前教育》编辑部　　程洁
2021 年 9 月于北京白广路

附录　学习故事一览表

学习故事 1.1　《超级飞行器》　张莹老师

学习故事 1.2　《我能把球捡回来》　刘婷老师

学习故事 1.3　《一个追梦的男孩》　池雨蒙老师

学习故事 2.1　《青衣之梦》　汪苑老师

学习故事 2.2　《银杏叶落下来》　巩凡老师

学习故事 2.3　《三次的坚持》　池雨蒙老师

学习故事 3.1　《骏骏和他的轨道》　韩梦楠老师

学习故事 3.2　《给共享单车做清洁》　刁羽老师

学习故事 4.1　《四通八达的火车站》　张莹老师

学习故事 4.2　《独一无二的我》　张冬雨老师

学习故事 4.3　《血管与水管》　班鑫老师

学习故事 4.4　《光影里的龙舟》　汪苑老师

学习故事 4.5　《纸杯龙》　薛小福妈妈老师

学习故事 4.6　《英雄》　池雨蒙老师

学习故事 4.7　《花木兰》　池雨蒙老师

学习故事 4.8　《长城》　池雨蒙老师

学习故事 4.9　《幼儿园课程应该尊重每一个儿童》　汪苑老师

参考文献

著作

[1]刘晓颖. 发现儿童的力量[M]. 北京：北京出版集团公司，北京少年儿童出版社，2015.

[2]德布·柯蒂斯，玛吉·卡特. 观察的艺术[M]. 郭琼等译. 南京：南京师范大学出版社，2018.

[3]蒋雅俊. 课程哲学：儿童、经验与课程[M]. 北京：人民教育出版社，2015.

[4]盖伊·格朗兰德，玛琳·詹姆斯. 聚焦式观察：儿童观察、评价与课程设计[M]. 梁慧娟译. 北京：教育科学出版社，2017.

[5]中华人民共和国教育部. 3—6岁儿童学习与发展指南[M]. 北京：首都师范大学出版社，2012.

[6]卡丽娜·里纳尔迪. 对话瑞吉欧·艾米利亚：倾听、研究与学习[M]. 周菁译. 南京：南京师范大学出版社，2014.

[7]德布·柯蒂斯 玛吉·卡特. 和儿童一起学习，促进反思性教学的课程框架[M]. 周欣等译. 北京：教育科学出版社，2014.

[8]玛格丽特·卡尔. 另一种评价：学习故事[M]. 周欣等译. 北京：教育科学出版社，2016.

[9]玛格丽特·卡尔，温迪·李. 学习故事与早期教育：建构学习者的形象[M]. 周菁译. 北京：教育科学出版社，2015.

[10]玛格丽特·卡尔，温迪·李. 学习的心智倾向与早期教育环境创设：形成中的学习[M]. 周菁译. 北京：教育科学出版社，2016.

[11]薛烨. 生态学视野下的学前教育[M]. 上海：华东师范大学出版社，2007.

期刊

[1]单培培. 共同生活取向的幼儿园园本课程建设初探[J]. 儿童与健康，2020(12).

[2]虞永平，张帅. 从模仿借鉴到规范创新——新中国成立70年来幼儿园课程的发展[J]. 南京师大学报(社会科学版)，2019(06).

[3]牛婉羽. 杜威经验观对幼儿园主题课程设计的启示[J]. 陕西学前师范

学院学报，2019，35(10).

[4]谢梦怡，张新立. 幼儿园教师观察能力提升策略——基于课程游戏化背景[J]. 陕西学前师范学院学报，2019，35(10).

[5]马灵君，李玲玲，闫晓琳. 形成性评价在幼儿园课程实践中的应用[J]. 学前教育研究，2019(09).

[6]管延香. 幼儿园课程中的家长参与和家长发展[J]. 课程教育研究，2019(32).

[7]朱翠平. 激活家长资源，优化幼儿园课程建设[J]. 当代教育实践与教学研究，2019(14).

[8]陈海燕. 地域文化与幼儿园课程整合现状调查[J]. 基础教育研究，2019(13).

[9]夏本美. 从环境资源中生成的园本课程——记农村幼儿园课程游戏化背景下环境创设的实践与启示[J]. 课程教育研究，2019(24).

[10]叶小红. 儿童：永不退场的主角[J]. 幼儿教育，2018(13).

学位论文

[1]李振威. 幼儿自由活动中教师观察行为存在问题及优化策略[D]. 渤海大学，2019.

[2]樊玉竹. 区域活动中幼儿教师观察能力研究[D]. 重庆师范大学，2019.

[3]胡燕红. 幼儿园课程基本价值取向研究[D]. 上海师范大学，2019.

[4]徐旸. 幼儿教师区域活动观察记录的现状与支持策略研究[D]. 华东师范大学，2019.

[5]陈纳. 幼儿应该主要学习什么[D]. 华中师范大学，2014.

[6]张娜. 学前教育课程模式设计研究[D]. 华中师范大学，2013.

[7]于冬青. 走向生活世界的幼儿园课程设计研究[D]. 东北师范大学，2008.

[8]俎媛媛. 真实性学生评价研究[D]. 华东师范大学，2007.

参考文献